lonely planet

THAILAND

Amy Bensema, Megan Leon, Chawadee Nualkhair, Aydan Stuart, Choltanutkun Tun-atiruj, Barbara Woolsey

Triff unsere Autor:innen

JUDITH LIENERT/SHUTTERSTOCK ©

Amy Bensema

@phuketstagram

Seit über zehn Jahren arbeitet Amy als Texterin auf Phuket. Als Abenteuerlustige ist sie einzigartigen Erlebnissen und Attraktionen abseits der ausgetretenen Pfade auf der Spur, die den Reiz der Insel verkörpern. Wenn sie nicht am Laptop sitzt, ist sie gern mit ihrem Motorroller auf der Insel unterwegs oder taucht ihre Zehen in die Andamanensee.

Megan Leon

Megan lebt als freischaffende Food-Autorin und Kulinarik-Mitarbeiterin für aufstrebende Restaurants und junge Talente seit neun Jahren in Bangkok. Sie schreibt für verschiedene Publikationen wie *BK Magazine* und *Robb Report* und arbeitet eng mit Köch:innen, Gastronom:innen und Kleinbäuer:innen aus ganz Thailand zusammen, um deren Geschichte durch Texte und Fotos bekannt zu machen. Sie unterstützt lokale Thai-Communitys, schafft Bewusstsein für Nachhaltigkeitsfragen und ist immer auf der Suche nach bisher Unentdecktem.

Chawadee Nualkhair

Chawadee Nualkhair ist als freie Journalistin auf Food-Writing spezialisiert und lebt seit 1995 immer wieder in Thailand, derzeit mit ihrem Mann und zwei Kindern in Bangkok. Chawadee kennt sich in ihrem Metier bestens aus, da sie schon ihr ganzes Leben lang isst. Ihr aktuelles Buch ist das Kochbuch *Real Thai Cooking*.

Aydan Stuart

@Aydanstuart

Aydan stammt aus Großbritannien, lebt aber schon seit seinem Studium der thailändischen Sprache an der School of Oriental and African Studies (SOAS) der University of London in Thailand, zuerst sechs Jahre lang in Chiang Mai als Journalist. 2019 zog er nach Bangkok, um sich dem kreativen Schreiben zu widmen und seine Liebe zu Thailand mit anderen zu teilen.

In einem Bergvolk- oder Fischerdorf heimische Seelen treffen. In Nationalparks der Wildnis begegnen. Heiligen Tempelritualen und -gebeten beiwohnen. Tief ins blaue Nass eintauchen – und am weißen Sandstrand wieder an Land kommen. Beim Verspeisen chiligeladener Regionalküche ausgiebig schwitzen. Auf Festen Kultur und Traditionen entdecken. Unter den Sternen zu coolen Beats tanzen. An Marktständen hart feilschen. Auf einem Berg meditieren und Yogaübungen machen. Bis zum letzten Schluck die Kaffeekultur des Nordens genießen.

Das ist Thailand.

DEINE REISE STARTET AUF DER NÄCHSTEN SEITE →

MYANMAR (BIRMA)
Nay Pyi Taw
Mae Sai
Chiang Saen
Chiang Rai
Mekong
Mae Hong Son
Chiang Dao
Phayao
Chiang Kham
VIETNAM
Chiang Mai
Doi Inthanon
Chiang Mai & Nord-thailand 90
Nan
LAOS
Yom
Bangkok 12 Std.
Lampang
Phrae
Mae Sariang
Ping
Vientiane
Bueng Kan
Nong Khai
Uttaradit
Nakhon Phanom
Loei
Udon Thani
Salween
Sukhothai
Sakhon Nakhon
Nordost-thailand 116
Yangon
Mae Sot
Tak
Phitsanulok
Lom Sak
Mukdahan
Mawlamyine
Kamphaeng Phet
Khon Kaen
Kalasin
Phetchaburi
Bangkok 6 Std.
Chi
Roi Et
Mahasa-rakham
Chaiyaphum
Amnat Charoen
Yasothon
Mae Klong
Nakhon Sawan
Zentral-thailand 68
Nakhon Ratchasima (Khorat)
Mun
Si Saket
Pakse
Ubon Ratchathani
Sangkhlaburi
Chao Phraya
Buriram
Singburi
Surin
Lopburi
Suphanburi
Saraburi
Ayutthaya
Kanchanaburi
Nakhon Pathom
Prachinburi
Bangkok 36
Aranyaprathet
Ratchaburi

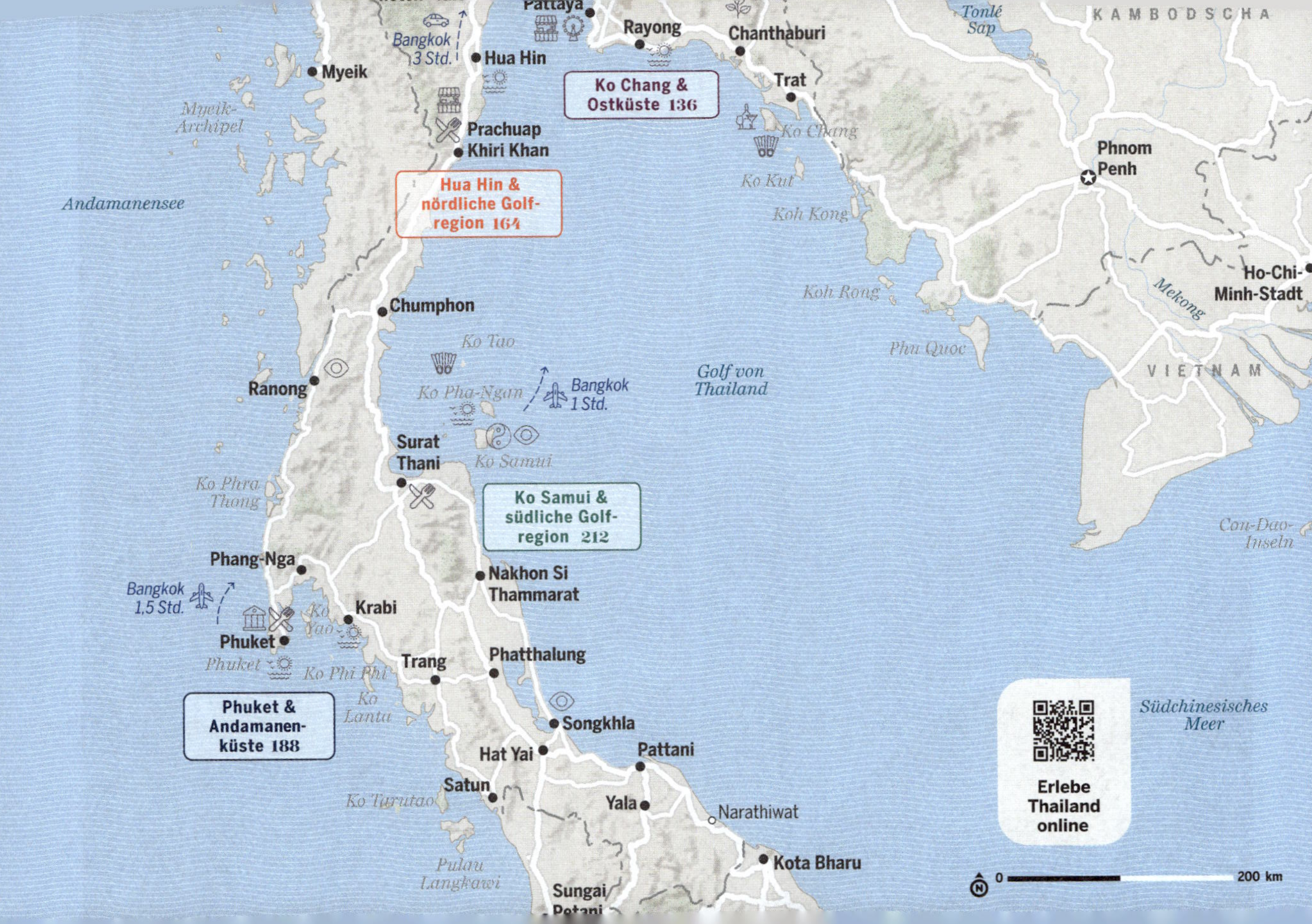

Pattaya
Rayong
Chanthaburi
Trat
Tonlé Sap
KAMBODSCHA
Bangkok 3 Std.
Hua Hin
Myeik
Myeik-Archipel
Ko Chang & Ostküste 136
Prachuap Khiri Khan
Ko Chang
Ko Kut
Phnom Penh
Koh Kong
Hua Hin & nördliche Golfregion 164
Andamanensee
Koh Rong
Ho-Chi-Minh-Stadt
Mekong
Chumphon
Ko Tao
Phu Quoc
Golf von Thailand
VIETNAM
Ranong
Ko Pha-Ngan
Bangkok 1 Std.
Surat Thani
Ko Samui
Ko Phra Thong
Ko Samui & südliche Golfregion 212
Con-Dao-Inseln
Phang-Nga
Nakhon Si Thammarat
Bangkok 1,5 Std.
Krabi
Ko Yao
Phuket
Phuket
Ko Phi Phi
Trang
Phatthalung
Phuket & Andamanenküste 188
Ko Lanta
Songkhla
Südchinesisches Meer
Hat Yai
Pattani
Satun
Ko Tarutao
Yala
Narathiwat
Erlebe Thailand online
Kota Bharu
Pulau Langkawi
Sungai Petani
0
200 km

Oben Ang Thong National Marine Park (S. 224)

Choltanutkun Tun-atiruj

linkedin.com/in/choltanutkun

Choltanutkun stammt aus Thailand und hat Musik studiert, um dann nach ihrem Abschluss 2016 als Nightlife Writer für das Bangkoker Online-Magazin *BK Magazine* ihre Liebe zum Schreiben zu entdecken. Sie kämpft für Gleichberechtigung und das zeigt sich auch in ihrer Arbeit – auch ein Lifestyle-Text weist bei ihr eine politische Facette auf. Derzeit wohnt sie im Bangkoker Ausgehviertel Thong Lo und setzt sich dafür ein, dass in Thailand der (unfaire) Alcohol Control Act revidiert wird; außerdem schreibt sie jeden Tag.

Barbara Woolsey

@barbara.woolsey

Barbara wurde in Kanada geboren und ist philippinisch-irisch-schottischer Abstammung. Seit 2010 lebt sie immer wieder in Thailand, derzeit auf Ko Samui, wo sie auf einen Master of Global Studies studiert und in ihrer Freizeit als DJane arbeitet sowie Thai und Tagalog lernt.

Inhalt

TUPUNGATO/SHUTTERSTOCK ©

Oben Schwimmender Markt Damnoen Saduak (S. 88)

Praktisches 240

STORYS

THAILAND IN BILDERN

GEMEINSCHAFTS-**SINN**

In den Dörfern Thailands leben Traditionen fort. Sie gründen auf Zusammenhalt, Respekt und Ritualen. Von Siedlungen der Bergvölker bis zu Bauern- und Fischerdörfern: Wer Zeit in kleinen Orten verbringt, bekommt ein tieferes Verständnis für die Thais und ihre Werte. Privatunterkünfte, Märkte und Kurse im Sammeln von essbaren und Heilpflanzen bieten Einblicke in ihre Kultur.

→ HOMESTAYS

In Nordthailand bieten Privatunterkünfte einzigartige Nähe und Zugang zu entlegenen Bergdörfern, wenn auch meist ohne Strom und gewohnte Toiletten.

▶ Mehr über Homestays in Chiang Mai siehe S. 112

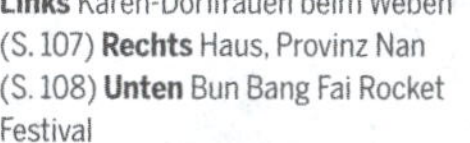

Links Karen-Dorffrauen beim Weben (S. 107) **Rechts** Haus, Provinz Nan (S. 108) **Unten** Bun Bang Fai Rocket Festival

GESCHICHTE DER MINDERHEITEN

Wer den Süden Thailands verstehen will, muss sich mit der Geschichte von Minderheiten wie der Chines:innen und muslimischen Malai:innen beschäftigen.

▶ Mehr über die Kulturen Thailands siehe S. 234

↑ FESTE

Faszinierende und einzigartige Feste wie das **Bun Bang Fai Rocket Festival** liefern unvergessliche Einblicke in die Kulturen und Lebensstile Thailands.

▶ Mehr über Festivals siehe S. 146

Top-Erlebnisse: Einzigartiges

- **Außerhalb von Bangkok auf einem schwimmenden Markt wie dem Damnoen Saduak oder dem Amphawa shoppen.** (S. 88)
- **In Mae Wang campen und von den Karen-Bergvölkern etwas über ihre uralten Praktiken lernen.** (S. 107)
- **In Fischerdörfern an der Ostküste in Pfahlbauten frisches Seafood schlemmen.** (S. 163)
- **Im Dorf Baan Phue in Udon Thani eine einzigartige Isan-Lokalküche probieren.** (S. 131)
- **In Dörfern in Nordostthailand Bräuche wie Stofffärben und Elefantentraining kennenlernen.** (S. 116)

Thailand hat über 100 Nationalparks.

Als erster wurde 1962 der Khao Yai National Park eröffnet.

Über 20 weitere Nationalparks sind in Planung.

2037 sollen 55 % des Landes als Wälder geschützt sein.

AB IN DEN DSCHUNGEL

Thailands zerklüftete tropische Regenwälder bieten Abgeschiedenheit und versteckte Spektakel: dunstige Berge, einsame Strände und Buchten, Stromschnellen und Wasserfälle, alles mit vielfältiger Flora und Fauna. In den Nationalparks kannst du wandern, unterm Sternenhimmel zelten und die wahre Bedeutung von Digital Detox erleben.

Links Elefanten, Kui Buri National Park (S. 182) **Rechts** Khao Chang Phueak (S. 88) **Unten** Wasserfall im Khao Yai National Park (S. 134)

→ NATIONALPARKS

Thailands Nationalparks sind wild und ungezähmt. Aus Sicherheitsgründen musst du dich vielleicht von einem lizenzierten Führer oder Parkranger begleiten lassen.

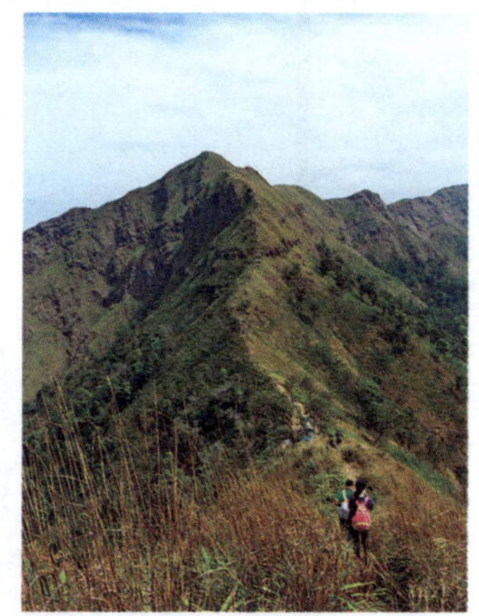

ARTMAN7007/SHUTTERSTOCK ©

CAMPEN

Über die Website der thailändischen Nationalparks (dnp.go.th) kannst du fürs Campen am Strand ein Zelt mieten oder in einem Bungalow unterm Dschungeldach übernachten.

RECHTS: VESPA_FOTO/SHUTTERSTOCK ©
LINKS: TANES NGAMSOM/SHUTTERSTOCK ©

↑ SAISONALE WANDERUNGEN

Bei Dschungelwanderungen rund um die Regenzeit zeigen sich Vegetation und Wasserfälle von ihrer üppigsten Seite. In der Trockenzeit sind Wanderungen aufgrund der hohen Luftfeuchtigkeit vielleicht anstrengender.

Top-Erlebnisse: Wildnis

- **Im Kui Buri National Park wilde Elefanten herumziehen und baden sehen.** (S. 182)
- **Im Mu Ko Chang National Park Dschungel und Felsküste erwandern.** (S. 143)
- **Den Khao Chang Phueak an der Grenze zu Myanmar erkunden.** (S. 88)
- **Im Norden Berge wie den höchsten Gipfel Thailands, den Doi Inthanon, besteigen.** (S. 101)
- **Die Wanderwege des ersten Nationalparks Thailands, des Khao Yai, erkunden.** (S. 77)

Thailand hat 3219 km Küste.

KÜSTEN-PARADIESE

Mit weichem Sand, Felsen und Urwald bieten die Küsten Thailands Landschaften für jeden Inselfan. Schnorcheln und tauchen, Meeresfrüchte schlemmen oder sich am Strand eine schöne Bräune verschaffen – das alles ist möglich in idyllischer Kulisse. Die Meeresparks sind perfekt für Barfuß-Bootsabenteuer und Insel-Hopping.

Links Ang Thong National Marine Park (S. 224) **Rechts** Kitesurfen (S. 176) **Unten** Jetskifahren, Pattaya (S. 158)

→ STADTSTRÄNDE

Wunderschöne Strände gibt's in der Nähe von Bangkok in Hua Hin und auf Ko Samet – und du kannst vom Stadtzentrum sogar mit dem Taxi hinkommen!

KAREPASTOCK/SHUTTERSTOCK ©

SELBST FAHREN

Auf Inseln wie Ko Samui und Ko Chang sind Fahrdienstleistungen rar. Fahre also selbst von Küste zu Küste und genieße unvergleichliche Freiheit.

RECHTS: FOKKE BAARSSEN/SHUTTERSTOCK © LINKS: 3D-SPARROW/SHUTTERSTOCK ©

↑ WASSERSPORT

Pattaya ist berühmt fürs Jetskifahren, Hua Hin ist toll fürs Kitesurfen.

▶ Mehr Wassersport siehe S. 156 und S. 176

Top-Erlebnisse: Küsten

▶ **Mit einem Longtail-Boot zu den Schweinen auf Ko Madsum schippern.** (S. 225)

▶ **Im Ang Thong National Marine Park Korallenriffe entdecken.** (S. 224)

▶ **An der Andamanenküste inmitten von Kalksteinfelsen in klares Wasser tauchen.** (S. 188)

▶ **An den stillen Stränden von Ko Mak und Ko Kut den Massen entfliehen.** (S. 154)

▶ **Auf Ko Chang durch versteckte Buchten und Mangrovensümpfe paddeln.** (S. 159)

Thai-Desserts werden zum Frühstück oder als Snacks gegessen, nicht am Ende einer Mahlzeit.

Kleine Chilis sind oft am schärfsten.

Die Küche Südthailands gilt als die schärfte.

Phuket ist eine Creative City of Gastronomy der Unesco.

JETZT WIRD'S **SCHARF**

Thailands Küche gilt als sehr würzig, doch sie ist eine der harmonischsten – und komplexesten – der Welt. An Straßen- und Marktständen und in Shophouse-Restaurants kannst du die Aromen der verschiedenen Regionen und ethnischen Gruppen kennenlernen. Mach dich gefasst auf schweißtreibende Suppen, Currys und Salate!

Top-Erlebnisse: Essen

▶ **Auf Phuket mit Fischcurrys und Shrimpspasten die Küche Südthailands erkunden.** (S. 200)

▶ **In Nordthailand die Lieblings-Currysuppe des Landes genießen, *khao soi*.** (S. 95)

▶ **Auf einem Markt in Chanthaburi pikante Seafood-Nudeln schlürfen.** (S. 150)

▶ **Im Isan *sôm đam* (pikanten Salat mit grüner Papaya) probieren.** (S. 121)

▶ **Sich in Lampang den Mund mit der Schweins- oder Fischwurst *sâi òo-a* verbrennen.** (S. 104)

DAS LEBEN ALS PARTY

Die Thais wissen, wie man Spaß hat. Spaß *(sà·nùk)* ist mehr als ein Wort: Es ist eine kulturelle Grundeinstellung. Das Feiern von Partys mit guter Musik und Tanz macht das Leben erst lebenswert. Auf den Inseln geht's um Live-Klänge und Sonnenuntergangsdrinks, während die Bangkoker Underground-Bars Mitternachtsmagie versprechen.

→ PARTYBOOTE

In Bangkok verkehren auf dem Chao Phraya Partyschiffe mit schicken Drinks, guten DJs und funkelnden Sehenswürdigkeiten.

Top-Erlebnisse: Feiern

- ▶ **Im Eden Garden auf Ko Pha-Ngan mit den Locals feiern.** (S. 237)
- ▶ **In der Bangkoker Chinatown eine Ginbar anpeilen.** (S. 56)
- **Auf Ko Chang in der Ting Tong Bar den Morgen mit Wodka begrüßen.** (S. 145)
- ▶ **Auf Ko Mak geheime Raves aufspüren.** (S. 145)
- ▶ **Im KUDO Beach Club am Patong Beach DJs lauschen.** (S. 211)

← KO PHA-NGAN

Ko Pha-Ngan, Thailands Raver-Paradies, ist viel mehr als der Full Moon. Die besten Partys finden weit vom Haad Rin entfernt an entlegenen Stränden und Klippen statt.

▶ Weitere Infos siehe S. 225

Diese Seite: Oben Vollmondparty (S. 225) **Unten** Flussparty **Gegenüber:** *Kôw soy noi*

KAFFEE-KULTUR

Hinter jedem Schluck Arabica-Kaffee aus Thailand steckt eine Geschichte der Entbehrungen – und auch eine von Stolz und Erfolg. Die einzigartige Kaffeekultur lässt sich in reizenden Cafés erkunden, an denen in ganz Thailand kein Mangel herrscht – besonders oben im Norden, wo die Kaffeebohnen angebaut werden.

LINKS: I AM JIFFY/SHUTTERSTOCK ©, UNTEN: NONGNINGSTUDIO/SHUTTERSTOCK ©

→LATTE-ART-KURSE

Das Bangkoker **Le Cordon Bleu** verkörpert die thailändische Leidenschaft für Latte Art – ein Thai-Barista gewann 2017 die Weltmeisterschaft – und bietet Kurse für Schaumkunst-Begeisterte.

Top-Erlebnisse: Kaffee

▶ **Eine Tasse in der ersten Rösterei auf Phuket, Hock Hoe Lee, trinken.** (S. 193)

▶ **Die kleine Kaffeebar Mars.cnx entdecken, die als Alien-Laden posiert.** (S. 114)

▶ **In Lampang im MAHAMITr Microroaster Cafe schöne Schlucke genießen.** (S. 114)

← ARABICA ALS LÖSUNG

In den 1970er-Jahren wurde der Anbau von Arabica-Bohnen in Nordthailand als Alternative zum Anbau von Schlafmohn eingeführt.

▶ Mehr zur Kaffeekultur siehe S. 96

Oben Frische Arabica-Bohnen
Links Kaffee mit Latte Art

WELLNESS-OASEN

Von Massagen bis Meditation und Aromatherapie: Thailands uralte Wellness-Traditionen bieten jede Menge Gelegenheiten zu Stärkung und Neustart. Die Heilbäder und Wellnesstempel reichen von einfach bis maßgeschneidert und überkandidelt. In den Inselparadiesen wartet hinter jeder Ecke ein Yoga-Retreat. Beliebt als Fitnessaktivität ist auch das Thaiboxen.

LINKS: JM TRAVEL PHOTOGRAPHY/SHUTTERSTOCK ©, UNTEN: SATIT_SRIHIN/SHUTTERSTOCK ©

→ FUSSMASSAGEN

Hast du nicht viel Zeit, dann gibt's nichts Belebenderes als eine halbstündige Fußreflexzonenmassage. Trinkgeld nicht vergessen!

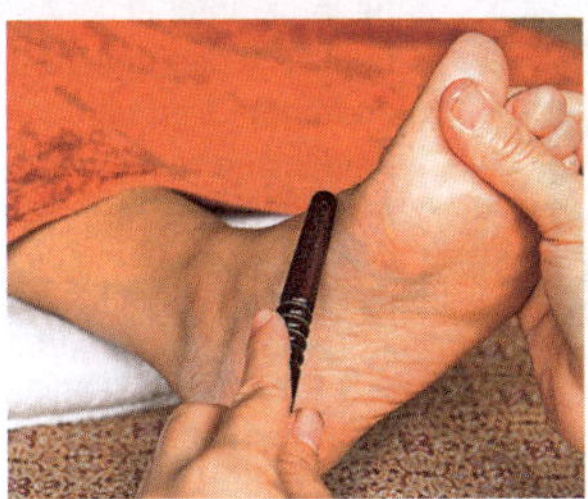

Top-Erlebnisse: Wellness

- **Im Samui International Meditation Center bei Mönchen meditieren lernen.** (S. 219)
- **In Bangkok die Thai-Massage austesten.** (S. 60)
- **Auf Samui im Luxus-Wellnessresort absteigen.** (S. 218)
- **Im Thaiboxstudio Yodyut ins Schwitzen kommen.** (S. 239)
- **Auf Ko Samui nachhaltige Bioküche erlernen.** (S. 238)

★ SEHBEHINDERTE MASSAGETHERAPEUT:INNEN

Einige Spas beschäftigen sehbehinderte Masseur:innen. Diese werden in Thailand in speziellen Schulen ausgebildet und gelten als sehr fachkundig.

Oben Traditionelle Vier-Hände-Massage **Links** Fußmassage

VERSCHMELZENDE KULTUREN

Thailand ist sehr multikulturell. Im Laufe der Zeit sind von Nord nach Süd die Traditionen von Chines:innen, Inder:innen und anderen Minderheiten ins Land eingesickert. Zwar sind 85 % der Thais Buddhist:innen, doch auch Islam, Christentum und weitere Religionen sind vertreten. Von Wahrzeichen bis zum Essen: Entdecke Thailands Geschichte der Toleranz und Vielfalt!

Silom Soi 2 & 4

Spaß im Zeichen des Regenbogens

Am Rand des Rotlichtbezirks Patpong erstreckt sich das quirlige und freundliche wichtigste Bangkoker LGBTQI+-Viertel mit Dragshows, Tanzen zu Bongos und Elektro-Beats und sogar Karaoke bis in die frühen Morgenstunden.

15 Min. vom Zentrum von Sukhumvit

▶ S. 57

Nguan Choon Tong

Alte Heilmittel

Von den vielen chinesischen Läden für Heilkräuter in der Altstadt von Phuket ist dies der älteste. Auf uralten Waagen werden Früchte, Rinden und Wurzeln abgewogen. Anschließend kannst du dich im *kopitiam* nebenan niederlassen.

25 Min. vom Patong Beach

▶ S. 209

Mae Sai
Chiang Rai
Mae Hong Son
Chiang Dao
Phayao
Chiang Mai
Doi Inthanon
Lampang
Ping
Salween
Sukhothai
Tak
Mawlamyine
Mae Sot
MYANMAR (BIRMA)
Kamphaeng Phet
Mae Klong
Chao Phraya
Sangkhlaburi
Suphanburi
Kanchanaburi
Nakhon Pathom
Golf von Bengalen
Ratchaburi
Phetchaburi
Hua Hin
Myeik-Archipel
Prachuap Khiri Khan
Port Blair
Andamanen
INDIEN
Andamanensee
Chumphon
Ko Tao
Ranong
Ko Pha-Ngan
Nikobaren
Ko Samui
Surat Thani
Ko Phra Thong
Nakhon Si Thammarat
Phang-Nga
Krabi
Ko Yao
Phuket
Phatthalung
Ko Phi Phi
Ko Lanta
Trang
Satun
Ko Tarutao
Pulau Langkawi
Straße von Malakka
0 200 km

Baan Rak Thai

Teedorf

Das in Bergnebel eingehüllte stille chinesische Dorf im Norden ist für seine authentische Yunnan-Kultur und -Küche und die Teeplantagen in der Nähe bekannt. In der Teestube kannst du mit den Locals ein Tässchen schlürfen.

5 Std. nordwestlich von Chiang Mai

▸ S. 101

Kathedrale der Unbefleckten Empfängnis

Christliche Gebete

Chanthaburi in der östlichen Golfregion beherbergt eine der größten katholischen Kirchen Thailands. Hier beteten die vietnamesischen Christ:innen, die im 19. Jh. vor der Verfolgung geflohen waren.

3 Std. südöstlich von Bangkok

▸ S. 148

Chao Mae Lim Ko Niao

Chinesischer Schrein

Der schöne Schrein hat eine spannende Verbindung zur nahen Krue-Sae-Moschee. Jedes Jahr findet hier nach dem chinesischen Neujahrsfest ein Jahrmarkt statt.

1½ Std. östlich von Hat Yai

▸ S. 235

Krue-Sae-Moschee

Siamesisch-islamische Architektur

Die 500 Jahre alte Moschee ist eine der ältesten und wichtigsten Thailands. Einschusslöcher in den Wänden zeugen von einem Gefecht, das hier 2004 im Zuge der Autonomie-Unruhen in Südthailand stattfand.

1½ Std. östlich von Hat Yai

▸ S. 235

In der kühlen Jahreszeit ist die Nachfrage nach Unterkünften am größten. Touren und Abenteuer mit Übernachtung auf lonelyplanet.com/thailand buchen.

↙ Lopburi Monkey Banquet

Dass sie am letzten Sonntag im November für über 3000 Affen im Ort kochen, soll den Dorfbewohner:innen Glück bringen.

Lopburi

▶ S. 83

Surin Elephant Festival

Sie gelten als Glückssymbol: Aus dem ganzen Land kommen Elefanten in diesem Ort im Nordosten zusammen, um ihre Künste vorzuführen.

Surin

Loy Krathong/Yi Peng

Am Abend des zwölften Mondmonats lassen die Thais ihre Sünden des vergangenen Jahres in improvisierten Bötchen oder Himmelslaternen forttreiben.

NOVEMBER

ø-Temp. Max: 32 °C (Bangkok)
Regentage: 5 (Bangkok)

DEZEMBER

Thailand in der KÜHLEN JAHRESZEIT

↘ Geburtstag des Königs/Vatertag

Die Thais feiern den Vatertag am 5. Dezember, dem Geburtstag von Rama IX.; gewöhnlich ist das ein Feiertag.

↘ Chinesisches Neujahr

Zu Beginn des neuen Mondjahres sind die Geschäfte von Thai-Chines:innen geschlossen und in Chinatown (Yaowarat) wird ordentlich gefeiert.

Bangkok

Wonderfruit

Beim dreitägigen Festival vor den Toren von Pattaya im Dezember dreht sich alles um Kunst, Musik und Essen.

▶ wonderfruit.co

▶ S. 145

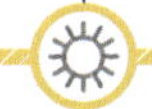

JANUAR

ø-Temp. Max: 32 °C (Bangkok)
Regentage: 0 (Bangkok)

ø-Temp. Max: 32 °C (Bangkok)
Regentage: 1 (Bangkok)

Packtipp

In der „kühlen" Jahreszeit brauchst du nur im Norden und Nordosten eine Jacke.

Thailand in der HEISSEN JAHRESZEIT

Es ist brüllend heiß, aber die Zeit hat auch ihr Gutes: Jetzt gibt's auf den Märkten die meisten Früchte.

→ Songkran

Das thailändische Neujahr im April, auch als „Wasserfest" bekannt, dauert meist drei Tage. Du wirst nass werden!

▸ S. 146

↓ Wasserfälle

Trotze der Hitze mit einem Ausflug zu den schönsten Wasserfällen Thailands im Kaeng Krachan.

▸ thainationalparks.com

▸ S. 184

FEBRUAR

ø-Temp. Max: 34 °C (Bangkok)
Regentage: 2 (Bangkok)

MÄRZ

APRIL

Waldkloster

Da es draußen so heiß ist: Wie wär's mit etwas Erleuchtung in einem kühlen Waldrefugium?

▶ S. 102

→ Wellness auf Samui

Einen Hauch von Luxus findest du in den berühmten Wellness-Schuppen auf Ko Samui.

▶ kamalaya.com

▶ S. 219

↘ Phi Ta Khon (Geisterfest)

Meist im Juni tanzen bei diesem bunten Fest Menschen mit furchterregenden Masken durch die Straßen und läuten mit Glocken, um die Geister aufzuwecken.

📍 Loei

ø-Temp. Max: 35 °C (Bangkok)
Regentage: 5 (Bangkok)

MAI

JUNI

ø-Temp. Max: 35 °C (Bangkok)
Regentage: 14 (Bangkok)

Packtipp

Es ist heiß in Thailand, also reichlich Sonnencreme, Mütze/Hut, Mückenschutz und Sonnenbrille einpacken!

↓ Bun Bang Fai (Raketenfest)

Das von den Laot:innen übernommene dreitägige Fest im Nordosten mit Musik und Umzügen erreicht seinen Höhepunkt in einem Wettbewerb mit selbst gebastelten Raketen.

📍 Yasathon

↙ Mekong Naga Fireballs

Jedes Jahr treffen sich Menschen an der laotischen Grenze, um am Mekong „Feuerbälle" zu bestaunen – ein natürliches Phänomen.

📍 Mekong

Kerzenfest

Jeden Juli ziehen zum Beginn der buddhistischen Fastenzeit mit Kerzenskulpturen geschmückte Festwagen durch die Straßen von Ubon Ratchathani.

📍 Ubon Ratchathani

Am wenigsten Regen fällt jetzt auf Ko Samui: Dies ist angesichts niedriger Preise eine gute Zeit für einen Besuch.

JULI

ø-Temp. Max: 33 °C (Bangkok)
Regentage: 14 (Bangkok)

AUGUST

Thailand in der REGENZEIT

VON LINKS: YUPA WATCHANAKIT/SHUTTERSTOCK ©, BIRDBYB STOCKPHOTO/SHUTTERSTOCK ©, HOMAS FOO/SHUTTERSTOCK ©, MC 243/SHUTTERSTOCK ©, APCHANEL/SHUTTERSTOCK © **HINTERGRUNDBILD:** SANGKHOM HUNGKHUNTHOD/SHUTTERSTOCK ©

↓ Vegetarierfest auf Phuket

In jedem neunten Mondmonat werden die Tugenden des Vegetarismus gefeiert, indem „extreme" Fertigkeiten wie etwa das Körperpiercing vorgeführt werden.

Phuket

→ Walbeobachtung

Von Mai bis November werden im nördlichen Golf Wale gesichtet; als beste Zeit gilt der Oktober.

▸ bangkokwhale.com

↘ Running of the Water Buffalo

Im Mittelpunkt des fast 200 Jahre alten Bauernfests in Chonburi stehen Wettrennen von Wasserbüffeln, die für die Landwirtschaft des Landes sehr wichtig sind.

Chonburi

SEPTEMBER

ø-Temp. Max: 33 °C (Bangkok)
Regentage: 18 (Bangkok)

OKTOBER

ø-Temp. Max: 33 °C (Bangkok)
Regentage: 15 (Bangkok)

Packtipp

Regenjacke oder Schirm ist ein Muss. Wichtig sind auch schnell trocknende Klamotten und rutschfeste Schuhe.

NÖRDLICHE GOLF-REGION
Reiseplaner

HIGHLIGHTS UND GEHEIMTIPPS

Sonne, Sand und geruhsames Leben: All das beginnt nur zwei Autostunden von Bangkok entfernt an der Küste des Golfs von Thailand, mit jeder Menge versteckten Stränden und Outdoor-Abenteuern.

In Kürze

Ausgangspunkte Hua Hin, Chumphon

Wie lang? 2 Wochen

Unterwegs vor Ort Am praktischsten ist ein Mietwagen. Ansonsten fahren Minivans und Züge von Ort zu Ort und sind recht billig, wenn auch viel langsamer und vielleicht voll.

Tipps Am Wochenende und an Feiertagen wie Songkran wird's an den Zielen am Golf sehr voll. Vorausbuchen, um dem Exodus aus Bangkok ein Schnippchen zu schlagen!

Bangkok
Cha-Am
Auf dem Weg von Bangkok nach Hua Hin am Strand relaxen – der ist vielleicht nicht der schönste, dafür aber wunderbar leer.
2½ Std. von Bangkok
Ao Krung Thep (Bucht von Bangkok)
Phetchaburi
Kheuan Kaeng Krachan
Tha Yang
Cha-am
Hua Hin
Versuche dich an Wasseraktivitäten wie Kitesurfen oder Bananenbootfahren. Für Entschleunigung sorgen Nachtmärkte und kleine familiengeführte Restaurants.
3 Std. von Bangkok
Nong Phlap
Hua Hin
Khao Takiab
Pranburi-Stausee
Khao Tao
Pak Nam Pran
Pranburi
Ban Rai Mai
Bang Pu
Khao Sam Roi Yod National Park
Auf Berge wandern und die Tiefen der Phraya-Nakhon-Höhle durchmessen.
1 Std. von Hua Hin
Kui Buri
Prachuap Khiri Khan
MYANMAR (BIRMA)
Dan Singkhon
Ban Nong Hin
Thap Sakae
Prachuap Khiri Khan
In einem urigen Fischerdorf frische Meeresfrüchte verspeisen, insbesondere Krebse.
1 Std. von Hua Hin
Ban Krut
Bang Saphan Yai
Bang Saphan Noi
Don Yang
Chumphon
Vor der Fahrt weiter nach Süden in grüner Kulisse abschalten und relaxte Restaurants genießen.
2 Std. von Hua Hin
Tha Sae
Pathiu
Chumphon

SÜDLICHE GOLF-REGION
Reiseplaner

HIGHLIGHTS UND GEHEIMTIPPS

Der Süden Thailands hat alles: auf seinen verschiedensten wunderschönen Inseln. Aus gutem Grund sind die Küsten hier mit die beliebtesten des Landes.

In Kürze

Ausgangspunkt Ko Samui

Wie lang? 3 Wochen

Unterwegs vor Ort Am einfachsten ist es, nach Ko Samui zu fliegen und dort ein Auto zu mieten.

Tipp Auf Ko Samui stehen Grab-Taxis zur Verfügung, doch sie sind recht teuer und sehr unzuverlässig.

Ko Tao
Auf Tauchtouren, Expeditionen zum Klippenspringen und Strandspaziergängen zum Sonnenuntergang dem alternativen Geist von Ko Tao nachspüren.
1½ Std. von Ko Samui

Golf von Thailand

Chong Tao

Ko Pha-Ngan
Bis zur Morgendämmerung an entlegenen Stränden raven und sich dann mit Essen auf Pflanzenbasis und Kaffee stärken.
1½ Std. von Ko Samui

Ang Thong Marine National Park

Chong Pha-Ngan

Ko Samui
Sich mit Yoga, Meditation, Digital Detox oder Thaiboxen auf eine Wellnessreise begeben und auch andere Inselparadiese erkunden.
1 Std. von Bangkok

Ko Madsum
Auf einer Tagestour per Longtail-Boot mit den Schweinen der Insel Freundschaft schließen.
30 Min. von Ko Samui

DER NORDEN
Reiseplaner

HIGHLIGHTS UND GEHEIMTIPPS

Jenseits von Bergspitzen und Haarnadelkurven ist der Schlüssel zum Norden, das Unerwartete zu erwarten. Hier weißt du nie, auf welche Schätze du stößt. Die Straßen können eine Herausforderung sein, aber die Mühsal lohnt sich!

In Kürze

Ausgangspunkte Chiang Mai, Chiang Rai

Wie lang? 10 Tage

Unterwegs vor Ort Ein Motorroller ist okay, doch je größer das Motorrad, desto weiter kannst du dich von den ausgetretenen Pfaden entfernen.

Tipp Bargeld mitnehmen, da die meisten Einrichtungen in diesem Teil Thailands keine Karten annehmen. Je entlegener eine Gegend, desto seltener sind Geldautomaten.

IM UHRZEIGERSINN VON LINKS: LEMARET PIERRICK/SHUTTERSTOCK ©, OPPORTUNITY_2015/SHUTTERSTOCK ©, MAMINAMI/SHUTTERSTOCK ©

Pai
Nach einer Fahrt über den Mae Hong Son Loop durch wilden Dschungel und vorbei an hübschen Reisfeldern in einem Backpacker-Paradies entspannen.
3½ Std. von Chiang Mai

Mae Hong Son
Zwischen herrlichen Bergpanoramen und verlassenen Wegen Küche und Kultur der Yunnan-Communitys entdecken.
5½ Std. von Chiang Mai

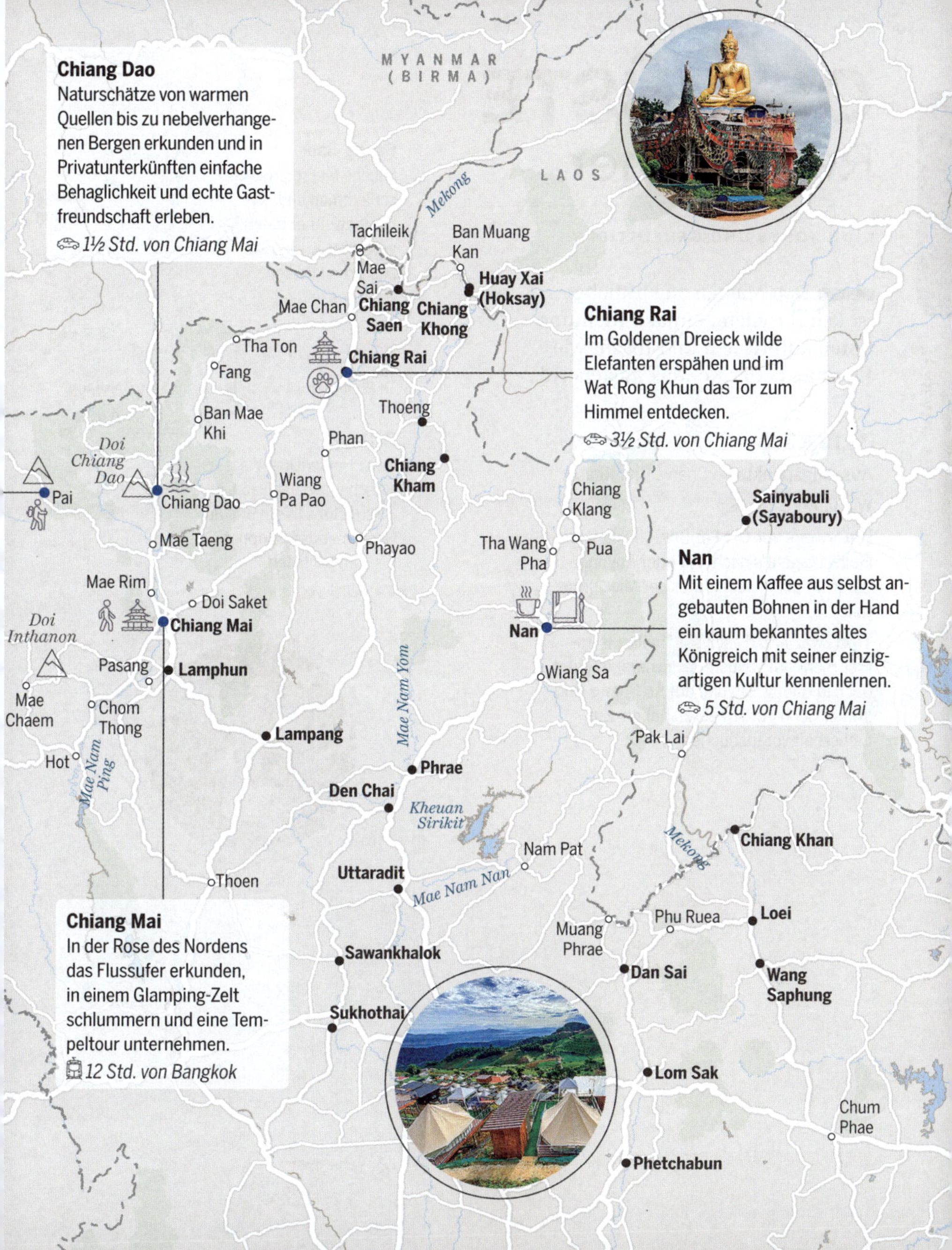

MYANMAR (BIRMA)
LAOS
Mekong
Chiang Dao
Naturschätze von warmen Quellen bis zu nebelverhangenen Bergen erkunden und in Privatunterkünften einfache Behaglichkeit und echte Gastfreundschaft erleben.
1½ Std. von Chiang Mai
Chiang Rai
Im Goldenen Dreieck wilde Elefanten erspähen und im Wat Rong Khun das Tor zum Himmel entdecken.
3½ Std. von Chiang Mai
Nan
Mit einem Kaffee aus selbst angebauten Bohnen in der Hand ein kaum bekanntes altes Königreich mit seiner einzigartigen Kultur kennenlernen.
5 Std. von Chiang Mai
Chiang Mai
In der Rose des Nordens das Flussufer erkunden, in einem Glamping-Zelt schlummern und eine Tempeltour unternehmen.
12 Std. von Bangkok
Tachileik
Ban Muang Kan
Mae Sai
Huay Xai (Hoksay)
Mae Chan
Chiang Saen
Chiang Khong
Tha Ton
Fang
Chiang Rai
Thoeng
Ban Mae Khi
Phan
Doi Chiang Dao
Chiang Kham
Pai
Chiang Dao
Wiang Pa Pao
Chiang Klang
Sainyabuli (Sayaboury)
Mae Taeng
Phayao
Tha Wang Pha
Pua
Mae Rim
Doi Saket
Doi Inthanon
Chiang Mai
Nan
Pasang
Lamphun
Wiang Sa
Mae Chaem
Chom Thong
Lampang
Mae Nam Yom
Pak Lai
Hot
Mae Nam Ping
Phrae
Den Chai
Kheuan Sirikit
Chiang Khan
Mekong
Nam Pat
Uttaradit
Mae Nam Nan
Thoen
Phu Ruea
Loei
Muang Phrae
Sawankhalok
Dan Sai
Wang Saphung
Sukhothai
Lom Sak
Chum Phae
Phetchabun

OSTKÜSTE
Reiseplaner

HIGHLIGHTS UND GEHEIMTIPPS

 Den Massen zu entfliehen ist kein Problem: einfach Richtung Osten aufbrechen und Inseln wie Ko Chang oder Ko Mak ansteuern!

In Kürze

Ausgangspunkte Ko Chang, Chanthaburi

Wie lang? 3 Wochen

Unterwegs vor Ort Per Bus, Minivan oder Flugzeug geht's nach Trat oder Rayong, dann auf den Inseln weiter per Mietmotorroller.

Tipp Zwar wird dieser Teil Thailands immer mehr auf Luxusreisende ausgerichtet, doch in Baeng San und auf Ko Chang sind immer noch gute Deals zu haben. Zur Sicherheit vorausbuchen!

Baeng San
Frische Meeresfrüchte schlemmen und von Dorfbewohner:innen hergestelltes Kochgeschirr aus Granit kaufen.
1 Std. von Bangkok

Pattaya
Nach Herzenslust Wasserrutschen hinabsausen, in Strandclubs feiern und auf Nachtmärkten shoppen bis zum Umfallen.
2 Std. von Bangkok

Bangkok
Bang Pakong
Chonburi
Ao Krung Thep (Bucht von Bangkok)
Si Racha
Ko Si Chang
Phetchaburi
Laem Chabang
Ko Phai
Pattaya
Ko Lan
Ko Khram Yai
Sattahip
Samae
Ko Samae San

Golf von Thailand

0 50 km

Chanthaburi
Die Reize der multikulturellen Stadt mit dem alten Viertel am Wasser erkunden, mit allem von Schmuck und Nudelsuppe bis zu Graffitikunst.

3 Std. von Bangkok

Si Racha
Die Geburtsstätte der Sriracha-Chilisauce besuchen und mit den einheimischen Japaner:innen ein bisschen Karaoke trällern.

1½ Std. von Bangkok

Ko Samet
In vollen Zügen das Resortleben genießen und im Meeresnationalpark zu abgelegenen kleinen Inseln schippern.

2 Std. von Rayong

Ko Mak
Beim Paddeln den Alltag vergessen, versteckte Strände entdecken und in die türkisgrüne Tiefe abtauchen.

1 Std. von Trat

Ko Chang
Zwischen unberührtem Dschungel und der Küste wandern und vor der Küste Korallenriffe, Meeresleben und Schiffswracks entdecken.

30 Min. von Trat

Ko Kut
In kristallklarem Wasser schnorcheln, Kajak fahren und auf weißen Sandstränden abhängen.

1½ Std. von Trat

7 Fakten über THAILAND

BESTENS VORBEREITET

1 Überall gibt's etwas zu essen – wirklich!

Die Thais sind sehr erfinderisch und geschäftstüchtig, wenn es darum geht, irgendetwas in einen Essensstand zu verwandeln. Motorräder als Essenswagen oder Stände am Straßenrand mit Sitzplätzen sind in ganz Thailand nichts Ungewöhnliches. Und glaube nicht, dass das Essen weniger gut ist, nur weil es auf der Straße verkauft wird. Such dir an einem belebten Stand etwas aus – guten Appetit!

▶ Mehr über Streetfood auf S. 46

2 Alles ist Frühstück

Das thailändische Frühstück umfasst mehr als Müsli und Toast. Hier kannst du problemlos auch morgens schon ein grünes Curry oder ein *pad thai* verspeisen.

3 Popo-Pistolen

Diese Toilettenerfindung wird dein Leben verändern! Vergiss Klopapier – in Thailand reinigt man sich mit Wasser. Probier's aus!

4 Warte nicht, bis du angesprochen wirst

In Thailand übers Ohr gehauen zu werden, das erwarten wohl viele Reisende. Um keine überhöhten Preise zu bezahlen, erkundige dich und wende dich selbst an Anbieter. Wenn dich jemand anspricht, um dir etwas anzubieten, dann ist es gut, viele Fragen zu stellen.

5 Alkoholbeschränkungen

Seltsam: In einem Land, in das viele zum Feiern kommen, kann man nicht rund um die Uhr Alkohol kaufen, sondern nur von 11 bis 14 und 17 bis 24 Uhr. Auch an buddhistischen Feiertagen darf kein Alkohol verkauft werden. Das geht natürlich auf Kosten von Wirten und Geschäften, sodass es immer welche gibt, die die Vorschriften ignorieren.

6 Der Tradition folgen

Trotz der teils modernen Fassade des Landes folgen Thais weiterhin ihrer Tradition und ihrem Glauben. Überall in Thailand gibt's Schreine, wo Einheimische beten und Opfergaben hinterlassen, ob an einem Geisterhäuschen an einem Wohnhaus, deren Bewohner das Haus vor Unglück beschützen sollen, oder an einer Statue. Auch einige Bäume gelten als heilig – manche sind in bunte Stoffe gehüllt. Niemand weiß genau warum, aber rote Limo ist in ganz Thailand eine beliebte Opfergabe. Auch wenn du selbst nicht an diese Dinge glaubst, so solltest du dich dennoch zurückhaltend und respektvoll zeigen, wenn du Einheimische an einem Baum beten siehst.

▶ Mehr zu Übernatürlichem auf S. 84

7 Hände weg!

Die Thais begrüßen sich nicht mit Umarmungen oder Küsschen – die meisten finden das sogar unangenehm. Wenn aber eine alte Frau mit deinem Kleinkind schäkert, ihm die Wange tätschelt und es *na rak* (niedlich) nennt, dann ist das völlig normal.

▶ Mehr zur Etikette auf S. 253

Futter für Augen & Ohren

LESEN

Thailand's Best Street Food (Chawadee Nualkhair; 2015) Der ultimative Guide zu Streetfood in ganz Thailand.

The Blind Earthworm in the Labyrinth (Veeraporn Nitiprapha; 2013) Die erste Schriftstellerin, die den SEA Write Award zweimal gewann.

Very Thai (Philip Cornwel-Smith; 2005) Eine umfassende Einführung in die Kultur des modernen Thailand.

Der Jadereiter (John Burdett; 2003) Bangkok-Thriller über den frommen buddhistischen Polizisten Sonchai Jitpleecheep.

REINHÖREN

Rasmee Thailändische Indie-Musikerin; perfekte Verbindung von Jazz und *molam* (Volksmusik aus dem Nordosten), oft gesungen im Originaldialekt.

The Bangkok Podcast Kultur-Podcast darüber, was in Thailand los ist, aus der Perspektive eines Expats.

Carabao Legendäre Blues-/Rockmusik aus Thailand; bekannt als Ikone für *phleng phuea chiwit* (Lieder fürs Leben).

The Suntharsphon Band Traditionelle thailändische Popmusik aus den frühen 1930er-Jahren, mit feinem, sanftem Sound.

KAN SANGTONG/SHUTTERSTOCK ©

Rap Against Dictatorship
In der Demokratiebewegung bekannte Thai-Rapband (Foto oben) mit Texten, die Ungleichheit und Ungerechtigkeit in Thailand kritisieren.

ANSCHAUEN

Street Food Asia (2019) Die beste Streetfoodkultur Bangkoks.

Mae-Nak-Filme (Foto rechts unten) Schau dir einen Film an und besuche dann den Schrein im Wat Mahabut in Bangkok.

Die Schlange (2021) Geschichte des Serienmörders Charles Sobhraj aus den 1970er-Jahren; teils in Bangkok gefilmt.

The Promise (2017) Horrorfilm/Drama über den „Ghost Tower" in Sathorn und die Finanzkrise in Asien.

Midnight Asia (2022) Erkundet, was z. B. in Sachen Essen, Ausgehen und Musik abends in Bangkok los ist.

ANANSING/SHUTTERSTOCK ©

PANIDA WIJITPANYA/GETTY IMAGES ©

ONLINE/SOCIAL MEDIA

@ohhappybear
Instagram-Seite über Thai-Essen und -Kultur.

@BKKFatty
Online-Community über Essen in Bangkok.

@Thai Enquirer
Frischer Blick auf aktuelle Nachrichten.

Mark Wiens
Food-Videotouren auf YouTube.

@BK Magazine
Englischsprachiges Magazin dazu, was in Bangkok gerade angesagt ist.

Lass deinen Thailand-Traum mit einer virtuellen Reise auf lonelyplanet.com/thailand wahr werden

BANGKOK
LEBHAFT | CHAOTISCH | GRENZENLOS
Erlebe
Bangkok
online

Gratis-Erlebnisse in Bangkok

Portugiesische Anklänge in der Thai-Architektur in **Kudichin** entdecken (S. 42)
8 Min. per Tuk-Tuk

BANGKOK
Reiseplaner

Bangkok ist eine Stadt, die niemals schläft, sodass rund um die Uhr etwas los ist. Ob du im Morgengrauen aufstehst, um der Stadt beim Aufwachen zuzuschauen, oder so lange aufbleibst, dass du morgens siehst, wie sich die Frühstücksstände für den Tag bereitmachen – Bangkok solltest du zu jeder Tageszeit erlebt haben!

BANGPHAT
TALING CHAN
Th Bromaratchachonanee
Khlong Bangkok Noi
DUSIT
Ratchapruk Rd
BANG-LAMPHU
KHLONG BANGKOK NOI
Chao Phraya
PHRA NAKHON
Khlong Mon
KHLONG BANG LUANG
KHLONG BANGKOK YAI
Th Prachathipok
KHLONG SAN
Khlong Bangkok Yai
Th Phetkasem
THONBURI
Th Charoen Nakhon
Chao Phraya
Th Taksin
THANON TOK
Th Suksawat
RATBURANA

In der **Soi Nana** nur Minuten von Chinatown (S. 59) in alten hölzernen Shophouses moderne Cocktailbars erkunden

6 Min. von der MRT-Station Hua Lamphong

Im **Patpong Museum** (S. 48) etwas über das Rotlichtviertel erfahren

2 Min. von der BTS-Skytrain-Station Sala Daeng

Sich in der kreativen Welt des siebenstöckigen **Bangkok Art and Culture Centre** (S. 48) verlieren

an der BTS-Skytrain-Station Nationalstadion

Über **Bang Kachao** radeln, die „grüne Lunge“ Bangkoks, mit Bars am Fluss (S. 45)

3 Min. per Boot vom Bang Na Pier (via BTS-Skytrain-Station Bang Na)

Bei **Jek Pui Curry Rice** in der Altstadt Curry auf Reis essen (S. 51)

4 Min. vom MRT-Bahnhof Wat Mangkon

Praktisches

NITINUT380/SHUTTERSTOCK ©

ANKUNFT

Suvarnabhumi Airport Hier landen die meisten internationalen Flüge. In die Stadt kommst du per Taxi (ca. 200 B) oder mit dem Airport Rail Link Skytrain (knapp 100 B, 45 Min.).

Don Mueang Airport Für die meisten Inlands- und Billigflüge. Flughafenbus A1 fährt zur Skytrain-BTS-Station Mo Chit (30 B), der A2 zum Siegesdenkmal (30 B) und der A3 zur Ratchaprasong und nach Lumphini (50 B). Für die Fahrt zum Flughafen extra Zeit für den Bangkoker Verkehr einplanen!

WAS KOSTET

Pàd gàprow
50 B

Thai-Bier
40 B

Unbegrenztes Datenvolumen
200 B/Monat

REISEZEIT

JAN.–MÄRZ
Vorsommer, noch nicht ganz so schwül. Auf die Luftqualität achten!

APRIL–JUNI
Die Hitze ist schon schlimm genug, dazu kommt noch die hohe Luftfeuchtigkeit.

JULI–SEPT.
Regen, Stürme, Monsun. Aber dafür weniger Reisende und billigere Flüge.

OKT.–DEZ.
Trocken, mit kühlen Brisen und klarem Himmel.

UNTERWEGS VOR ORT

Skytrain und U-Bahn In Bangkoks super Bahnnetz wartest du selten länger als vier Minuten. Eine Fahrt kostet nur 17 B. Zu Stoßzeiten können die Züge extrem voll sein.

Taxi Lade dir bei der Ankunft in Bangkok die Apps Grab und Bolt aufs Handy – dann bist du immer orientiert. Grab-Taxis kosten einiges mehr als normale und bei Bolt musst du immer bar zahlen.

Motorradtaxi Hast du es eilig und der Verkehr staut sich massiv, dann ist das die Lösung. Motorradtaxis sind schnell und praktisch, aber nicht das sicherste Transportmittel.

ESSEN & TRINKEN

In Bangkok findest du immer etwas zu essen – rund um die Uhr! Neben Essensständen und Restaurants gibt's auch die Apps Grab, Robinhood und foodpanda, über die du Essen bestellen kannst.

Versuche so viele der Bangkoker Nudelgerichte zu kosten wie möglich! Auch all das Obst solltest du probieren, sogar die Durian! Naschkatzen sollten außerdem nach thailändischen Schokomarken wie Kad Kokoa und Shabar Ausschau halten.

Einheimische Brauereien sind z. B. Outlaw, Devanom, Sandport (Foto rechts unten) und Stone Head.

Die meisten Bangkoker Cafés brühen ihren Kaffee aus Bohnen aus dem Norden des Landes.

Beste Thai-Schokolade
Kad Kokoa (S. 63)

Nudeln mit Rindfleisch
Wattana Panich Beef Broth (S. 64)

INTERNET & ORIENTIERUNG

WLAN Das Netz ist gut, doch öffentliches Gratis-WLAN ist selten. Eine SIM-Karte mit unbegrenztem Datenvolumen ist billig.

Navigation Du kannst Einheimische fragen, doch nicht alle sprechen gut Englisch. Praktisch sind Google Maps sowie Transportapps wie Grab und Bolt.

VERBUNDKARTEN

In Bangkok gibt's kein Gesamtticket für alle Verkehrsmittel. Für jedes einzelne Bahnnetz brauchst du eine andere Verbundkarte.

ÜBERNACHTEN

Ob du es trubelig oder doch lieber ruhiger magst: In Bangkok wirst du auf jeden Fall fündig.

Viertel	Pro & Contra
Altstadt	Nahe am Fluss; eintauchen in den Alltag. Kann touristisch sein.
Sathorn	Geschäftsviertel, nicht allzu weit von der Altstadt und dem Viertel Sukhumvit.
Untere Sukhumvit (Ploen Chit-Nana-Asoke)	Sehr belebt, aber wer Trubel mag, ist hier richtig.
Mittlere Sukhumvit (Phrom Phong-Thong Lo-Ekkamai)	Recht trubelig, aber eher ein Wohnviertel.
Obere Sukhumvit (ab Phra Khanong)	Weiter weg vom Stadtzentrum, aber dank BTS-Skytrain ist Pendeln kein Problem.

GELD

Deine Bankkarten funktionieren in Thailand, aber am besten fragst du vor der Reise bei der Bank nach. Immer Bargeld dabeihaben, besonders kleine Scheine für Taxis und Garküchen.

01 Das Brooklyn von BANGKOK

ARCHITEKTUR | KULTUR | GESCHICHTE

Thonburi am Westufer des Chao Phraya ist bei den Einheimischen als das „Brooklyn von Bangkok" bekannt und steht oft im Schatten seiner berühmteren Schwester. Doch mit seinen gemütlichen Cafés, seinen Künstlertreffs und seinem insgesamt geruhsameren Lebensrhythmus ist das Viertel ein sehr lohnendes Ziel.

© JESSE33/SHUTTERSTOCK

Wie ...

Anreise Mit der BTS von der Station Siam nach Krung Thon Buri oder mit der Fähre vom Tha Chang nach Thonburi Railway.

Reisezeit Zu jeder Jahreszeit gut, wenn nicht gerade überflutet.

Interessante Cafés Die Cafékultur ist das Aushängeschild des Viertels. Einen Besuch lohnen das **Deep Root** in einem Wäldchen bei einem kleinen Dorf und das Retrocafé **My Grandparent's House** am Fluss.

© SOMBAT MUYCHEEN/SHUTTERSTOCK

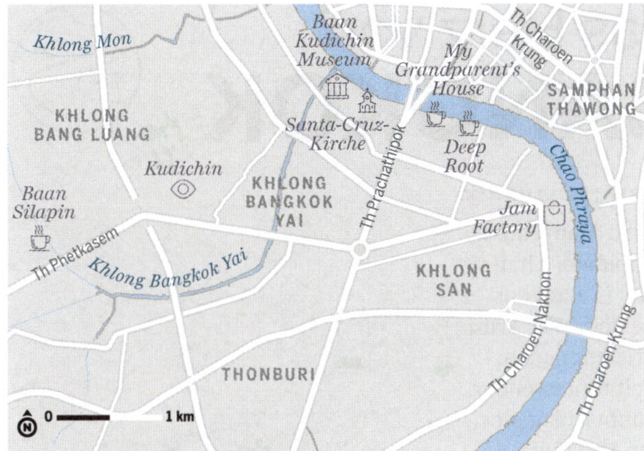

Zurück in die Vergangenheit

Thonburi, die einstige Hauptstadt von Siam, trug den Spitznamen „Stadt der Schätze am Meer". Heute ist die Provinz Thonburi bei den Thais als „Fang Thon" oder „die Thonburi-Seite" bekannt und hat sich ihren Ruf als geruhsameres Gebiet bewahrt, besonders im Vergleich zur trubeligen Stadt der Devas.

Kudichin ist das Viertel rund um die **Santa-Cruz-Kirche**, in dem die Portugiesen siedeln durften, die aus Ayutthaya geflohen waren. Als Katholiken lebten sie unter chinesischen, muslimischen und thailändischen Familien – ein tolles Beispiel friedlicher Koexistenz. Heute präsentiert sich das Viertel als reizendes Labyrinth voller Esslokale, von denen viele portugiesisch angehauchte Snacks anbieten, wie sie nur hier zu finden sind. Im **Baan Kudichin Museum** erfährst du mehr über die Leute, die die Chili nach Thailand brachten; dann probierst du *kanom farang*, einen süßen Kuchen mit Wurzeln im 18. Jh.

Stille

Noch mehr Ruhe bietet das **Baan Silapin** („Das Künstlerhaus"): In einem 200 Jahre alten Thai-Haus am Fluss gibt's Kaffee, schöne Plätze zum Sitzen und viel Kunst. Um 14 Uhr werden hier täglich außer mittwochs Szenen aus dem Ramayana als traditionelles Puppentheater aufgeführt. Konsumfreudigere können nebenan die **Jam Factory** ansteuern, mit Haushaltswarenladen, Buchhandlung, Café und Restaurant in einer früheren Marmeladenfabrik. Am letzten Wochenende des Monats findet hier ein Bauernmarkt statt.

Links oben Die Santa-Cruz-Kirche mit dem Chao Phraya im Vordergrund
Links unten Eingang zum Baan Kudichin Museum

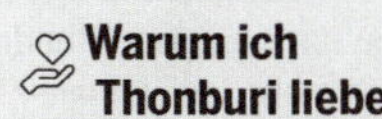

Warum ich Thonburi liebe

Du erhältst hier einen Einblick in vergangene Zeiten – mitten in der modernen Stadtlandschaft hat sich ein jahrhundertealter Lebensstil am Fluss erhalten. Es macht Spaß, an schwimmenden Märkten und hölzernen Pfahlhäusern entlang der Kanäle vorbeizuschippern.

Irma Go *stammt aus Thonburi und ist Inhaberin der Siri Sala Private Thai Villa. sirisala.com*

02 Das Herz von BANGKOK

GESCHICHTE | GERUHSAMKEIT | KULTURMIX

Der Chao Phraya ist der Hauptfluss, der durch Bangkok in den Golf von Thailand fließt. Zwar ist der Fluss in Bangkok mit seinen Wahrzeichen wie dem Wat Arun und dem Asiatique ein Touristenmagnet, aber seine Geschichte ist weit umfassender. Früher war der Fluss die Hauptschlagader der Stadt und bis zur großen Verstädterung ihr wichtigster Lebensquell.

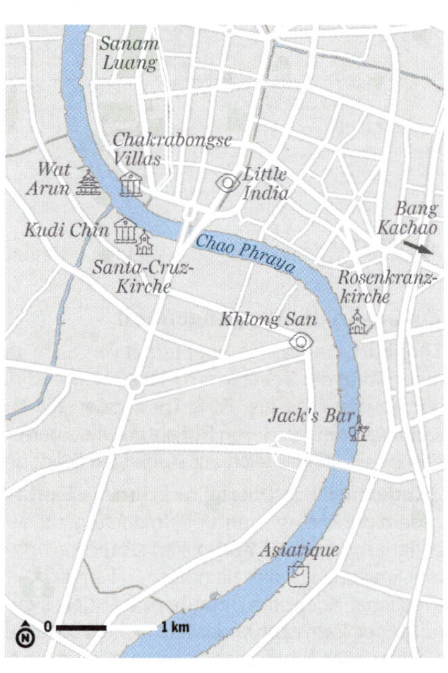

Wie ...

Anreise Skytrain oder U-Bahn.

Reisezeit Später Nachmittag mit spätem Lunch oder frühem Abendessen, Flussbar-Sundowner, Cocktail in der Soi Nana und Essen in Chinatown.

Überschwemmung Nach schwerem Regen kann der Chao Phraya besonders von Ende Juni bis Ende Oktober über die Ufer treten. Meist ist das Wasser nach ein paar Stunden wieder weg, doch für Fahrten mehr Zeit einplanen!

Kulturzeugnisse

In diesem Teil Bangkoks gibt's Zeugnisse anderer Kulturen wie der chinesischen (rote Laternen), japanischen (kleine Holzhäuser, oft mit Onsen-Bädern oder Cafés), indischen (die bunte Phahurat Road) und portugiesischen (Kudichin). Schon seit den Frühzeiten leben Ausländer:innen in der Stadt und hinterlassen ihre Spuren.

Hier gibt's viele historische Gebäude und dank des thailändischen Bebauungsgesetzes, das hier keine Hochhäuser erlaubt, sind viele der architektonischen Schönheiten jahrhundertealt.

Historische Architektur

Kudichin geht auf die Gründung von Thonburi als Hauptstadt durch König Taksin 1767 zurück. Zu den Highlights hier zählen die **Rosenkranzkirche**, die **Santa-Cruz-Kirche** und die **Chakrabongse-Villa** (1908), wo du auch übernachten kannst. Oder du gehst durch **Khlong San**, **Little India** und **Talad Noi** und probierst das fantastische Streetfood. Zum Sonnenuntergang steuerst du am Fluss Bars wie **Jack's Bar** oder **Samsara Cafe & Meal** an oder genießt einen

DAVID BOKUCHAVA/SHUTTERSTOCK ©

Cocktail in der Dachbar des **sala rattanakosin**.

Bangkoks grüne Lunge

Vom Bang Na Pier schippern Boote über den Chao Phraya nach **Bang Kachao**, einem gut erhaltenen, von Wald gesäumten Viertel. Du kannst über die grüne Insel radeln und zum Sonnenuntergang in einer Bar am Fluss einen Drink genießen. Mückenschutz mitnehmen!

Private Kanalboottouren

Bist du noch ziellos, dann bietet dir bangkokriverboat.com die Möglichkeit zu Erkundungen, bei denen du selbst entscheidest, wo du anlegen möchtest – und du kannst dich sogar nach Ayutthaya bringen lassen. Auf den alten Holzbooten gibt's Kühlboxen für Proviant. Ein Boot für bis zu zehn Personen kostet 2000 B pro Stunde.

Am Fluss relaxen

Bangkok ist chaotisch, aber das Flussufer bietet eine Zuflucht vor all dem Trubel. Aufs Wasser zu schauen und den Sonnenuntergang zu bestaunen lässt dich nach einem schnellen Tag entschleunigen.

Nopparat Thongsuk
ist Inhaber des Lokals Samsara Cafe & Meal in einem reizenden Holzhaus am Fluss.

Oben Radfahren, Bang Kachao

Straßenhändler: Die stillen Held:innen

MEHR ALS NUR ESSEN AM STRASSENRAND

Die Stadt, die niemals schläft ... Bangkok ist quirlig, voller Leben und es ist immer etwas los. Das gilt auch fürs Essen. Egal, wann du Hunger verspürst: Immer brutzeln dir Straßenhändler:innen etwas Magenfüllendes.

Links Thailändische Nudelsuppe auf einem schwimmenden Markt
Mitte Händler, Khao-San-Viertel
Rechts Streetfood an der Khao San Road

DAY2505/SHUTTERSTOCK ©

„*Kin khao rue yung?*" – „Hast du schon gegessen?" ist in Thailand eine normale Art, sich zu begrüßen. Es ist in etwa so wie das britische „You OK? Would you like some tea?"oder das französische „ça va?".

Jemanden zu fragen, ob sie oder er schon gegessen hat, ist in der thailändischen Kultur eine Art auszudrücken, dass man jemanden mag, ohne das laut aussprechen zu müssen. Die thailändische Volksmusiksängerin Tai Orathai hat ein Lied dazu geschrieben. Darin singt sie darüber, wie der Mann, den sie liebt, seine Heimat verlassen musste, um in Bangkok zu arbeiten – und wie sie ihm am Telefon immer wieder diese Frage stellt, um ihm zu zeigen, dass sie ihn vermisst.

Essen nimmt in der thailändischen Kultur einen großen Raum ein – hier wirst du sicher nicht Hunger leiden. Und essen zu gehen ruiniert dich auch nicht. Die kulinarische Szene Bangkoks hat so viel zu bieten, dass du in allen Preisklassen erinnerungswürdiges Essen findest, von sehr billigem Straßenessen bis zu sehr teurer Edelküche mit Wein. Überall gibt's Essen: Garküchen, Straßenverkäufer, Motorräder als Essensstände ... An fast jeder Ecke gibt's etwas zu essen. Egal, wonach dir der Sinn steht oder wann du Hunger hast: In Bangkok wirst du sehr wahrscheinlich fündig.

Das liegt daran, dass die Straßenhändler:innen nicht nur dich ernähren wollen, sondern auch sich selbst, indem sie sich mit dem Verkauf von Speisen ihren Lebens-

1000 WORDS/SHUTTERSTOCK ©

THITIKORN/SHUTTERSTOCK ©

unterhalt verdienen. Auch wenn die Straßen nach schwerem Regen überflutet sind und die Luftverschmutzung gesundheitsschädlich ist, müssen die Straßenküchen weiter Essen verkaufen – sogar während der Coronapandemie war das so. Unter allen Bedingungen müssen die Straßenhändler:innen die Stadt ernähren, ohne jegliche staatliche Unterstützung oder soziales Netz.

> Egal, wonach dir der Sinn steht oder wann du Hunger hast: In Bangkok wirst du sehr wahrscheinlich fündig.

Für Einheimische wie Tourist:innen ist das gut, denn schließlich müssen alle essen. Das Angebot der Straßenküchen ist gewöhnlich warm, frisch zubereitet, sehr erschwinglich und verzehrfertig. In einer schnelllebigen Stadt, in der die Leute immer beschäftigt sind und wo der erschwinglichste Wohnraum für die Einheimischen meist keine Küche hat, ermöglichen es die Straßenhändler:innen, dass man leben kann, ohne selbst Essen zuzubereiten.

Während die Straßenhändler:innen sich also um deinen Magen kümmern, denke daran, dass du sie auch beim Überleben unterstützt, indem du bei ihnen isst.

Sich gegenseitig unterstützen

Die Straßenküchenszene ist entstanden, weil sich die Menschen ernähren müssen. Einige Einheimische haben keine eigene Küche – wie die Menschen leben, wird dir nicht bewusst, wenn du im Hotel absteigst. Viele Einheimische müssen mit wenig Raum, Zeit und Geld auskommen und sind auf die Straßenhändler:innen angewiesen. Und das Essen ist köstlich, die Leute sind nett, doch dahinter verbirgt sich eine weitere Perspektive – die Menschen wollen essen, die Händler:innen müssen ihren Lebensunterhalt verdienen.

Dwight Turner *bietet Kochunterricht und Streetfoodtouren in Bangkok. @bkkfatty @courageouskitchen*

03 Einmaliges BANGKOK

SCHRÄG | KUNSTBEFLISSEN | SPIRITUELL

Hast du genug von den Touristenpfaden, normalen Essenstouren, Drinks in Bars und Tempeln, dann sind diese Erlebnisse genau richtig für dich. Mit diesen Aktivitäten entdeckst du eine andere Seite von Bangkok – eine unerwartete, unbekanntere und einzigartige. Nach Erlebnissen wie diesen können die meisten Leute nicht einmal googeln!

CHRISTOPH SATOR/PICTURE ALLIANCE VIA GETTY IMAGES ©

Schräge Sachen

Im Einkaufszentrum **Nightingale Olympic** unternimmst du eine Zeitreise in die 1970er. Im **Patpong Museum** erfährst du etwas über die Geschichte des Bangkoker Rotlichtviertels und darüber, welche Rolle Kalter Krieg, Vietnamkrieg und Geheimkrieg in Laos spielten.

PERCULIAR BOY/SHUTTERSTOCK ©

Kunstschaffen

Die Kunst hat schon immer Grenzen ausgelotet und talentierte Einheimische schaffen umstrittene politische Werke. Alex Face (BTS-Skytrain-Station Nationalstadion und Bangkok CityCity

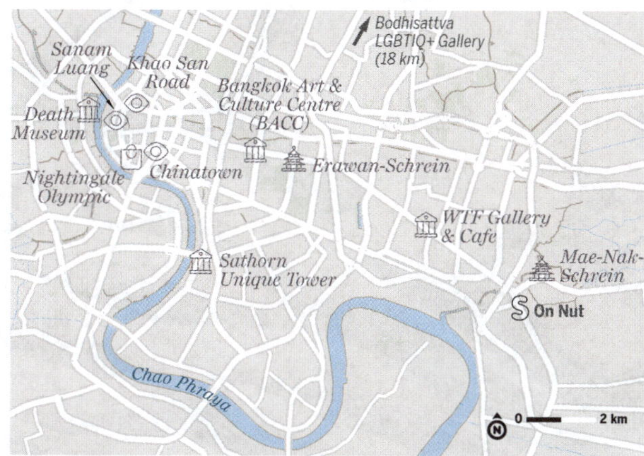

Gallery) und Muebon (Charoenkrung Soi 28) sind zwei wichtige Graffitikünstler. Das Werk des politischen Künstlers Baphoboy ist auf Instagram und in Ausstellungen in Galerien zu sehen.

An Galerien gibt's etwa das **Bangkok Art and Culture Centre (BACC)**, **WTF Gallery and Cafe** (am besten abends, da mit Bar!) und die niedliche Fotogalerie **Kathmandu** in Silom.

Mit den Geistern auf Tuchfühlung

Die Geschichte von Mae Nak (Nang Nak; S. 86) kennen alle Thais. Ihr Schrein ist im **Wat Mahabut**, zehn Fußminuten von der Skytrain-Station On Nut. Am Abend vor dem Lotterietag (1. und 16. des Monats) kannst du sie nach den richtigen Zahlen fragen!

Ein weiterer gespenstischer Anblick ist zwischen Sathorn und Chinatown der 47-stöckige **Sathorn Unique Tower**, der „Geisterturm", ein Opfer der Tom-Yum-Kung-Finanzkrise von 1997.

Im **Death Museum at Siriraj Hospital** steuern die meisten gleich die Mumie des ersten Serienmörders Thailands an, eines chinesischen Immigranten mit einer Vorliebe für Jungenlebern. Im **Erawan-Schrein** in Chidlom kannst du Thai-Tänzerinnen zuschauen, angeheuert von Leuten, deren Gebete erhört wurden.

Was sagen die Karten?

Die Thais nehmen das Wahrsagen ernst. Wahrsager:innen werden nach günstigen Terminen für Geburten und Hochzeiten befragt, sie sollen „verhexte" Häuser von Geistern befreien und werden sogar von einigen großen Firmen beschäftigt. Du findest sie an der **Sanam Luang** beim Großen Palast, in **Chinatown**, an der **Khao San Road** und in **Chatuchak**.

Wie ...

Anreise Egal, wo du in Bangkok bist, du findest immer ein Taxi, Motorradtaxi oder Tuk-Tuk zu deinem Ziel.

Reisezeit Ganzjährig; manche Orte sind auch für Regentage gut geeignet.

Orientierung Die meisten Adressen liegen abseits der Touristenpfade, doch dank Apps wie Grab und Bolt kannst du dich nie wirklich verirren.

Links oben Neugierige Besucher:innen im Death Museum at Siriraj Hospital **Links unten** Erawan-Schrein

Kunst als Spiegel des Lebens

Zwar versucht der Staat ständig, das nationale Narrativ umzuschreiben, doch was Thailand wirklich ausmacht, zeigt sich in seiner Kunst: ein ständiger Widerspruch und Wandel. Du siehst ein Porträt des Königs in Gold, der auf queere Künstler:innen schaut, die Protestplakate malen. Das macht uns zum spannendsten Ziel für Kunstliebhaber:innen in Südostasien.

Oat Montien *ist Künstler, Schriftsteller und Inhaber der Bodhisattva LGBTIQ+ Gallery.* *@oatmontienstudio, @bodhisattava.gallery*

04 Schon GEGESSEN?

ZUGÄNGLICH | NONSTOP | VIELFALT

Die Frage „Hast du schon gegessen?" ist eine der vielen Begrüßungsarten in Thailand. So zeigen die Thais, dass ihnen dein Wohlergehen am Herzen liegt – wenn der Magen gefüllt ist, dann ist alles andere auch okay. In Bangkok leidest du nie Hunger. Worauf auch immer du Appetit und zu welcher Uhrzeit du hungrig wirst: Die Stadt wird dir zu essen geben.

LECKER STUDIO/SHUTTERSTOCK ©

Wie …

Anreise Bangkok ist leicht zu erschließen. Je nach Ziel kannst du laufen oder Motorradtaxis, normale Taxis, den Skytrain oder die U-Bahn nehmen.

Reisezeit Wann immer du Hunger hast.

Qual der Wahl Neben internationaler Küche gibt's in Bangkok Essen aus ganz Thailand.

Streetfood Keine Angst vor Straßenküchen – du wirst überrascht sein, was es alles gibt! Und alles ist sehr erschwinglich.

OSAZE CUOMO/SHUTTERSTOCK ©

Proteingelüste?

Überall in Bangkok gibt's Fleischspieße und die sind ein Muss – ob Schweine- oder Rindfleisch oder ganz was anderes! Halte Ausschau nach Thai-französischem Rindfleisch: Es kommt ursprünglich aus Nordostthailand.

Die Thais essen gerne gemeinsam und eine *mŏo krata* (Schweinefleischpfanne) ist ein geselliges Erlebnis. Dabei grillt eine Gruppe Leute auf einem Holzkohlegrill Fleisch und isst zusammen. Natürlich kannst du das auch allein machen, es macht aber deutlich weniger Spaß.

Eine Speise, die du nicht verpassen solltest, ist *mŏo grob* (knuspriges Schweinefleisch), z. B. in dem Pfannengericht *phat kaphrao* mit Basilikum. Eine gute Adresse für köstliches Fleischcurry ist **Jek Pui Curry Rice** in der Altstadt – inzwischen muss sich das Restaurant leider auf seine Räumlichkeiten beschränken.

PUMPUI/SHUTTERSTOCK ©

Gub Glam

Die Thais haben einen besonderen Namen für Biersnacks: *gub glam*. Diese Gerichte sind meist frisch und warm und passen bestens zu einem eiskalten Bier – in Thailand trinkt man Bier übrigens gern mit Eiswürfeln. Beliebt sind besonders die verschiedenen Varianten von *yum*, würzigen Salaten. Das Samlor in Charoenkrung wartet mit gehobenem *gub glam* zu Naturweinen und thailändischem Craftbier auf.

Links unten *Mŏo krata* **Links oben** Schweinefleischspieße **Oben** *Sôm đam*

Den würzigen Papayasalat *sôm·đam*, ursprünglich aus dem Nordosten, gibt's inzwischen überall in Thailand; am besten schmeckt er mit gegrilltem Huhn, Schweinenacken oder dem scharfen Fleischgericht *nham tok*. Das **Baan Somtum** serviert Küche des Nordostens; gehobenere Küche bietet das **100 Mahaseth**.

Meeresfrüchte

Seafood ist in Thailand sehr beliebt. Ein Krebsomelett vom Sternelokal **Jay Fai** ist ein echtes Muss in Bangkok. Im **Jeh Oh Chula** gibt's das Nudelgericht *tom yum mama* mit einem Berg an Meeresfrüchten – aber erst ab 22 Uhr!

Nudeln ohne Ende

Wie die Italiener:innen mit ihren vielen Nudelsorten hat auch Thailand unterschiedliche Nudeln: *sen yai* (große Nudeln), *sen lek* (kleine Nudeln), *sen mhee* (winzige Nudeln), *ba mhee leung* (gelbe Nudeln), *giam ee* (kurze

Die Zukunft des Essens

Bangkok ist ein sehr multikulturelles Ziel, mit verschiedenen Kulturen aus Thailand und aller Welt, und das zeigt sich auch in der kulinarischen Szene. In den letzten Jahren haben die heimischen Bauern ihre Künste stark verfeinert und bauen nun vieles biologisch an; viele Restaurants freuen sich, ihre Erzeugnisse beziehen zu können.

Napol Jantraget *ist Koch und Mitinhaber des Samlor Restaurant in Charoenkrung. @samlor.bkk*

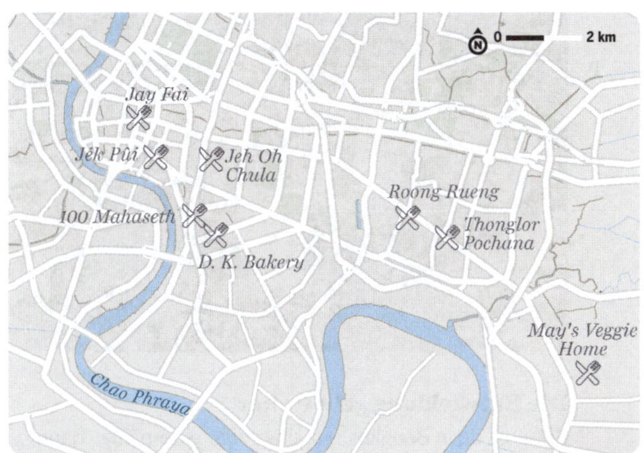

Vegetarische Leckereien

In Bangkok eine vegetarische Mahlzeit zu bekommen war früher schwierig, doch inzwischen ist das einfacher geworden und die Speisekarten werden immer kreativer. Die Top-Adressen sind May's Veggie Home, Vistro und Arawy.

Links Jay Fai **Unten** Paithong-Kokosnusseiscreme

Nudeln), *guay jub* (gedrehte Nudeln, serviert in einer eigenen Suppe) und *mama* (Instantnudeln).

In Thailand Nudeln zu bestellen ist ganz einfach: Du wählst eine Nudelsorte, mit oder ohne Brühe (Trockennudeln sind gut!), und dann lass es dir schmecken!

Rindfleischnudeln gibt's etwa im **Thonglor Pochana**, *tom-yum*-Schweinefleischnudeln im **Roong Rueng** und **Zaew Noodle** in der Sukhumvit Soi 49 (nicht zu verwechseln mit dem in der Sukhumvit Soi 57).

Süße Leckereien

Die Bangkoker Straßenküchen bieten auch Süßes. Wenn du zufällig über einen **Paithong**-Eiscremewagen stolperst, dann probiere das Kokosnusseis! Oder besorg dir an irgendeinem anderen Karren ein Kokosnusseis, das in der Bangkoker Hitze wahrscheinlich genauso köstlich und erfrischend sein wird.

Die thailändische **D.K. Bakery** in Silom gibt's schon seit 70 Jahren. Göttlich sind die gedämpften Pandan-Puddingbrötchen.

Und auch das Obst nicht vergessen! Da gibt's weitaus mehr als Mango-Klebreis und alles Obst ist sehr wohlschmeckend. Ein Muss ist auch thailändischer Tee.

Bangkok ist Thailand & auch wieder nicht

BEWUSST REISEN FÜR EINE BESSERE WELT

In Thailand leben etwa 70 Mio. Menschen, davon knapp 11 Mio. in Bangkok, der Rest in den anderen 76 Provinzen. Bangkok ist nicht typisch für Thailand, aber weil die Stadt Menschen aus allen Landesteilen anzieht, findest du jedes Stückchen Thailand auch in Bangkok.

Links Protest gegen den früheren Premierminister Prayuth Chan-o-cha
Mitte Demokratiedenkmal (S. 66)
Rechts Protest mit Drei-Finger-Gruß

YOUKONTON/SHUTTERSTOCK ©

Die Entwicklung geht weiter

Sprichst du in Bangkok mit einer oder einem Thai, dann ist die Chance groß, dass sie oder er nicht aus Bangkok stammt. Und wenn du zu den wichtigen Feiertagen in Bangkok bist, wie etwa zu Songkran im April oder zum Jahreswechsel, dann sind die Straßen leer, da alle in ihre Heimatorte gefahren sind.

Gemäß der Länderklassifizierung der Hauptabteilung Wirtschaftliche und Soziale Angelegenheiten der Vereinten Nationen (UN DESA) fällt Thailand unter die „Entwicklungsländer": Das heißt, dass das Land weiter entwickelt wird, wenn auch nicht gleichmäßig. Als Hauptstadt ist Bangkok dem Rest des Landes in vielerlei Hinsicht weit voraus. Daher kommen viele Thais aus dem restlichen Land nach Bangkok, um hier zu arbeiten, und bringen so ein Stück ihrer Heimat mit, ob Küche oder Dialekt.

Zwar findest du in Bangkok Essen aus allen Ecken des Landes und das hier gesprochene Thailändisch hört sich vielleicht unterschiedlich an, doch was Bangkok zu bieten hat, ist nicht ein Abbild des ganzen Landes. Planst du also deine Reise hierher, dann plane auch Ausflüge von Bangkok aus ein und schaue dir möglichst auch andere Provinzen an.

Militärputsch & Aufschwung

Schöne Strände, köstliches Essen und herrliche Sommersonne – gibt's alles, doch die Thais kämpfen noch immer um echte Demokratie. Der letzte Putsch, der dreizehnte in der Geschichte des Landes, begann 2014 und endete 2019 mit einer Wahl. Doch noch immer wird darüber debattiert,

SAIKO3P/SHUTTERSTOCK ©

ADIRACH TOUMLAMOON/SHUTTERSTOCK ©

ob diese Wahl auch fair war. Ab Ende 2020 und im gesamten Jahr 2021 kämpften jüngere Thais in einer politischen Erweckungsbewegung für ihre Rechte und die Demokratie.

Zwar ist das wirtschaftliche Potenzial Thailands klar ersichtlich, doch die durch Putsche und politische Unruhen erzeugten Störungen dämpfen das Wirtschaftswachstum. Nach jedem Militärputsch wird die Verfassung umgeschrieben, alles startet neu und die Thais müssen wieder ganz von vorn anfangen – wieder einmal.

> Schöne Strände, köstliches Essen und herrliche Sommersonne – gibt's alles, doch die Thais kämpfen noch immer um echte Demokratie.

Die gesamte politische Szene musst du nicht wirklich verstehen, doch denke daran, dass du bei deinem Aufenthalt in Bangkok vielleicht auf Proteste oder Straßensperren stößt. Das ist zwar vielleicht nervig, aber es gehört zum Kampf der Thais für ihre Rechte mit dazu.

Manchmal begegnest du in Thailand auch Dingen, die einfach keinen Sinn ergeben, z. B. Gehwegen, auf denen man fast nicht gehen kann, oder Kabelwirrwarr an den Straßen. Und du fragst dich vielleicht, warum die Einheimischen diese „einfachen" Dinge nicht in Ordnung bringen. Dabei ist es wichtig zu wissen, dass auch die Einheimischen wollen, dass sich diese Dinge verändern, doch aus politischen Gründen lassen sich Veränderungen in diesem Land nicht so einfach bewerkstelligen.

Pro & Contra

Zwar hat Bangkok als Stadt viel zu bieten, doch denke daran, dass es nicht das ganze Thailand verkörpert. Thailand zählt weiter zu den zehn Ländern der Welt mit der größten Vermögensungleichheit – und die Reichen werden immer reicher, die Armen werden immer ärmer.

Emilie Palamy Pradichit *ist Gründerin und Executive Director der Manushya Foundation, einer feministischen und Menschenrechtsorganisation in Bangkok. @manushyafoundation*

05 Mitternachts-STADT

FRÜH | DIVERS | GEHEIME TALENTE

Im Vergleich zu westlichen Ländern beginnt ein Ausgehabend in Bangkok eher früh. Das liegt daran, dass Alkohol nur bis Mitternacht verkauft werden darf. Alkohol darfst du von 11 bis 14 und von 17 bis 24 Uhr kaufen, doch auch nach Mitternacht ist noch etwas geöffnet. Auch Bartouren sind möglich, aber angesichts des berüchtigten Bangkoker Verkehrschaos bleibst du besser in einem bestimmten Viertel. Jedes Viertel hat sein eigenes Flair – such dir also was aus und los geht's!

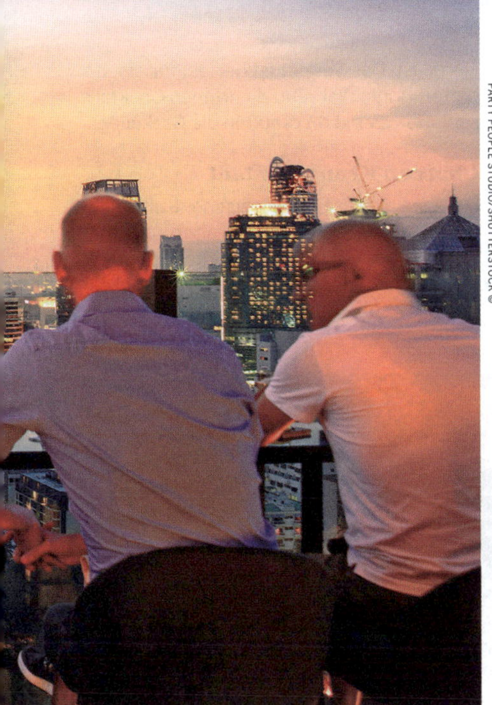

PARTY PEOPLE STUDIO/SHUTTERSTOCK ©

Wie …

Anreise Der abendliche Berufsverkehr kann hektisch sein – nimm also die Bahn oder ein Motorradtaxi oder geh zu Fuß!

Reisezeit Von einigen Fluss- oder Dachbars bieten sich schöne Sonnenuntergangsblicke auf die Stadt; ansonsten solltest du gegen 21 Uhr loslegen.

Alkohol Einige kreative Läden sind wegen der Alkoholgesetze eher versteckt.

MESAMONG/SHUTTERSTOCK ©

Sukhumvit

Die Sukhumvit ist eine der längsten Straßen Thailands und in Bangkok ist sie eine der Hauptstraßen im Stadtzentrum. Jedes Viertel lässt sich leicht anhand der Skytrain-BTS-Stationen identifizieren; das Flair der Viertel kann sehr ähnlich sein – außer in Nana. Vor Corona war Nana das Touristenviertel für wilde Nächte. Nach Corona ist es hier stiller, doch wer auf der Suche nach einem tollen Tanzschuppen ist, steuert die kubanische Bar **Havana Social** an. Allerdings kann's hier unglaublich voll werden – wir haben dich gewarnt!

Weniger wild und tanzfreudig geht's in den höheren Soi-Zahlen zu. Neben Nana liegt der Geschäftsbezirk Asoke, gefolgt von Phrom Phong mit vor allem japanischen Ess- und Trinklokalen.

Als Nächstes kommt Thong Lo, eines der Hauptausgehviertel Bangkoks. Hier gibt's jede Menge schicke Bars und gehobene Restaurants für ein etwas jüngeres Publikum, das gerne in Superschlitten vorfährt. Der coolste Club der Stadt ist das **Beam** im 72 Courtyard – Hits aus den Top 100 laufen hier garantiert nicht. Viel Spaß macht es immer, den Eingang zur Flüsterkneipe

LAUREN DECICCA/GETTY IMAGES ©

Pride

Schwulenfreundlicher als in der Silom Soi 2 & 4 wird's nicht. Hier starteten alle Partypioniere. Dragshows bietet die **Stranger Bar**.

Bangkok wirkt vielleicht sehr LGBTIQ+-freundlich, und was den Spaßfaktor betrifft, stimmt das auch. Doch in Thailands gibt's keine Gesetze zur Unterstützung der Community.

Links unten Miss Srimala in der Stranger Bar **Links oben** Sundowner **Oben** Thai-Craftbier (S. 59)

#FindTheLockerRoom zu finden. Den Abschluss des Abends in Thong Lo bildet das **Saeng Chai** mit scharfer *khao tom* (Reissuppe) und Thai-chinesischen Pfannengerichten.

Sathorn/Silom

Wenn du in diesen Gegenden unter der Woche ausgehst, triffst du wahrscheinlich auf jede Menge Einheimische in Arbeitsklamotten, da dies ein weiteres Bangkoker Geschäftsviertel ist. Das **Vesper** ist perfekt für einen netten Drink: Während du drinnen Cocktails schlürfst, siehst du draußen die Garküchen.

Charoen Krung/Altstadt

Dank viel Thai- und chinesischer Kultur, weniger Hochhäuser und mehr alter, hölzerner Shophouses ist dieses gepflegte Viertel sehr beliebt. Hier kannst du sehen, wie Bangkok vor der modernen Erschließung aussah.

Erlebe das echte Bangkok

An einem Abend in der Altstadt kannst du die kulturellen Wurzeln Thailands erkunden. Neben einer modernen, hinter einem alten Shophouse versteckten Cocktailbar siehst du hier auch die andere Seite von Thailand, die nicht für Tourist:innen gemacht ist, mit Obdachlosen und alten Menschen. Im Gegensatz zum Thonglor und anderen Läden in Sukhumvit gibt's hier keinen Dresscode und keine vornehmen Allüren – du kannst einfach du selbst sein und das echte Thailand erleben.

Niks Anuman-Rajadhon *ist Gründer der Teens of Thailand Bar, Asia Today Bar und Tax Bar und Partner von Issan Rum, einem thailändischen Craft-Rum. @niks_anuman*

Thai-Craftbiere

Thailändische Craftbiere sind genauso teuer wie importierte Biere – Thai-Craftbiere sind nämlich auch importiert. Aufgrund der Alkoholgesetze müssen thailändische Brauereien ihre Craftbiere in Nachbarländern brauen, sie dann nach Thailand einführen und dieselben Zölle wie für ausländische Biere berappen.

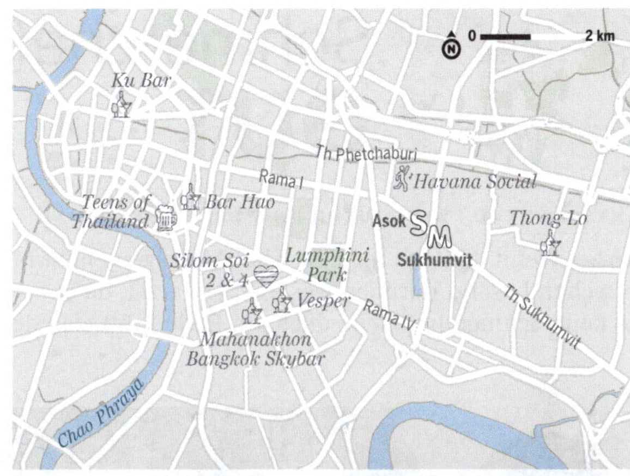

Hinter den alten Shophouses der kleinen Straße Soi Nana (nicht zu verwechseln mit der Sukhumvit Soi 11 Nana) findest du die Ginbar **Teens of Thailand** und die Bar **Asia Today** mit Cocktails auf Honigbasis. Die **Bar Hao** ist der perfekte Laden für moderne chinesische Happen zum Drink.

Ein bisschen Abenteuer? Dann lohnt die versteckte Flüsterkneipe **Ku Bar** den Weg.

In dieser Gegend kannst du super ausgehen, auch dank der Nähe zur Yaowarat Road (Chinatown) mit ihrem Essensangebot. Um die Ecke liegt außerdem die Backpackermeile Khao San Road. Hier hat der Bangkoker Partypionier und Kunst-und-Mode-Inszenierer Dudesweet jüngst eine Bar namens **Mischa Cheap** eröffnet.

Bangkoks Dächer

Alle lieben eine gute Dachbar, und das Angenehme an den Bangkoker Dachbars ist, dass sie sehr erschwinglich sind. Mit spektakulären Ausblicken auf die Stadt wartet die **Mahanakhon Bangkok Skybar** im 76. Stock auf. Einen Blick auf den Fluss und den Wat Arun bietet das kleine **Deck** bei der Arun Residence.

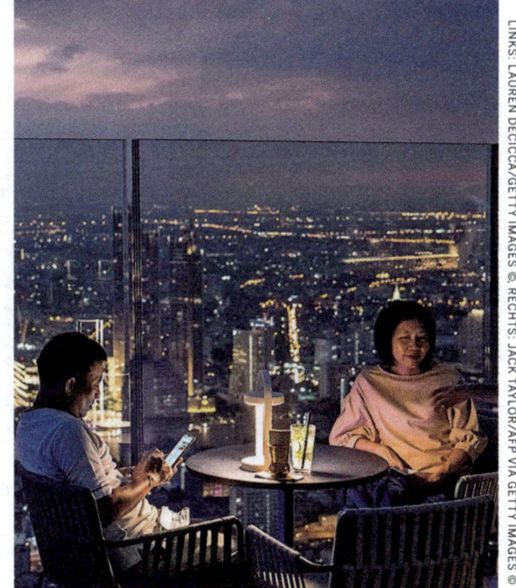

Links Kratom-Teeshots, Teens of Thailand **Oben** Aussichtsterrasse, Mahanakhon Bangkok Skybar

06 Schmerzhaft GUT

ENTSPANNEND | WOHLTUEND | MIT SUCHTPOTENZIAL

Wenn du noch nie eine Thai-Massage gehabt hast, bist du vielleicht ein bisschen besorgt darüber, was dich erwartet, da es so schmerzhaft sein soll. Ja, es kann schmerzhaft sein, doch am Ende fühlt sich dein Körper weniger steif an.

ANEK.SOOWANNAPHOOM/SHUTTERSTOCK ©

Wie ...

Reisezeit Jederzeit! Aber besonders gut, wenn dein Körper schmerzt und müde ist.

Schmerz & Wohlergehen Die Thai-Massage konzentriert sich aufs Tiefengewebe und die „Linien" *(sen)* deines Körpers, aber du sollst die Massage auch genießen. Wenn dein:e Masseur:in zu heftig agiert, sag Bescheid! Versuche herauszufinden, wie viel Druck sich okay anfühlt und für deinen Körper noch wohltuend ist.

CHATCHAI SOMWAT/SHUTTERSTOCK ©

Die Tausende Jahre alte Thai-Massage gehört dank ihrer emotionalen und körperlichen Wirkung zum thailändischen Heilwesen. Im Unterschied zu Massagen mit Öl wird bei der Thai-Massage harter Druck mit Strecken kombiniert, was deinen Bändern zugute kommt; du bleibst vollständig bekleidet.

Im Allgemeinen ist Bangkok der beste Ort, um Massagen auszutesten: Sie sind billig und überall erhältlich.

Die erste Massage

Infinity Wellbeing Sehr einladende Einrichtung; hast du ein bisschen Angst vor der ersten Thai-Massage, bist du hier genau richtig.

Panpuri Wellness: Onsen und Cannabis-Speiseerlebnis Hier kannst du problemlos einen ganzen Tag verbringen, um Körper und Geist von Stress zu befreien.

Let's Relax Onsen In Bangkok weit verbreitete Onsen-Kette mit gleichbleibender Qualität in allen Filialen.

Yunomori Onsen & Spa Japanischer Komfort und Minimalismus mitten im chaotischen Bangkok! Hier vergisst du, dass du in Bangkok bist.

Training mit Einheimischen

Muay Thai Kru Dam Gym, Elite Fight Club, BigBox Muay Thai.

CrossFit CrossFit Arena, Training Ground.

HIIT F45 Training.

Yoga und Pilates Absolute You, Divine Yoga, Pilates Station.

Links oben Thai-Massage
Links unten Muay Thai (Thaiboxen)

Schwitzen

Bangkok ist eine Stadt voller Leben und Ablenkungen. Durch Sukhumvit zu laufen ist wie durch einen Betondschungel zu gehen, und manchmal fühlst du dich fehl am Platz. Toll ist der Besuch eines Fitnessstudios. Hier treffen sich Expats, Reisende und Einheimische mit demselben Ziel. Nach dem Workout hängt man zusammen ab und füllt Kalorien nach, um am nächsten Tag wieder genug zum Verbrennen zu haben.

Yen Ju *ist ein Fitnesscoach. @yen_ju04*

VERLASS
Bangkok nicht ohne ...

01

02

03

04

01 Thai-Seide
Ob als Tasche, Schal oder Kleid: Thailändische Seide ist einzigartig und perfekt für kühleres Wetter. Aber nur chemisch reinigen!

02 Ein Stück Thai-Design
Ob Kleidung oder Wohnaccessoires: Siam Discovery hat eine ganze Abteilung für thailändisches Design.

03 Kunst
Unterstütze die thailändische Kunstszene und hänge dir etwas ganz Besonders an die Wand, das dich immer an deine Zeit in Thailand erinnert.

04 Curry-Pasten
Die Pasten in thailändischen Supermärkten sind fast so gut wie ein Curry in einem thailändischen Restaurant und besser als das Zeug, das du zu Hause bekommst.

05

06

07

08

05 Kaffeebohnen
Bohnen gibt's in Läden wie Kaizen, Single Lane und Roots sowie im Internet bei Left Hand Roaster – dann kannst du auch zu Hause thailändischen Kaffee genießen.

06 Schokolade
Die thailändische Schokokultur besetzt noch immer eine Nische, doch Marken wie Kad Kokoa, Shabar und Pridi bieten hochwertige Schokolade aus in Thailand angebauten Bohnen.

07 Sampheng Bags
Die bunten Balenciaga Barbes East-West Shopper Bags gibt's seit Jahrzehnten, oft benutzt von Straßenhändler:innen, die auf dem Sampheng-Markt einkaufen. In Thailand heißen sie Sampheng-Taschen.

08 Benjarong
Die thailändische Keramikmalerei gilt als eigene Kunstform und existiert angeblich seit dem 13. Jh.

Empfehlungen

WEITERE LIEBLINGSADRESSEN

Soulfood

Baan Nual $$

Vor der Coronapandemie war das Restaurant ein halbes Jahr im Voraus ausgebucht. In einem stilvoll eingerichteten alten Holzhaus bietet es einfache Gerichte nach uralten Rezepten. Nur mit Reservierung.

Sorn $$$

Nobelküche wirkt teils wie ein wissenschaftliches Experiment statt wie ein Abendessen, doch dieses Sternerestaurant mit Küche aus Südthailand bietet die perfekte Kombination aus Luxus und Behaglichkeit. Reservieren!

Wana Yook $$$

Das Lokal zaubert eine gehobene Version des berühmten und beliebten Straßenessens *khao kaeng* (Curry auf Reis).

Sri Trat $$$

Suchst du köstliche Küche Ostthailands für einen schickeren Anlass, dann bist du hier richtig! Zu den Gerichten passen bestens die thailändisch angehauchten Cocktails.

Wattana Panich Beef Broth $$

Berühmt für seine Rindfleischnudeln, gekocht in einem riesigen Topf, der nie geleert wird, sodass deine Nudelsuppe auch jahrealte Teile umfasst. Daher ist der Geschmack hier so vollmundig wie nirgends sonst. Auch die Nudeln mit Ziege probieren!

Nong Rim Klong $$

So wie Jay Fai (S. 52), aber billiger. Es ist leicht zu finden, direkt im Stadtzentrum im Viertel Ekkamai, neben einem nicht sonderlich schön aussehenden Kanal, der aber irgendwie auch ein Alleinstellungsmerkmal ist.

W District $

Bei den Einheimischen beliebter Nachtmarkt mit zahlreichen Essmöglichkeiten und billigem Bier.

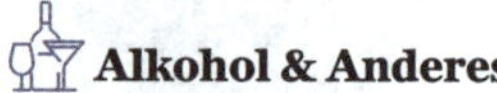

Alkohol & Anderes

Laoteng

Was wie ein typisches Dim-Sum-Lokal oder der Eingang zu einer Bar aussieht, ist vielleicht keiner. Den Eingang zu dieser Flüsterkneipe an einer trubeligen Straße in Chinatown zu finden ist nicht einfach.

Tep Bar

Moderne thailändische Cocktailbar mit Drinks mit Thai-Früchten, Kräutern und Gewürzen sowie *ya dong* (Thai-Kräuter-Whisky). Außerdem traditionelle thailändische Livemusik.

Rabbit Hole

Eine einfach aussehende, riesige Holztür an der geschäftigen Thonglor Road bildet den Eingang zu dieser dreistöckigen Bar, die schon seit Jahren Bangkoker Craft-Cocktails serviert.

Bar Yard

Komfortable Dachgartenbar im noblen Viertel Langsuan mit tropischen Drinks und heimeligen Grillgerichten.

Khao kaeng

ABar Rooftop

Perfekt für Ginfans, die einen Rundumblick auf die Stadt genießen wollen. Ein Stockwerk tiefer gibt's im Akira Back japanische Fusionskost.

SEEN Restaurant & Bar

Im 26. Stock mit Pool und Blick auf den Chao Phraya. Beliebt bei Einheimischen, die es etwas schicker mögen.

Changwon Express

Thailändisches Craftbier und koreanisches Grillhühnchen – gibt's eine bessere Kombination? Die kleine Eckbar ist so gesellig, dass sich am Ende alle in den Armen liegen.

Philtration

Durch die von Kräutern, Gewürzen und Tees im Moh Mee inspirierten Cocktails lernst du etwas über thailändische Kräuterheilkunde des 19. Jhs. Die Bar befindet sich im Keller eines 100 Jahre alten Hauses.

12 x 12

Einzigartige Absturzkneipe mit bunt zusammengewürfelter Einrichtung und billigem Thai-Bier; tanze zu Weltmusik von der Schallplatte!

Yoshibar

Zu Beginn ist Sake vielleicht etwas furchterregend, aber in dieser kleinen, sehr lockeren Bar lernst du mit viel Spaß etwas über dieses Getränk. Dazu gibt's passende Speisen.

Jack's Bar

Eine der bei Einheimischen, Expats und allen anderen in Bangkok beliebten legendären Bars am Fluss. Lässt du dein Handy fallen, landet es vielleicht im Wasser.

Einkaufszentrum MBK

Shoppen

Siam Discovery

Kleiner und leichter zu erkunden als das benachbarte Siam Paragon und CentralWorld; mit vielen thailändischen Designerlabels.

MBK

Touristisches Einkaufszentrum mit allem von gefälschten Markenartikeln über Essen bis zu Schönheitschirurgie und Zahnbehandlungen. Nicht weit entfernt ist die Platinum Mall mit billiger Mode.

Chatuchak Market (JJ Market)

Freiluftmarkt mit billigen thailändischen Waren, ohne Schutz vor Sonne und Regen.

Phahurat

Bekannt als Textilmarkt und das „Little India" von Bangkok. Auch Edelsteine, Schmuck und ausgezeichnetes Essen.

Terminal 21

Mit allen Läden, die man gemeinhin in einem Einkaufszentrum erwartet, sowie heimischen Geschäften.

River City Bangkok

Die beste Adresse für Kunst und Antiquitäten. Von hier geht's per Boot zum touristischen IconSiam.

Srinagarindra Train Night Market

Der Markt ein Stückchen außerhalb, ohne öffentliche Verkehrsanbindung, bietet thailändisches Essen, Billigartikel und Antiquitäten.

Koffein & Zucker

Chu $$

Du vermisst das gewohnte Frühstück? Das gibt's hier in diesem bei vielen Bangkoker:innen beliebten Café in einem Haus mit nettem Garten.

Holey Artisan Bakery $$

Eine Abwechslung zur Thai-Küche? Diese Bäckerei bietet hausgemachte Backwaren (süß und herzhaft) und erinnert dich sicher an deine Lieblingsbäckerei zu Hause.

Bartels $$

Unter der Woche sind in diesem zweistöckigen Café viele WFH-Büroleute zu Gast. Guter Kaffee, köstliches Brot und hundefreundlich. Was kann ein gestresster Büromensch mehr verlangen?

H Dining $$

Vielleicht kommst du auf einen Kaffee her, aber das Essen ist auch gut: eine modernisierte Version asiatisch inspirierter Cafékost. Mit Tischen draußen und einem Herz für Hunde.

Flower in Hand by P. Cafe $$

Das Blumencafé liegt im Hipsterviertel Ari. Hier kannst du leicht einen Tag mit einem Cafébummel verbringen.

Grüne Lungen & Touristenspots

Benjakiti-Park

Der nur wenige Fußminuten vom Einkaufszentrum Terminal 21 entfernte Park wurde kürzlich aufgehübscht und ist jetzt grüner als je zuvor. Über einen Hochpfad geht's direkt zum Lumpini-Park.

Benjasiri-Park

Bäume gibt's im Stadtzentrum nicht so viele, doch dieser klitzekleine Park zwischen zwei Einkaufszentren ermöglicht eine schnelle Stadtflucht und bietet außerdem zwei Spielplätze.

Lumpini-Park

Dieser Park ist ein wichtiges Bangkoker Wahrzeichen und hat neben Bäumen auch Katzen und Warane.

Demokratiedenkmal

Ein Denkmal zur Geschichte des Kampfes der Menschen um ihre Rechte. In den letzten Jahren war es einer der Hauptspots für Demos in der Stadt.

Wat Phra Kaew

Ein guter Ausgangspunkt für die Erkundung von umliegenden Wahrzeichen wie dem Großen Palast und dem Ananta-Samakhom-Thronsaal. Nicht vergessen: dezent kleiden!

Kunst & Geschichte

Museum of Contemporary Art (MOCA)

Das MOCA Bangkok ist eins der größten Museen für Gegenwartskunst Asiens, mit Werken vieler thailändischer Kunstschaffender. Gehört einem der reichsten Geschäftsmänner Thailands.

Benjakiti-Park

Art Gallery at Ban Chao Phraya

Die Galerie am Fluss war einst der Palast von Prinz Sathittamrongsawas; später lebte hier der italienische Architekt Mario Tamagno. Heute sind hier Arbeiten bekannter und aufstrebender Künstler:innen zu sehen.

National Museum of Royal Barges

Das Museum am Ufer des Kanals Bangkok Noi beherbergt die königlichen Barkassen, die der Monarch u. a. bei Prozessionen nutzt.

Suan-Pakkad-Palast

Das 1952 als allererstes Museum Thailands eröffnete Haus war ursprünglich eine Privatresidenz von Prinz und Prinzessin Chumbhot von Nagara Svarga, die es in ein Museum verwandelten.

Unkonventionelles

Dasa

Dieses dreistöckige Antiquariat sollten Büchernarren auf jeden Fall ansteuern! Vielleicht findest du hier deinen neuen Lieblingsschmöker.

Fox Hole Art Shelter Cafe

Dies ist auch ein Café mit Kaffee aus Bohnen aus Chiang Rai, daneben gibt's aber auch Thai-Craftbier und oben einen Kinoclub.

Doc Club & Pub

Wenn du nicht mehr weißt, was du in Bangkok noch machen sollst, oder dir der Sinn nach einem Film steht, dann kannst du im Documentary Club etwas trinken, dich unters Volk mischen und dir einen Film anschauen, von dem du vorher noch nie gehört hast.

Dream World

Die meisten Thais waren als Kinder in diesem Freizeitpark, der noch immer eine Art Zeitreise ermöglicht. Eine von nur wenigen Freizeitparks in Thailand!

Q STOCK/SHUTTERSTOCK ©

National Museum of Royal Barges

Märkte

Khlong Lat Mayom

Der je nach Verkehr nur 20 bis 40 Minuten von Bangkok inmitten der Natur gelegene schwimmende Markt ist perfekt für einen Tagesausflug. Lass dich auf dem Boot durch die Gegend treiben, probiere traditionelle thailändische Gerichte und schau dir das Angebot an Waren an.

Bangkoker Blumenmarkt

Der Pak Klong Talad ist der größte Markt für frische Blumen in der Stadt. Er ist rund um die Uhr geöffnet, doch die beste Zeit ist vor der Morgendämmerung: Dann kommen Straßenhändler:innen aus ganz Bangkok hierher, um sich für den Tag mit frischer Ware einzudecken. Der Markt liegt in der Altstadt, nur wenigen Minuten vom Wat Pho und anderen historischen Wahrzeichen wie der Saphan Phut (Brücke der Erinnerung).

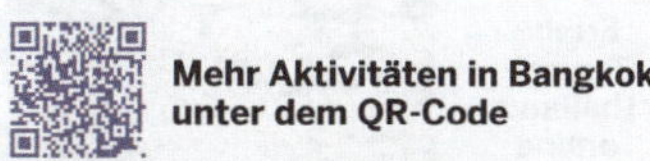

ZENTRAL-
THAILAND
ABENTEUER | GESCHICHTE | ESSEN
Erlebe
Zentral-
thailand
online

WAJ/SHUTTERSTOCK ©

Im **Ruan Thai Goong Pao** am Wasser in Ayutthaya Flusskrebse verspeisen (S. 81)
50 Min. von Bangkok

Im **Pa Prang Sam Yod** in Lopburi nach Affen Ausschau halten (S. 83)
2 Std. von Bangkok

Am Kwai über die Trasse der **Eisenbahn des Todes** wandern (S. 83 & 85)
1 Std. vom Zentrum von Kanchanaburi

Durch den **Ayutthaya Historical Park** radeln (S. 82)
20 Min. vom Zentrum von Ayutthaya

Auf dem schwimmenden Markt **Damnoen Saduak** die Sinne herausfordern (S. 88)
90 Min. von Bangkok

Im **Biosphärenreservat Sakaerat** in die Natur eintauchen (S. 77)
1 ½ Std. vom Khao Yai

ZENTRAL-THAILAND
Reiseplaner

Zentralthailand umfasst einige der typischsten thailändischen Landschaften überhaupt. Diese Region, der „Reiskorb" des Landes, bietet sowohl traditionelle als auch weniger traditionelle Erlebnisse, von Wanderungen in der freien Natur bis zum Shoppen.

Weitere Erlebnisse in Zentralthailand

0 100 km

Praktisches

ANKUNFT

So wie in Italien alle Wege nach Rom führen, so sind alle Orte in Zentralthailand von den beiden Bangkoker Flughäfen aus erreichbar, den nächstgelegenen Ankunftsorten aus dem Ausland.

INTERNET

Wie in Bangkok gibt's an allen öffentlichen Orten WLAN, oder du nutzt ein Pocket-WiFi (muaythaiwifi.com).

GELD

Viele Shophouse-Restaurants außerhalb von Bangkok nehmen nur Bargeld, sodass du Scheine dabeihaben musst.

ÜBERNACHTEN

Ort	Pro & Contra
Ayutthaya	Leicht per Boot oder Auto zu erreichen; nahe bei historischen Wahrzeichen.
Sukhothai	Das Tor zum Norden, eine verschlafenere Version von Ayutthaya mit tollem Essen.
Kanchanaburi	Voller Aktivitäten und Attraktionen; erreichbar per Flugzeug, Zug und Auto.
Lopburi	Reizend und oft übersehen; mit viel natürlicher Schönheit.

UNTERWEGS VOR ORT

Auto Die einfachste Art, die Region zu erkunden; Fahrer in Bangkok anheuern (bangkokbeyond.com)!

Boot Touren nach Ayutthaya starten regelmäßig in Bangkok (ayutthaya-boat.com).

Zug Vom Bahnhof Bang Sue sind alle wichtigen Städte der Region zu erreichen (thailandtrains.com).

OBEN: SIRAWIT.KHO/SHUTTERSTOCK © UNTEN: GAN CHAONAN/SHUTTERSTOCK ©

ESSEN & TRINKEN

Die besonders in ihrer Ursprungsstadt beliebten Sukhothai-Nudeln (Foto links oben) umfassen Schweinehack, zerdrückte Erdnüsse, blanchierte Spargelbohnen sowie Palmzucker und Limonen.

Die von einem Markthändler erfundenen Ayutthaya-Bootsnudeln (Foto links unten) werden mit Schweine- oder Rindfleisch sowie Tierblut zubereitet.

Für die Flusskrebse kommt man aus Nah und Fern.

Beste Sukhothai-Nudeln Ta Pui Noodle (S. 88)

Vorzügliche Ayutthaya-Bootsnudeln Pa Lek Boat Noodle (S. 88)

NOV.–FEB.

Angenehm mildes Wetter, aber auch die meisten Reisenden und die höchsten Hotelpreise.

MÄRZ–MAI

Die Zeit der größten Hitze ist auch die beste Zeit für Obst.

JUNI–OKT.

Monsunzeit mit kurzen, heftigen Regengüssen. Vorsicht vor Überschwemmungen!

07 WEIN in den Bergen

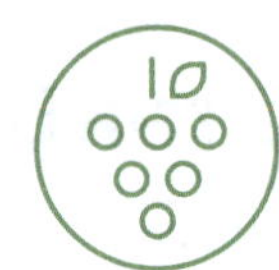

KULINARIK | NATUR | GÄRTEN

Wer eher selten Wein trinkt, weiß vielleicht nicht, dass auch in Thailand Wein angebaut wird, der gut genug ist, um internationale Preise zu gewinnen. Die mit fruchtbarem Boden gesegneten Weingüter keltern eine immer breitere Palette an Weinen und werden immer besser – gute Nachrichten für Weinliebhaber:innen, die sich wegen des Klimawandels um die Trauben in Europa sorgen.

MLADEN ANTONOV/AFP VIA GETTY IMAGES ©

Wie ...

Anreise Von Bangkok geht's von der Bang Sue Grand Station mit dem Zug Richtung Ubon Ratchathani nach Muak Lek und von dort mit dem Taxi weiter zu einem der Weingüter.

Reisezeit Die „kühle" Jahreszeit von November bis Januar ist die übliche Wahl, aber auch die Regenzeit (Juni–Okt.) ist nicht schlecht.

Antialkoholiker:in? Kein Problem, erkunde stattdessen das weingutartige **Pirom Cafe**.

LINA SARIFF/SHUTTERSTOCK ©

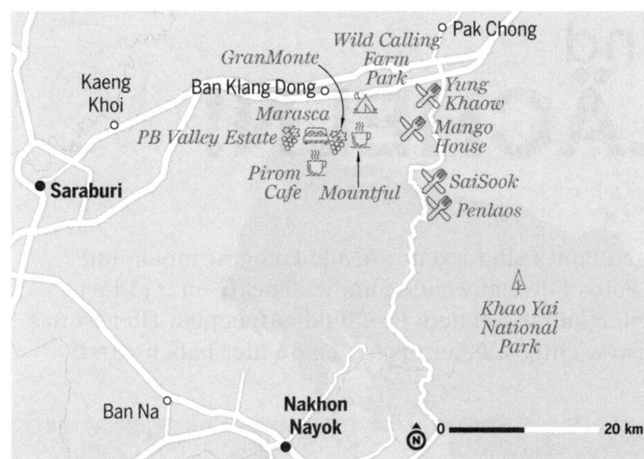

Bisher erhitzt Wein aus Thailand noch nicht die Gemüter von Weinfreaks, doch diese beiden Weingüter, die zu den besten des Landes zählen, tun ihr Bestes, um die etablierten Vorlieben für Weine aus Europa oder dem Napa Valley zu hinterfragen.

Preisgekrönte Tröpfchen

Das familiengeführte **GranMonte Estate** umfasst auf 350 m Höhe 16 ha fruchtbaren Talboden. Es werden verschiedene Trauben angebaut wie etwa Chenin Blanc, Syrah und Cabernet Sauvignon und die Lage gilt als ideal für den Weinbau in den Tropen. GranMonte bietet regelmäßig Führungen übers Gelände und durch die Produktionsanlagen, wobei vier Weine verkostet werden. Außerdem gibt's ein Restaurant und einen Laden für hausgemachte Erzeugnisse wie Honig und Marmelade. Wer am liebsten gleich hierbleiben möchte, kann im **GranMonte Wine Cottage** nächtigen, wo es morgens Frühstück ans Bett gibt.

Ein Traum für Weinkenner:innen

Wer fit ist, kann vom GranMonte 7 km zum **PB Valley Estate** wandern, oder du nimmst wie die meisten Leute einfach ein Taxi. Das größte Weingut im Khao Yai bietet regelmäßig Weinverkostungen seiner Erzeugnisse aus Chenin-Blanc-, Colombard- und Tempranillo-Trauben. Auf dem weitläufigen Gelände gibt's auch nette Obstgärten, ein beliebtes Restaurant mit Livemusik während der kühlen Jahreszeit und einen Blumenpark.

Links oben Weinprobe auf dem GranMonte Estate **Links unten** Weinguttour auf dem PB Valley Estate

Meine Lieblingsorte im Khao Yai

Ich empfehle das **Yung Khaow** für authentische Thai-Küche zu einer Flasche unseres Rosés. Wer das scharfe Isan-Essen verträgt, für den ist das **Penlaos** ein Muss.

SaiSook bietet hausgemachtes Eis am Stil und Infos zur Tierwelt des Khao Yai. Das Himbeer-, Daifuku- und Khao-Yai-Vanilleeis ist göttlich! Im **Mango House** gibt's den besten Mango-Klebreis der Gegend.

Schlummere luxuriös im **Marasca** oder baue im **Wild Calling Farm Park** dein Zelt auf.

Echt guten Kaffee gibt's bei **Mountful**.

Nikki Lohitnavy *aus dem Khao Yai ist Winzerin beim GranMonte Estate. @granmontewines*

08 Und LÄCHELN!

FOTOGRAFIE | NATUR | GÄRTEN

Im Zeitalter des Smartphones sind irgendwie alle Fotograf:innen und können für unvergessliche Fotos Filter anwenden und Perspektiven und Licht manipulieren. An diesen Orten kannst du dein Profilbild aufpeppen: Hier ist das Foto, das du schießt, genauso wichtig wie der Spaß, den du hier haben wirst!

Wie …

Unterwegs vor Ort Von Bangkok aus kommst du am besten per Auto mit (blacklane.com) oder ohne (sawasdeerentacar.com) Fahrer.

Reisezeit Fotos sind am besten ohne Regengüsse, also die Regenzeit (Juni–Okt.) meiden!

Bei Bangkok Im **Victoria Water Lily Garden** gibt's Seerosenblätter, die groß genug sind, um dir als persönliche Bühne zu dienen.

Nicht gut im Fotografieren? Kein Problem, dann heure einfach einen Profi an (shootmytravel.com).

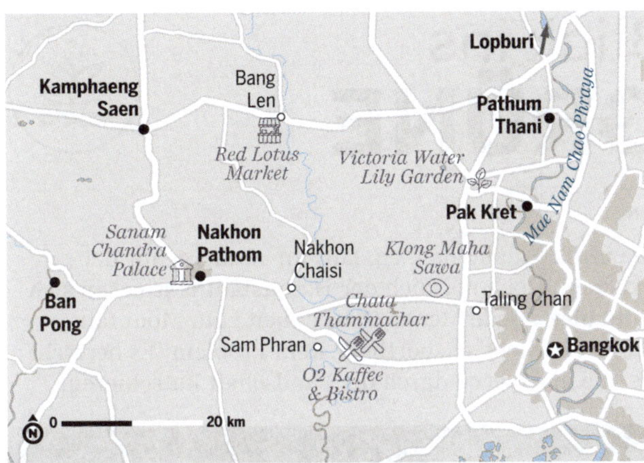

Fotogene Szenerien

Bei einer Fahrt über den als Nationalerbe gelisteten **Khlong Maha Sawat** in Nakhon Pathom bieten sich schöne Blicke auf Orchideen- und Obstgärten, riesige Seerosenblätter und altmodische Pfahlhäuser, alles von einem komfortablen Boot auf stillem Wasser aus.

Seerosen stehen auch auf dem **Red Lotus Market** im Rampenlicht: Hier kannst du dich in thailändische Trachten kleiden, bevor du inmitten der Blätter in Holzbooten posierst. Und du kannst sogar Fotos von Drohnen aus schießen!

Mehr van Gogh als Monet sind die berühmten Sonnenblumenfelder rund um die Stadt **Lopburi** in Ostthailand, die in der kühlen Jahreszeit in voller Blüte stehen und eine bunte Kulisse für deinen Insta-Feed bilden.

Doch wenn Märchenschlösser eher dein Ding sind, kannst du dich für den **Sanam Chandra Palace**, eine frühere Königsresidenz von Rama VI. gut 80 km westlich von Bangkok, in dein Prinzessinnenoutfit schmeißen. Die reizende, an ein Schweizer Ski-Chalet erinnernde Fassade im europäischen Stil ist mit thailändischen Akzenten angereichert.

Und das ist noch nicht alles!

Das **O2 Kaffee & Bistro** hat Tische draußen auf einer Reihe kleiner Kanäle, wo du rudern und gleichzeitig versuchen kannst, Fotos zu schießen. Vorsicht!

Links oben Sonnenblumen, Lopburi
Links unten Sanam Chandra Palace

Fotogene Cafés

Mach's wie die Thais und kombiniere zwei Lieblingsaktivitäten: fotografieren und essen. Das Café **Chata Thammachart** mit Bambusbauten inmitten von Reisfeldern bietet eigenen Spezialitätenkaffee, während die **Say Hay Cafe Cuisine** auf einem Bauernhof mit Restaurant mit echten Tieren zum Knuddeln aufwartet.

09 Blick ins GRÜNE

NATUR | WANDERN | RAFTEN

Wenn die Leute an Zentralthailand denken, fällt ihnen meist nur der Betondschungel von Bangkok ein. Doch nördlich der Hauptstadt erstrecken sich grüne Wälder und Flüsse und bieten jede Menge Gelegenheit zum Mountainbiken, Wandern und Kajakfahren. Nicht so sportlich? Kein Problem: Es herrscht kein Mangel an Tourguides, die dich gerne durch die Landschaft kutschieren.

PHOTRAVEL_RU/SHUTTERSTOCK ©

Wie ...

Unterwegs vor Ort Von Bangkok geht's per Mietwagen (rentalcars.com) zum Khao Yai oder du buchst eine Tour inklusive Transport (thainational parks.com).

Reisezeit Ideal ist die kühle Jahreszeit von November bis Februar. Pullover nicht vergessen und feste Schuhe tragen!

Von Bangkok Du kannst den Fluss überqueren und für die Erkundung von Bang Krachao, der „Lunge von Bangkok", ein Fahrrad mieten.

NACH-NOTH/SHUTTERSTOCK ©

Flora & Fauna

Von allen Nationalparks Thailands ist der **Khao Yai**, zwei Autostunden nördlich der Hauptstadt, wohl der bekannteste: Hier verbringen wohlhabende Bangkoker:innen ihre Wochenenden damit, auf Weingütern Wein zu schlürfen. Es ist eine Gegend, die ganz auf Besucher:innen von auswärts eingestellt ist. Die Unesco-Welterbestätte wartet mit sieben größeren Wanderwegen und zahlreichen Englisch sprechenden Guides auf.

Wer etwas Besonderes sehen möchte, kann die berühmten rotblättrigen Wälder *(pa dang)* des **Biosphärenreservats Sakaerat** östlich vom Khao Yai ansteuern, eins von fünf Unesco-Schutzgebieten in Thailand.

Wilde Flüsse

Garantiert gegen den Jetlag helfen die Wildwasser-Raftingtouren auf dem jadegrünen **Kwai** in Kanchanaburi (auf dem auch schwimmende Floßhotels treiben) und dem von Kalksteinklippen gesäumten **Mae Klong** in Tak. Wasserscheue können die 500 m lange **Lawa-Höhle** am Fluss Kwai Noi mit jeder Menge Stalaktiten und Fledermäusen besichtigen.

Auf der Suche nach Wasserfällen

Erkunde die siebenstufigen **Erawan-Fälle** mit kleinen Fischen, die dir an den Zehen knabbern. Der **Thi Lo Su** im Tierschutzgebiet Umphang, der sechstgrößte Wasserfall Asiens, ist von Oktober bis Mai zugänglich. Der näher bei Bangkok gelegene **Sa Lad Dai** in Saraburi belohnt nach einer einstündigen Wanderung mit einer nur wenig frequentierten Wasserspielwiese.

Links oben Khao Yai National Park
Links unten Erawan-Fälle

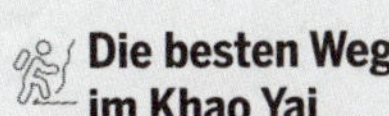

Die besten Wege im Khao Yai

Mein Lieblingsweg ist der Nong Pak Chi (Weg Nr. 3), da er zumeist flach verläuft und leicht begehbar ist. Am anspruchsvollsten ist der Weg zum Heo-Suwat-Wasserfall (Nr. 6).

Duangjai Somroob *ist Parkranger im Khao Yai National Park.*
thainationalparks.com

10 Vom Palast auf die STRASSE

ESSEN | RESTAURANTS | STRASSENHÄNDLER

Natürlich ist keine Thailandreise komplett ohne eine intensive Erkundung der Küche des Landes. Thailand ist zu Recht berühmt für sein Streetfood, doch ausgezeichnete zentralthailändische Küche gibt's in allen möglichen gastronomischen Einrichtungen, vom altmodischen Shophouse bis zum Sternerestaurant.

RAKRATCHADA/GETTY IMAGES ©

Wie …

Unterwegs vor Ort Am besten bist du mit dem Auto unterwegs, vor allem zu abgelegenen Orten.

Reisezeit Flusskrebse gelten als am besten in der kühlen Jahreszeit, es gibt sie aber ganzjährig.

Oh nein Für die Thais gehören Magenverstimmungen zum Leben dazu. Hast du zu viele Chilis gegessen, helfen Aktivkohletabletten aus dem Minimarkt.

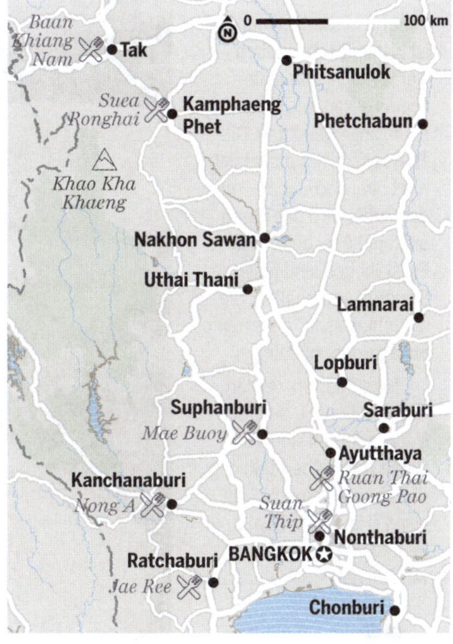

Platonisches Ideal

Von allen Speiselokalen Thailands verkörpern keine das platonische Ideal der Thai-Küche so perfekt wie die in der Landesmitte. Currys mit Kokosmilch, würzige Salate mit Zitronengras und Kaffernlimettenblättern, zuckrige Süßspeisen mit Eigelb – all das gibt's hier! Solch eine Mahlzeit wird etwa im bei den Locals beliebten **Baan Khiang Nam** in Tak serviert. Eine weitere beliebte Adresse in Tak ist **Krua Samosorn**: Das Lokal ist landesweit berühmt für sein *tod mun pla* (gebratene Fischküchlein mit frischem Kokos-Chili-Relish). Im meist nicht auf den Touristenrouten gelegenen Ort Kamphaeng Phet wartet das **Suea Ronghai** (Weinender Tiger) mit der feurigen Küche des Nordostens auf, etwa mit extrem leckerem

FOTOERRO/GETTY IMAGES ©

Links unten Streetfood-Verkäuferin, Kamphaeng Phet **Links oben** *Tod mun pla.*

Grillfleisch. Und am Stadtrand von Bangkok bietet das weitläufige Sternerestaurant **Suan Thip** am Fluss in Nonthaburi das sonst nur selten servierte *gaeng khi lek* (ein dickes Curry mit Kassodbaumblättern), das Köch:innen im ganzen Land lieben.

Hauptattraktion

Doch von all den Köstlichkeiten, die einem in Zentralthailand das Wasser im Munde zusammenlaufen lassen, ist keine so verführerisch wie die Rosenberggarnelen. Sie sind meist so groß wie ein Unterarm und werden gewöhnlich einfach über offenem Feuer gegrillt und dann aufgeschnitten serviert, zusammen mit einer würzigen Sauce zum Dippen aus Limonensaft, Fischsauce, Chilis und Korianderblättern. Der Schwanz ist saftig und süß, doch für die meisten Thais ist das Beste der Kopf, wo das ockerfarbene *mun goong* (Fett) sitzt.

Tischmanieren

Scharfes Essen zu mögen ist gut und schön, doch wer wirklich so wie die Locals essen will, muss ein paar Dinge beachten. Die Thais essen hauptsächlich mit Löffel und Gabel – mit der Gabel wird das Essen auf den Löffel befördert. Essstäbchen sind für Gerichte vorbehalten, die als „chinesisch“ gelten, wie etwa Suppennudeln.

Einige Speisen werden im „Familienstil“ serviert: Dabei nehmen sich die Gäste vom selben Teller, das aber mit einem *chon glang* (Hauptlöffel), mit dem nicht gegessen werden darf.

Chef McDang *ist Experte für Thai-Essen und Host von McDang's Travelogue. @chefmcdang*

Köstlichkeiten in Zentralthailand

Das **Nong A** in Kanchanaburi bietet *khao mok talay*, ein ungewöhnliches Seafood-Biryani, das **Tabasco Restaurant** ganz in der Nähe wiederum einen frischen Garnelensalat mit Kräuterkruste.

In Ratchaburi serviert das **Jae Ree** einen „trockenen" Reisbrei aus Damnoen Saduak.

VELAART/SHUTTERSTOCK ©

Diese gewöhnungsbedürftige Speise wird mit weißem Reis vermischt, bis dieser wie ein Risotto aussieht.

Esslokale mit dieser Delikatesse sind überall dort zu finden, wo sich der Chao Phraya vorbeiwindet, doch einige der berühmtesten sind in der früheren siamesischen Hauptstadt Ayutthaya ansässig. Berühmt ist ganz sicher der Flussschuppen **Ruan Thai Goong Pao** – aber früh da sein, sonst ist die Spezialität des Hauses schon ausverkauft! Dann kannst du es im **Baan U Thong** probieren, das ebenfalls am Chao Phraya liegt.

Garnelenparadies

Für ihre Flusskrebstiere bekannt ist auch die Stadt Suphanburi: Das berühmteste Restaurant ist hier das **Mae Buoy**. Doch harte Konkurrenten sind das **Kui Mong**, wo die Garnelen auch in Salz gebraten werden, und das winzige **Wang Goong Yai Chai Suwan** am Uhrturm mit nur vier Tischen. Willst du die ausgetretenen Pfade ganz verlassen, dann ist das **Jay Dum** in Patum Thani die richtige Adresse.

LINKS: PEEMAI WONG/SHUTTERSTOCK ©; RECHTS: QUYNH ANH NGUYEN/GETTY IMAGES ©

Links Chinesische Nudelsuppe
Ganz oben Gegrillte frische Flussgarnelen
Oben *Yum talay*, ein Seafoodsalat

11 Historische EINBLICKE

WANDERN | KULTUR | RUINEN

Für eingefleischte Geschichtsfreaks hält Zentralthailand jede Menge Schätze bereit. Radle durch die archäologischen Parks der Region, lerne etwas über das tragische Erbe des Flusses Kwai, spiele Verstecken mit den Affen von Lopburi oder unternimm eine Zeitreise ins alte Siam.

JEEP2499/SHUTTERSTOCK ©

In Kürze

Unterwegs vor Ort Am besten bist du mit dem Mietwagen oder einem Auto mit Fahrer ab zentralen Orten wie Bangkok unterwegs (drivecarrental.com).

Reisezeit Am beliebtesten ist die kühle Jahreszeit, doch auch in der Regenzeit scheint zwischen den meist kurzen Regengüssen die Sonne.

Kosten Ein Fahrrad für eine Runde durch die historischen Parks von Sukhothai oder Ayutthaya zu leihen sollte nicht mehr als 50 B pro Person kosten.

Geschichte

Khu Bua zeigt Textilien der Tai-Yuan-Community aus dem Norden, die den Stupa aus der Dvaravati-Zeit in roten Stoff hüllen. Potharam hat ein **Mon-Museum** und im **Wat Khanon** ist Nang-Yai-Schattentheater zu sehen. In Ratchaburi kannst du zuschauen, wie in chinesischen Töpfereien wie **Tao Hong Tai** Drachenkrüge hergestellt werden; der Inhaber gründete auch die Galerie **d'Kunst** für Gegenwartskunst.

Philip Cornwel-Smith *ist Autor von Very Thai und Very Bangkok. @verybangkok*

0 50 km
01 Das vielleicht schrägste der historischen Ziele ist der Tempel **Pa Prang Sam Yod** aus dem 13. Jh. in Lopburi mit seinen Affen, die mit dem jährlichen „Affenbankett“ befriedet werden müssen.
02 Die Ruinen von **Ayutthaya** und **Sukhothai**, der früheren Hauptstadt von Siam, sind heute historische Parks mit geteerten Wegen, perfekt zum Radfahren. Ayutthaya ist berühmter, dafür ist Sukhothai kompakter und nicht so voll.
03 **Koh Kret**, das Ziel einer netten Flussfahrt ab Bangkok, beherbergt eine kunstbeflissene Mon-Community, die sich hier im 18. Jh. niederließ. Am Wochenende findet ein lebhafter Markt statt.
04 **Muang Boran** (Ancient City), das angeblich „größte Freilichtmuseum der Welt“, befördert Besucher:innen zurück ins alte Königreich von Siam, komplett mit Trachten, Kanälen und Fotograf:innen.
05 Die **Brücke über den Kwai** in Kanchanaburi und der **Hellfire Pass** (auf der Strecke der **Eisenbahn des Todes**) erinnern daran, wie Kriegsgefangene im Zweiten Weltkrieg für die Japaner schufteten (tbrconline.com).
Uthai Thani
Chainat
Mae Nam Chao Phraya
Singburi
Lopburi
Phra Phutthabet
Mae Nam Pa Sak
Ang Thong
Saraburi
Suphanburi
Ayutthaya
Bang Pa In
Mae Nam Khwae Yai
Lat Ya
Kanchanaburi
Kamphaeng Saen
Pathum Thani
Pak Kret
Mae Nam Khwae Noi
Nakhon Pathom
Ban Pong
Sam Phran
Bangkok
Photharam
Samut Sakhon
Mae Nam Mae Klong
Ratchaburi
Samut Prakan
Mae Nam Bang Pakong
Khu Bua
Samut Songkhram
Ao Krung Thep (Bucht von Bangkok)
Chonburi

12 Wage dich in die DUNKELHEIT

SCHREINE | GESCHICHTE | ÜBERNATÜRLICHES

Viele Thais glauben an übernatürliche Dinge, an Geister, die dem Land innewohnen, und Bäume, die mit Gaben besänftigt werden müssen. Daher siehst du vor den meisten Gebäuden in Thailand auch ein Geisterhäuschen. Können die Geister nicht besänftigt werden, landest du in Orten wie den folgenden.

PUMIDOL/SHUTTERSTOCK ©

Wie …

Unterwegs vor Ort Besuchst du Kanchanaburi von Bangkok aus, kannst du den Zug nehmen (thailandtrains.com).

Reisezeit Im September und Oktober gibt's in der Region vielleicht Überschwemmungen.

Anders als im Westen Eine:n *mor doo* (Wahrsager:in) zu besuchen ist ganz normal. Du findest sie auf Straßenmärkten und in jedem Dorf Thailands.

Beim Tempelbesuch Daran denken, Schulter und Beine zu bedecken!

JUAN HUNG-YEN/SHUTTERSTOCK ©

WARAPHORN APHAI/SHUTTERSTOCK ©

Deine spirituelle Ader

Gewöhnlich suchen die Thais einen Tempel auf, um die Geister zu bitten, ihnen Wünsche zu erfüllen, doch Schreine wie der Erawan-Schrein in Bangkok sind auch bekannt dafür, dass sie Hoffnungen und Träume wahr werden lassen. Eine andere Art von Schrein – einer, der den Vorfahren geweiht ist – gibt's in den Häusern und Geschäften von Thai-Chines:innen.

Und dann sind da noch die Geisterhäuschen: Sie sollen Land- und Baumgeister besänftigen. Sie stehen meist direkt neben einem Haus und bieten den durch den Bau ihres Zuhauses beraubten Geistern eine neue Heimstatt.

Die dunkle Seite

Aber was passiert, wenn die Geister nicht besänftigt werden können? Dann suchst du Wahrsager:innen auf – Menschen, die hören oder sehen können, was der Geist wünscht.

Natürlich bewohnen die ruhelosesten Geister solche Orte, wo gewalttätige Tode gestorben wurden. Dazu gehören **Sukhothai**, **Ayutthaya** und die **Eisenbahn des Todes** in Kanchanaburi, die zu den schlimmsten Spukorten des Landes zählen soll. Der **Wat Thanon** im mit Tempeln gespickten Ang Thong beherbergt ein zur Sicherheit umschlossenes altes Bett: Die Locals glauben, dass stirbt, wer das Bett berührt. Die Gebetshalle des **Wat Bang Kae** in der von Flüchen gepeinigten Provinz Ang Thong ist heute nach rätselhaften Vorkommnissen verlassen, die Bauarbeiter, Mönche und sogar Dorfbewohner:innen in Tempelnähe plagten.

Links unten Menschen auf dem Weg zum Erawan-Buddha, Bangkok **Links oben** Buddha-Kopf in Banyanbaum, Ayutthaya **Oben** Mönche auf den Gleisen der Eisenbahn des Todes

Was tun, wenn du heimgesucht wirst?

Fühlst du beim Einschlafen ein Ziehen an deinem Bein oder ein Gewicht auf der Brust? Sag dem Geist, dass du dankbar bist, dann sollte er dich in Frieden lassen.

Thailands GEISTER

01 Khwai Tanu
Der Geist erscheint als Büffel und agiert auf Befehl seines Voodoo-Meisters, zum Guten wie zum Schlechten.

02 Krasue
Ein schwimmender Frauenkopf mit Innereien dran; die Krasue werden für Missetaten bestraft.

03 Krahang
Die männliche Version der Krasue; sind selbst nach dem Tod gepaart.

04 Kuman Thong
Die Geister von Jungen in Trachten, auf Ewigkeit im Dienst eines Voodoo-Meisters gefangen.

05 Mae Nak
Sie starb im Kindbett, als ihr Mann im Krieg war: Mae Nak gab vor, noch zu leben, als er zurückkam. Jetzt schützt sie Mütter und Kinder und hilft Lottospieler:innen.

06 Phi Tai Hong
Die Geister anderer im Kindbett verstorbener Frauen. Wegen ihres unerwarteten Todes sind sie wütend und aggressiv.

07 Nang Tani
Eine schöne junge Frau in grüner Tracht: Bei Vollmond spukt sie in Bananenhainen.

08 Nang Takian
Trägt auch traditionelle Kleidung, aber in Braun- oder Rottönen. Sie spukt in Takian-Bäumen.

09 Phi Am
Sitzt gern Schlafenden auf der Brust; die blasse, wütende Frau soll „Schlaflähmung" verursachen.

10 Phi Dip Jeen
Der Vampir trägt chinesische Kleidung und einen chinesischen Hut auf dem Kopf.

11 Phi Kong Koi
Das einbeinige Phantom bewegt sich hüpfend vorwärts und saugt im Wald Schlafenden Blut aus den Zehen.

12 Phi Pop
Der Geist befällt meist eine Frau und frisst die Innereien von Schlafenden.

13 Pret
Diese Geister in großen Menschenformen haben wegen Völlerei und Gier in früheren Leben winzige Nadelmünder.

Empfehlungen

WEITERE LIEBLINGSORTE

Besondere Tempel

Wat Ban Tham

Dieser Höhlentempel in Kanchanaburi ist besonders malerisch: Sein Eingang ähnelt einem Drachenmaul und vom Berg blickt man auf den Fluss.

Wat Tha Khanun

Der über eine Hängebrücke erreichbare Tempel, von Kanchanaburi auf der anderen Flussseite, umfasst einen goldenen Hügelstupa.

Wat Sam Phran

Der 1½ Autostunden von Bangkok entfernte Tempel ist berühmt für den riesigen Drachen, der sich um den 17-stöckigen zylindrischen Bau in knalligem Rosa wickelt.

Nudeln satt

Ta Pui Noodle $

In Sukhothai musst du auf jeden Fall eine Schüssel Sukhothai-Nudeln probieren. Das reizende Freiluftlokal am Stadtrand bietet eine erstklassige Version.

Yai Krieng $

Das Freiluftlokal, eine weitere Institution in Sukhothai, bietet eine einzigartige Version von Sukhothai-Nudeln sowie Crêpes aus fermentiertem Reis am Stiel.

Pa Lek Boat Noodle $

Ayutthaya ist berühmt für seine Bootsnudeln, zuerst zubereitet von schwimmenden Flusshändler:innen und mit Schweins- oder Rinderblut angedickt. Dieses Lokal ist das bei Weitem berühmteste.

Kai Tong $

Chinesisches *guaythiew lard na* (gebratene Reisnudeln mit Schweine- oder Rindfleisch) sind die Spezialität des „Goldenen Huhns“, das besonders am Wochenende Gourmets aus dem nahen Bangkok anlockt.

Abgelegen campen

Huai-Mae-Khamin-Wasserfall

Der siebenstufige Wasserfall gilt als einer der schönsten ganz Thailands; in der Nähe kann man zelten und Schlafsets leihen.

Khao Luang

Wie am ähnlich benannten Zwilling im Süden kann man an diesem schönen Bergweg im Ramkhamhaeng-Nationalpark in Sukhothai oben am Berg zelten. Für Ungeübte gilt die Wanderung als schwierig.

Thong Pha Phum National Park (Khao Chang Phueak)

Erfahrene Wandernde erkunden freudig diesen Berg an der Grenze zu Myanmar, dank der dramatischen Aussicht auch „Messerscheide“ genannt. Nur mit Guide losziehen!

Nacht- & schwimmende Märkte

Damnoen Saduak

Auf hoch mit Obst bestückten Booten ringen in typisch chaotischer Marktmanier Händler:innen um die Aufmerksamkeit der Kundschaft. Zwar ist es wohl früh am Morgen am schönsten, aber es ist den ganzen Tag etwas los.

Wat Tha Khanun

Amphawa

Der von Freitag bis Sonntag geöffnete Amphawa erwacht bei Sonnenuntergang zum Leben: Dann öffnen Bars und die Glühwürmchen-Bootstouren beginnen.

JJ Night Market Kanchanaburi

Streetfood, nette Souvenirs, billige Kleidung und natürlich Kaffee spielen auf diesem Nachtmarkt eine große Rolle.

Ayutthaya Weekend Night Market

Dieser Markt, auch als Krungsri Walking Street bekannt, bietet alles, was man von einem thailändischen Nachtmarkt erwartet, und außerdem Kampfsportshows.

Ayutthaya Floating Market

Kein echter schwimmender Markt, doch in reizvollem Ambiente werden Andenken und Snacks verkauft.

Historische Stätten

Thailand-Burma Railway Centre

Kein Besuch am Kwai ist komplett ohne einen Stopp in diesem interaktiven Museum zur Thailand-Burma-Eisenbahn, der „Eisenbahn des Todes".

JEATH War Museum

Das erste Museum in Kanchanaburi, das die Geschichte der berüchtigten Todesbahn erzählt: In einer alten Hütte für Kriegsgefangene behandelt es vor allem deren Schicksal.

Si Satchanalai Historical Park

Dieser Park ist nicht so bekannt wie der Sukhothai Historical Park, dafür ist es hier weniger voll und du kannst mit dem Rad die Ruinen der nach Sukhothai zweitgrößten Stadt erkunden.

Bang-Pa-In-Palast

Die auch als Sommerpalast bekannte frühere Königsresidenz in Ayutthaya stammt aus dem 17. Jh. und wurde 200 Jahre später unter Rama IV. restauriert.

Nur für Kinder

Alpaca Hill

Für unruhige Kinder gibt's nichts Besseres als diesen großen Streichelzoo und echten Bauernhof in Ratchaburi mit Alpakas und kleinen Kängurus.

Boon Lott's Elephant Sanctuary

Das Elefantenasyl in Sukhothai ermöglicht es Übernachtungsgästen, den Dickhäutern in ihrem Alltag zu folgen. Mahlzeiten und Transfers vom Flughafen Sukhothai sind inbegriffen.

Million Toy Museum

Spielzeugfans jedes Alters freuen sich über dieses private, von einem hiesigen Professor gegründete Museum in Ayutthaya mit Spielwaren aus Thailand und dem Ausland ab etwa 1880.

Naturspaziergänge

Sap Lek Reservoir

An diesem Stausee am Stadtrand von Lopburi kannst du unter der Woche in aller Ruhe in schöner Landschaft spazieren gehen.

Giant Rain Tree

Dieser über 100 Jahre alte Baum in der Provinz Kanchanaburi ist 20 m hoch und hat eine 52 m breite Krone. Die Wurzeln werden durch einen erhöhten Weg geschützt.

Vegetarisch essen

Kaffa Bistro $$

Der kleine, gemütliche Pizzaladen in Ayutthaya bietet nicht nur vegetarisches, sondern auch glutenfreies Essen. Geführt wird er von einem leutseligen *Star-Wars*-Fan.

Mehr Aktivitäten in Zentralthailand unter dem QR-Code

CHIANG MAI & NORD-THAILAND

KAFFEE | ELEFANTEN | BERGE

Erlebe Chiang Mai & Nordthailand online

CHIANG MAI & NORD-THAILAND

Reiseplaner

Dank seines geruhsamen Lebensrhythmus ist Nordthailand der perfekte Rückzugsort aus betriebsamen Städten und von vollen berühmten Stränden. Es gibt viel zu tun und zu sehen, vor allem Kultur, Natur und herrliche Landschaft.

In den warmen Quellen von **Chiang Dao** planschen (S. 110)
1 Std. von Chiang Mai
Im Beiwagen einer Royal Enfield am Rand des **Goldenen Dreiecks** entlangfahren (S. 107)
5 Std. von Chiang Mai
Im Bergort **Mae Mae** ohne Strom und andere Annehmlichkeiten leben (S. 112)
2 Std. von Chiang Mai
Sich in den versteckten Gassen von Chiang Mai und in unterirdischen Tempeln an der **Soi Wat Umong** verlieren (S. 102)
15 Min. von der Altstadt von Chiang Mai
In der **Provinz Nan** das wilde Land der Banditen und Bootsleute entdecken (S. 108)
4 Std. von Chiang Mai
In der Gegend angebauten Kaffee von **Akha Ama** schlürfen (S. 96)
10 Min. von der Altstadt von Chiang Mai
Weitere Erlebnisse in Nordthailand
Tachileik
Mekong
Ban Muang Kan
Mae Sai
Huay Xai (Hoksay)
Chiang Saen
Chiang Khong
Mae Chan
Tha Ton
Mae Nam Ing
LAOS
Fang
Chiang Rai
Ban Mae Khi
Thoeng
Phan
Chiang Kham
Wiang Pa Pao
Chiang Dao
Mae Mae
Chiang Klang
Pua
Mae Taeng
Phayao
Tha Wang Pha
Mae Rim
Doi Saket
Chiang Mai
Nan
Lamphun
Pasang
Wiang Sa
Phrae
Den Chai
Kheuan Sirikit
Nam Pat
Thoen
Uttaradit
Mae Nam Nan
Si Satchanalai
Muang Phrae
Sawankhalok
Dan Sai
Wang Saphung
Nakhon Thai
Sukhothai
Tak

Praktisches

AMNAT PHUTHAMRONG/SHUTTERSTOCK ©

ANKUNFT

Busse und Bahnen Bieten die größte Flexibilität in Nordthailand, da du unterwegs jederzeit aus- und wieder zusteigen kannst.

Chiang Mai Das Drehkreuz der Region, mit Hunderten von Verbindungen in benachbarte Städte und Provinzen. Der Nachtzug von Bangkok ist zwar langsam, aber ein tolles Erlebnis. Zum Chiang Mai International Airport gibt's regelmäßig preiswerte Flüge.

WAS KOSTET

Kaffee
50–100 B

Cocktail
150–300 B

Kôa soy
50–100 B

UNTERWEGS VOR ORT

Zu Fuß Trotz Hitze und Feuchtigkeit erkundest du die wichtigsten Städte Nordthailands, die erheblich kleiner als Bangkok sind, am besten zu Fuß.

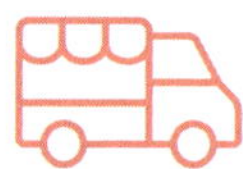

Rote Lkws In Chiang Mai sind überall rote Lastwagen *(rót daang)* unterwegs, die je nach Fahrgastwunsch zu festen Preisen auf nicht festgelegten Routen durch die Stadt fahren. Für Fahrten hin und zurück oder Ganztagesabenteuer kannst du Preise aushandeln.

Taxi und Grab In den meisten größeren Städten Nordthailands fahren Taxis und über Grab bestellbare Autos. In Chiang Mai kannst du traditionelle Taxis auch für längere Strecken buchen. Grab-Wagen sind nur in der Stadt unterwegs – willst du weiter weg, musst du die Rückfahrt vorher organisieren.

REISEZEIT

NOV.–MÄRZ
Kühl und mild – dies ist die beliebteste Reisezeit für den Norden, trotz des Rauchs der vielen Feuer. Am besten ist Ende November, vor dem Smog, aber nach dem Regen.

APRIL–JUNI
Heiß und trocken, aber immer noch kühler als in Bangkok. Großer Andrang zu Songkran.

JULI–OKT.
Der Regen erweckt den trockenen Dschungel zum Leben und belebt die Wasserfälle.

ESSEN & TRINKEN

Eine Spezialität des Nordens ist eine Art Curry-Nudelsuppe, *khao soi*, mit Rind oder Huhn und Eiernudeln, serviert in einer großen Schüssel und mit Schalotten, eingelegtem Gemüse, Limone und knusprig gebratenen Nudeln oben drauf.

Ein weiterer Klassiker des Nordens ist *sâi òo·a* (eine stark gewürzte Schweins- oder Fischwurst; Foto rechts unten). Angeblich gibt's die beste in Lampang, aber jede Provinz hat ein eigenes Rezept.

Eine Art mit Borke und Kräutern fermentierter Reiswhisky ist *ya dong*, der in Thailand eine Renaissance erlebt: In Bars wird der traditionelle Heiltrunk in Cocktails kredenzt.

Toller Kaffee aus der Region
Akha Ama (Foto rechts oben; S. 97)

Schönste Speiseatmosphäre
Chiang Dao Nest (S. 112)

UNTERWEGS AUF ZWEI RÄDERN

Zwar sind die Straßen Thailands bisweilen gefährlich, doch die Innenstädte in Nordthailand lassen sich per Drahtesel sicher auf eigene Faust erkunden. Fahr- oder Motorräder zu leihen ist unglaublich einfach und billig; für Kontrollposten der Polizei die nötigen Papiere dabeihaben!

SICHER ATMEN

Von Dezember bis März empfiehlt sich bei schlechter Luft aufgrund der vielen Brandrodungen das Tragen einer FFP2-Maske. Zu dieser Zeit kann Chiang Mai von Feinstaub eingehüllt sein, der Aussicht und Gesundheit ruiniert.

ÜBERNACHTEN

Im Norden tragen die Provinzhauptstädte den Namen der Provinz, mit eigener Kultur und Küche und eigenem Dialekt. Den Norden hast du nicht gesehen, wenn du nicht mehr als eine Hauptstadt gesehen hast.

Ort	Pro & Contra
Chiang Mai	Das Drehkreuz des Nordens. Die Altstadt ist am besten für Tradition, das Flussufer am besten für Romantik.
Chiang Rai	Mit dem Goldenen Dreieck, Schwarzen Haus und Weißen Tempel.
Mae Hong Son	Reizender Bergort mit der Kultur der Bergvölker.
Nan	Früher ein verstecktes Königreich mit einzigartigen Kulturen und Bräuchen. Beliebt bei hippen einheimischen Reisenden.
Tak	Richtung Zentralthailand; die geschäftigste Stadt an der Grenze zu Myanmar.
Lampang	Heißes, stilles Nest mit unglaublichen Bergstupas und urigen Pferdetaxis.

GELD

Bargeld mitnehmen! Im Norden nehmen Restaurants, Bars und Läden meist keine Karten. Viele Geldautomaten; große Scheine im 7-Eleven wechseln!

13 KAFFEE-Kultur

KAFFEE | KULTUR | KUNST

Chiang Mais Liebe zum Kaffee ist vielleicht neu, doch die Geschichte des Kaffeeanbaus in Thailand ist facettenreich: In jeder Tasse steckt eine Geschichte von Drogenabhängigkeit, Armut, Entwaldung, königlicher Intervention und internationaler Zusammenarbeit. Heute gibt's an jeder Straßenecke einen Coffeeshop, von Tantchen, die zu Hause frisch geerntete Bohnen rösten, bis zu Latte-Art-Champions.

TEEPAKARN KHAMWAEN/SHUTTERSTOCK ©

Wie …

Später Start Im Norden folgt die Kaffeekultur anderen Rhythmen als anderswo. Die meisten Coffeeshops öffnen um 10 Uhr oder später.

Präsentation geht über Geschmack In Coffeeshops Fotos oder Selfies zu schießen gehört zum Kaffee-Erlebnis mit dazu.

Arbeit zum Kaffee Angesichts der vielen digitalen Nomad:innen in der Stadt haben fast alle Cafés schnelles Internet und alles, was du für den Arbeitsalltag brauchst.

AYDAN STUART/LONELY PLANET ©

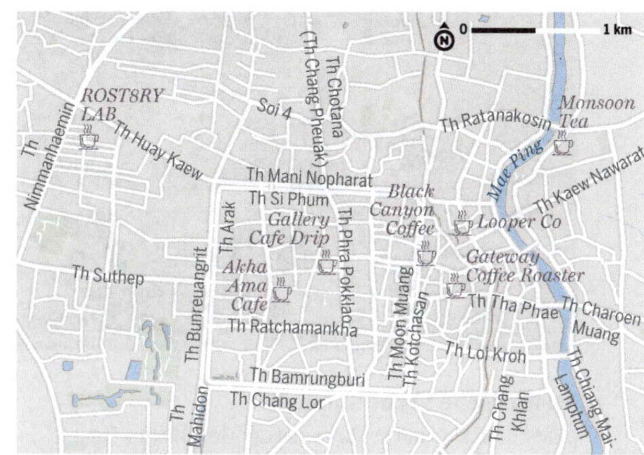

Links oben Gateway Coffee Roaster
Links unten Kaffee, ROST8RY LAB

Aus heimischen Quellen

In Chiang Mai duftet es überall nach frisch gebrühtem Kaffee. Los ging's, als die Royal Projects von König Bhumibol Adulyadej eine einzigartige Arabica-Variante entwickelten, die den Einheimischen als Alternative zum Schlafmohnanbau präsentiert wurde. So entstand eine ganz einzigartige Kaffeekultur, geboren aus einer echten Leidenschaft für die beliebte Bohne.

Für Kaffee aus hiesigem Anbau gibt's keine bessere Adresse als **Akha Ama**. Das ist nicht nur ein Café, sondern auch ein sozialwirtschaftliches Unternehmen, das Dorfbewohner:innen aus den Bergvölkern beim nachhaltigeren Kaffeeanbau unterstützt. Nur ein paar Schritte vom Tha Phae Gate entfernt brüht **Gateway Coffee Roaster** Kaffee aus sortenreinen Bohnen aus Doi Chiang und Huay Chomphon.

Internationale Sensationen

Bei den internationalen Mischungen ist das **ROST8RY LAB** legendär. 2018 und 2019 belegte es bei den World Barista Championships den ersten Platz. Die größte Erfolgsgeschichte in Chiang Mai ist wahrscheinlich **Black Canyon Coffee** mit Filialen in ganz Südostasien.

Kreative Kulturen

Viele Cafébetreibende möchten Kaffee auf ein höheres Niveau heben. **Looper Co** hat das minimalistischste, instagramtauglichste Interieur der Stadt, die **CottonTree Roasters** servieren mit die kreativsten Cold Brews. Trinkst du lieber Tee? Dann ist **Monsoon Tea** dein Ziel.

Thailands Filterkönig

Filterkaffee ist vielleicht nicht die schnellste Art der Zubereitung, doch die Geschichten, die Thailands Drip King erzählt, lohnen das Warten.

Gallery Cafe Drip bietet das erste „Barista-Tisch"-Erlebnis der Stadt, eine Reise für Leute, die sich für die Ursprünge thailändischen Kaffees und sein einzigartiges Geschmacksprofil interessieren. Dieses langsame, ganzheitliche Erlebnis kannst du nicht buchen, sondern du tauchst einfach auf. Der Drip King hilft dir dann beim Verständnis des Kaffees, den du trinkst, vom Bergboden, auf dem er wächst, bis zu den Mischungen des Meisters.

Der Elefant im Zimmer

VOR- UND NACHTEILE DES ELEFANTEN-TOURISMUS

Von der ersten belegten Erwähnung auf einer Steininschrift des 13. Jhs. bis zu heutigen Selfies mit ehrfürchtigen Tourist:innen: Elefanten haben in der Kultur und Wirtschaft Thailands schon immer eine große Rolle gespielt. Doch das Verhältnis zwischen Elefant und Mensch ist nie konfliktfrei gewesen. Wir führen dich durch das Für und Wider des Elefantentourismus, sodass du sicher sein kannst, dass dein Geld für die Elefanten gut investiert ist.

Links Mahouts baden Elefanten
Mitte Skulptur, Wat Phra Singh
Rechts Elefant, Chai Lai Orchid

MATYAS REHAK/SHUTTERSTOCK ©

Historische Verbindungen

„Elefanten sind ein schöner Teil der Geschichte Thailands", erklärt Alexandra Pham, Gründerin von Daughters Rising, einer Organisation zur Unterstützung von Karen-Frauen in Nordthailand, und des Ökoresorts Chai Lai Orchid, das Elefanten rettet.

Schon seit fast 4000 Jahren leben und arbeiten Elefanten mit Menschen zusammen – für die Entwicklung Asiens spielten sie eine große Rolle. Als Mitte des 20. Jhs. viele Wälder abgeholzt waren, gab es für die Elefanten und ihre Mahouts (Führer) zwei Probleme: Nach dem Rodungsverbot Ende der 1980er-Jahre verloren sie ihr wichtigstes Einsatzfeld und angesichts der Entwaldung gab es nicht genug Platz, um die Elefanten in die Wildnis zu entlassen. Selbst wenn: In Gefangenschaft gehaltene Elefanten in die Freiheit zu entlassen ist ein komplexer Prozess.

Als die Mahouts Wege suchten, ihre Familien und ihre Elefanten, die pro Tag 250 kg an Nahrung benötigen, zu ernähren, füllte der Tourismus schnell die Lücke. Gegenüber nur drei Elefantencamps in den 1970er-Jahren gibt's heute in Thailand über 160.

Ein komplexes Problem

Die fortdauernde Debatte über die Ethik der Elefantenhaltung ist komplex.

„Dank Corona wissen wir aus erster Hand, was das Ausbleiben des Tourismus für die Elefanten bedeutet", erläutert Pham, die eine 60-jährige Elefantenmutter rettete, die von ihrem Besitzer ausgesetzt worden war. „Viele Tourist:innen glauben, dass alle Elefanten misshandelt

CYRILLE REDOR/SHUTTERSTOCK ©

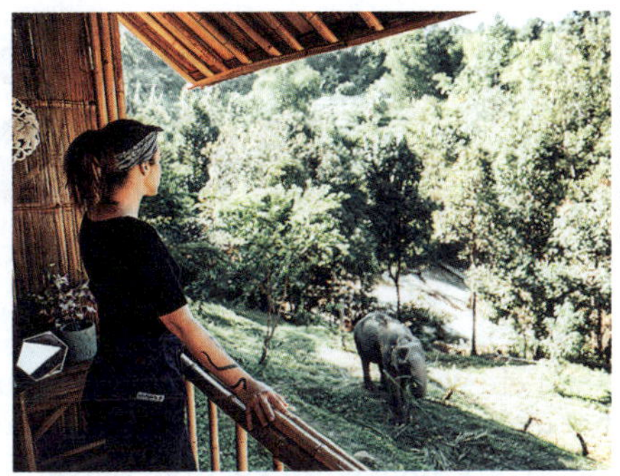
JAMES DE LA CHOCHE ©

werden und jeder Kontakt zu den Tieren schlecht ist", bemerkt John Roberts, der Director of Elephants von Anantara, der für die Minor-Hotels über Nachhaltigkeits- und Naturschutzprojekte wacht. „Aber es kommt darauf an, wie es gemacht wird."

Zwar werden die Tiere in einigen Camps schlecht behandelt, doch andere tun alles, um den Elefanten die bestmögliche Fürsorge zukommen zu lassen. Die Guten von den Schlechten zu unterscheiden ist zwar schwierig, aber auch entscheidend, wenn der Besuch eines Elefantenasyls in Thailand auf deiner To-do-Liste steht.

Die Guten von den Schlechten zu unterscheiden ist zwar schwierig, aber auch entscheidend, wenn ein Elefantenasyl auf deiner To-do-Liste steht.

Eine gute Lösung

Dafür, einen Elefanten in Gefangenschaft zu halten, gibt's kein Patentrezept, doch du kannst etwas tun, um sicher zu gehen, dass du dein Geld in Elefantencamps mit guter Fürsorge ausgibst. Dr. Ingrid Suter von Asian Captive Elephant Standards (ACES), einer führenden Akkreditierungsorganisation für Elefantencamps, empfiehlt, nach Camps Ausschau zu halten, die von Organisationen mit wissenschaftlichen oder tierärztlichen Standards akkreditiert sind. „Es gibt so viele sehr fachkundige Campmanager, Mahouts und Angestellte, die rund um die Uhr dafür arbeiten, den Elefanten jede mögliche Fürsorge angedeihen zu lassen", meint sie.

Willst du mehr wissen, dann schau dir die Seiten von ACES (elephantstandards.com), der Asian Captive Elephant Working Group (ACEWG) und von Global Spirit (globalspirit.biz) an, die sich für einen besseren Elefantentourismus in Asien einsetzen.

Forschung

In Studien zum Stress bei Asiatischen Elefanten kam heraus, dass Elefanten, die keine Touristenritte unternahmen und auf Feldern frei herumstreifen konnten, gestresster waren als solche, die jeden Tag für Ritte eingesetzt wurden. „Das liegt wohl an einem Mangel an Geselligkeit und Bewegung sowie an Übergewicht", meint John Roberts, Director of Elephants von Anantara. „Das heißt aber nicht, dass das freie Herumstreifen schlechter wäre als die Ritte! Es heißt nur, dass beides schlecht oder auch gut gemacht werden kann. Toll ist, dass Fotos von schlechten Bedingungen oder auch negative Bewertungen in den sozialen Medien die Camps auf Trab halten. Zwar ist das vielleicht nicht das beste Argument für Veränderungen, doch das Resultat ist für die Elefanten insgesamt positiv."

14 Ab in die BERGE

BIKEN | DORFALLTAG | ABENTEUER

Ob mit Motor- oder Pedalkraft: Eine Tour durch die Provinzen des Nordens kann ein wunderbares Zweiradabenteuer sein. Von all den möglichen Strecken hat diejenige über den Mae Hong Son Loop die größte Anziehungskraft auf alle Abenteurer:innen. Und das mit gutem Grund.

SCOTT BIALES DITCHTHEMAP/SHUTTERSTOCK ©

In Kürze

Reisezeit Im Monsunregen mit dem Zweirad unterwegs zu sein kann gefährlich sein. Am besten ist die kühle Jahreszeit, knapp gefolgt von der heißen.

Welches Zweirad ist am besten? Ein Leihmotorroller ist völlig ausreichend, doch je größer das Motorrad, desto mehr Freiheit zu Erkundungen hast du.

Mandarin üben Die yunnanischen Gemeinschaften, die sich auf der Flucht vor der kommunistischen Revolution in den Bergen von Mae Hong Son niederließen, sprechen noch heute eine Form des Mandarin.

Maßgeschneidert

Für den Mae Hong Son Loop von und nach Chiang Mai brauchst du je nach Abenteuerlust vier oder fünf Tage. Es gibt keinerlei Beschränkungen – ein Extratag in Pai oder ein halbtägiger Abstecher zu einem entlegenen chinesischen Dorf ist eine tolle Bereicherung der Tour.

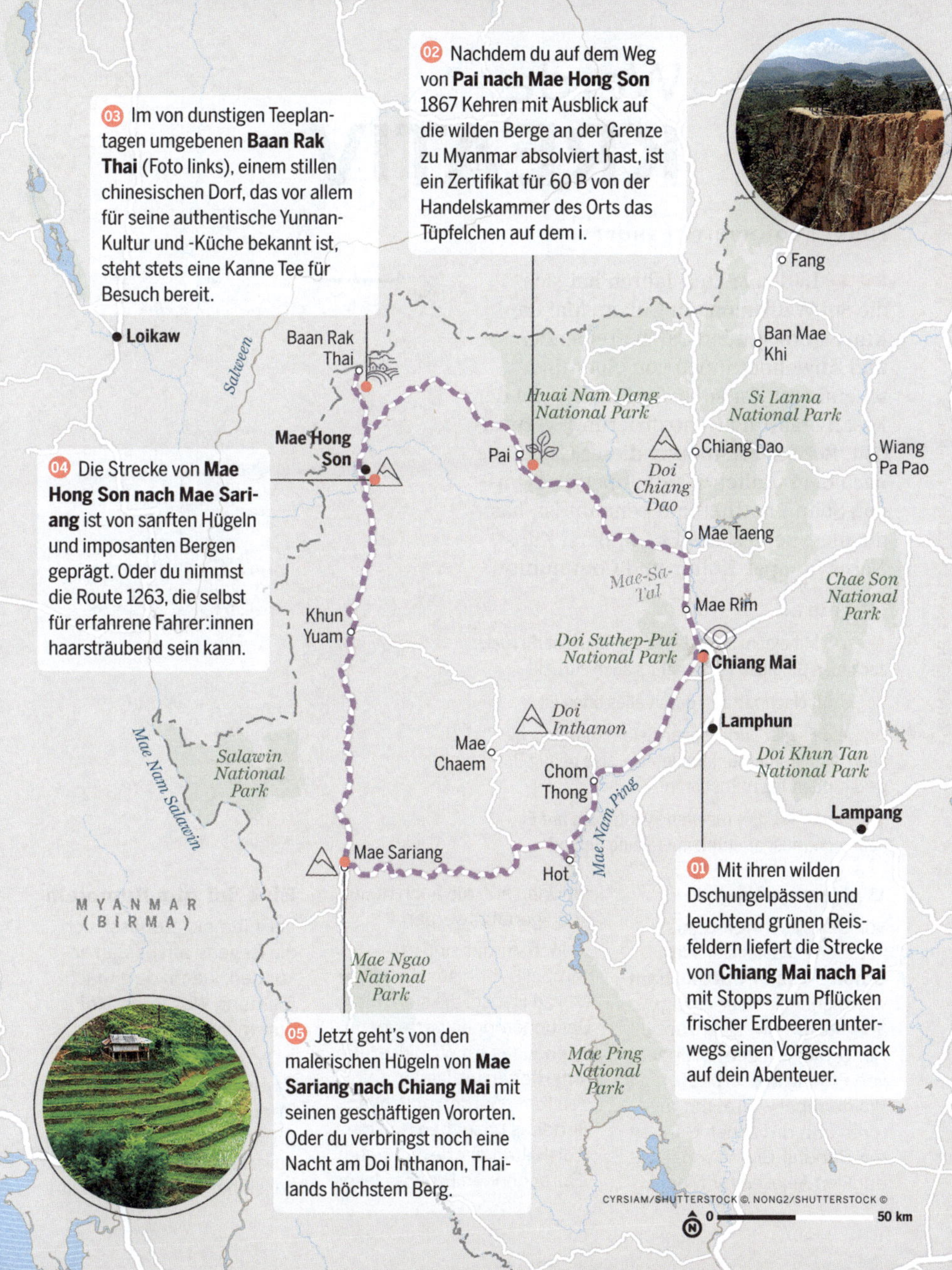

02 Nachdem du auf dem Weg von **Pai nach Mae Hong Son** 1867 Kehren mit Ausblick auf die wilden Berge an der Grenze zu Myanmar absolviert hast, ist ein Zertifikat für 60 B von der Handelskammer des Orts das Tüpfelchen auf dem i.
03 Im von dunstigen Teeplantagen umgebenen **Baan Rak Thai** (Foto links), einem stillen chinesischen Dorf, das vor allem für seine authentische Yunnan-Kultur und -Küche bekannt ist, steht stets eine Kanne Tee für Besuch bereit.
04 Die Strecke von **Mae Hong Son nach Mae Sariang** ist von sanften Hügeln und imposanten Bergen geprägt. Oder du nimmst die Route 1263, die selbst für erfahrene Fahrer:innen haarsträubend sein kann.
01 Mit ihren wilden Dschungelpässen und leuchtend grünen Reisfeldern liefert die Strecke von **Chiang Mai nach Pai** mit Stopps zum Pflücken frischer Erdbeeren unterwegs einen Vorgeschmack auf dein Abenteuer.
05 Jetzt geht's von den malerischen Hügeln von **Mae Sariang nach Chiang Mai** mit seinen geschäftigen Vororten. Oder du verbringst noch eine Nacht am Doi Inthanon, Thailands höchstem Berg.
Fang
Loikaw
Baan Rak Thai
Salween
Ban Mae Khi
Huai Nam Dang National Park
Si Lanna National Park
Mae Hong Son
Pai
Chiang Dao
Doi Chiang Dao
Wiang Pa Pao
Mae Taeng
Mae-Sa-Tal
Chae Son National Park
Mae Rim
Khun Yuam
Doi Suthep-Pui National Park
Chiang Mai
Lamphun
Doi Inthanon
Mae Chaem
Chom Thong
Doi Khun Tan National Park
Mae Nam Salawin
Salawin National Park
Mae Nam Ping
Lampang
Mae Sariang
Hot
MYANMAR (BIRMA)
Mae Ngao National Park
Mae Ping National Park
0
50 km

15 Werde KREATIV

KUNST | COMMUNITY | SHOPPEN

In den letzten Jahren hat sich die Soi Wat Umong in Chiang Mai dank Kunststudierender, Cafébetreibender und Anwohner:innen von einer unscheinbaren Gasse in ein Epizentrum der Kreativität (und Gentrifizierung) verwandelt. Bei der Erkundung dieser Gasse, die nach dem uralten Waldtempel Wat Umong Suan Phutthatham benannt ist, hast du alles: heimisches Essen, Bars, Kunst, Natur, Tempel, Kultur und Community.

0 1 km
Chiang Mai University
Th Suthep
Wattana Art Gallery
Wat Umong Suan Phutthatham
Book: Republic
Rte 121 (Th Klorng Chonprathan)
Dinky's BB
Baan Kang Wat
Lansieow Freeative Art Space
Sri Payong Seafood
Wat Pong Noi
Khlong Mae Kha

Wie …

Anreise Mit einem roten Lkw oder Taxi bist du ruckzuck hier. Genauso leicht geht's auch zurück.

Reisezeit Nachmittags, damit alles offen ist.

Bargeld Es gibt nur ein paar Geldautomaten, die auch nicht immer funktionieren – also genug Bargeld für den Tag mitnehmen!

Wie die Locals Die meisten Events sind auf Einheimische ausgerichtet, aber keine Scheu!

Waldtempelsegen

Von den vielen Tempeln in Chiang Mai ist der **Wat Umong Suan Phutthatham** wahrscheinlich der einzigartigste. Der im 13. Jh. unter König Mengri, dem Gründer von Chiang Mai, erbaute Waldtempel wartet mit mehreren unterirdischen Gängen mit Buddha-Bildnissen sowie dunklen Alkoven für Meditationen auf, die auch heute noch genutzt werden.

Noch immer sind im Tempel buddhistische Mönche zu Hause, die sich mit Besucher:innen gern über ihren Alltag im Waldkloster unterhalten. Auf jeden Fall den Relic Garden of Broken Buddhas besuchen und die Weisheiten der berüchtigten „Sprechenden Bäume" lesen!

Eine Soi zum Bummeln

Vom Tempel aus lässt sich die Gegend am besten erkunden, indem du einfach Richtung **Wat Pong Noi** bummelst.

Hinter dem Coffeeshop **Paper Spoon** ist **Book: Republic**, Chiang Mais berühmte Aktivistenbuchhandlung, die regelmäßig Diskussionen zu Literatur, Film

JEWN_YEEP/SHUTTERSTOCK ©

und anderer Kultur aus dem In- und Ausland organisiert.

Ein Stück weiter ist der **Lansieow Freeative Art Space** eine Gemeinschaft von Bars und Restaurants mit regelmäßigen Konzerten, Märkten und Wohltätigkeitsevents.

Community-Enklave

Das wohl bekannteste Ziel an der Gasse ist der **Baan Kang Wat**. Die Läden, Galerien, Restaurants und Kunstschulen der Enklave mit Nachhaltigkeitsfokus teilen alle ein ähnliches Ethos.

Nimm an einem Workshop teil oder schau dir im Mini-Amphitheater einen Film an! Direkt dahinter ist die **Wattana Art Gallery** mit fantastischer thailändischer und Gegenwartskunst.

Unterwegs essen

In Thailand ist es nichts Besonderes, unterwegs zu essen. Sicher empfehlen die Einheimischen **Laap Lung Noi** für die besten Grillfleischgerichte und den besten *lâhp* (würziger Kräuterhackfleischsalat) der Stadt und **Payong Seafood** für Meeresfrüchte. Ganz andere Dinge gibt's bei **Dinky's BBQ**, nämlich südamerikanische Grillgerichte. Das **L'amour Cafe** in einem unübersehbaren knallgelben Gebäude ist gut für einen Koffeinschuss und ein instafreundliches Stück Kuchen. Schaffst du es bis zum Wat Pong Noi, dann findest du vor seinen Toren Streetfood in großen Portionen.

Oben In einem Gang des Wat Umong

MUANG-
Gerichte

02

04

05

01 Lâhp mŏo krua

Fleischsalat des Nordens, dank Kreuzkümmel, Kurkuma, Schweinsblut und Ingwer würziger als sein Cousin des Nordostens.

02 Yam nòr mái

Pikanter Salat aus jungen Bambussprossen, Zitronengras, Kaffernlimettenblättern und Ingwer, zusammengehalten durch Krebspaste.

03 Kôw soy

Eiernudeln in einer dicken Kokoscurrybrühe, verziert mit knusprig frittierten Eiernudeln, eingelegtem Senfgrün, Schalotten, Limone und Chiliöl.

04 Sâi òo-a

Jede Region hat ihre eigene Version der pikanten Wurst mit Zitronengras, Kaffernlimettenblättern, Galgant und roter Chilipaste.

05 Nám príк nùm

Nordthailand ist bekannt für seine Chilidips. Zu diesem Dip aus jungen grünen Chilis passen am besten knusprige Schweinskruste und frisches Gemüse.

06 Nám príк ong

Für diesen Chilidip werden ähnlich einer Bolognese Schweinefleisch, Tomaten, Garnelenpaste und fermentierte Sojabohnen stundenlang geköchelt.

07

08

09

10

11

12

07 Gaang hoh

Das nordthailändische *hoh* bedeutet „vermengt“: Bei diesem pfannengerührten Curry werden Essensreste mit Glasnudeln und frischen Kräutern vermengt.

08 Gaang kà-nŭn

Eine nördliche Version der scharfen, sauren Tom-Yum-Suppe mit unreifer Jackfrucht, Kirschtomaten und Schweinsknochen.

09 Aab ong orr

Schweinshirn mit Kräutern und Gewürzen, in Bananenblätter gewickelt und gegrillt. Hört sich furchtbar an, schmeckt aber klasse.

10 Kà-nŏm jeen nám ngée-o

Frische Reisnudeln mit einer pikanten, mit der ungewöhnlichen Kapokbaumblüte *(Bombax ceiba)* gewürzte Tomatenbrühe.

11 Gaang hung le

An Feiertagen beliebtes Thai-birmanisches Curry mit dank Tamarinde, eingelegtem Knoblauch und Ingwer einzigartigem Masala-Aroma.

12 Gaang gae gòp

Scharfes Curry aus Chilipaste, Betelblättern, Gemüse und Froschfleisch mit suppenartiger Konsistenz – typisch für die Region.

16 ETHISCHER Elefantentourismus

ELEFANTEN | TREKKING | NATURSCHUTZ

Denkt man an Thailand, kommt einem vor allem ein Tier in den Sinn: der Elefant. Dank über 160 Camps im ganzen Land gibt's da viel zu erleben. Zwar sind nicht alle Elefantenasyle gleich, doch musst du nur ein wenig recherchieren, um sicherzugehen, dass die Begegnung für beide Seiten positiv ist. Hier sind zwei Einrichtungen, die beim Elefantentourismus garantiert alles richtig machen.

JAMES DE LA CHOCHE ©

Wie ...

Das Problem verstehen Auf S. 98 erfährst du, was ethischer Elefantentourismus wirklich bedeutet.

Nachforschen Schau dir erst genau an, welche Einrichtungen gut und welche schlecht sind, bevor du losziehst.

Eine zweite Meinung Am besten lässt du dir die Behauptungen der Elefantenasyle durch eine zweite Quelle bestätigen.

STEVE CUKROV/SHUTTERSTOCK ©

Eintauchen in den Tierschutz

Das **Anantara Golden Triangle Elephant Camp & Resort** an der Grenze zu Myanmar und Laos bietet die spektakulärsten Elefantenerlebnisse in Thailand – wenn man sie sich leisten kann. Hier streifen Elefanten frei übers Gelände und werden von ihren Mahouts versorgt. Das stark dem Tierschutz verpflichtete Team hat jahrelang nach den besten nachhaltigen Methoden gesucht, um für Aktivitäten und Geselligkeit der Tiere zu sorgen.

Du erfährst etwas über den Alltag der Mahouts, schaust von deinem Balkon aus den Tieren in ihrem natürlichen Umfeld zu, fährst im Beiwagen einer Royal Enfield über Elefantenpfade und übernachtest inmitten der großen Tiere in komfortablen Zimmern.

Soziale Entwicklung zum Mitmachen

Eine günstigere Alternative, um die Gesellschaft von Elefanten zu genießen, ist das **Chai Lai Orchid**. In den letzten acht Jahren hat sich das Camp um Elefanten gekümmert und Dutzende vor Misshandlungen gerettet.

In der Ökolodge fließen alle Gewinne in die Elefantenfürsorge und soziale Projekte von Daughter's Rising: Die Organisation unterstützt Karen-Flüchtlinge und ermöglicht ihnen Bildung zur Bekämpfung von Generation zu Generation vererbter Armut.

Die Gäste können sich an der Pflege der Elefanten beteiligen, sie füttern, baden und sie zum Blätterfressen führen, was die Elefanten sehr gern machen. Hier erfährst du, wie der Wald, das Zuhause der Elefanten, am besten erhalten wird. Highlights sind der Elefanten-Weckruf und das Balkon-Bananenfrühstück.

Links oben Elefant, Chai Lai Orchid
Links unten Anatara Golden Triangle Elephant Camp & Resort

Mae Wang: Mehr als Elefanten

Das Chai Lai Orchid liegt in Mae Wang, der Heimat des indigenen Volks der Pga k'nyau, und bietet neben Elefanten jede Menge andere Dschungelerlebnisse. Inmitten einer dramatischen Kulisse aus Dschungel und Reisfeldern kannst du zu Wasserfällen und versteckten Dschungeltempeln wandern, mit Karen-Guides, die dir etwas über essbare Wildpflanzen, Heilpflanzen und das Weben erzählen, im Wald nächtigen oder auf einem Bambusfloß mit einem Bier in der Hand den Fluss hinabtreiben.

Alexandra Pham *ist Gründerin des Chai Lai Orchid und von Daughters Rising. chailaiorchid.com @Chailaiorchid*

17 Des Nordens wilder OSTEN

GESCHICHTE | ERBE | BERGE

Das ländliche Nan galt einst als wildes, unzugängliches Land von Banditen und gewalttätigen Kommunisten in den unkartierten Bergen. Heute jedoch gewinnt die Provinz dank weniger Banditen – eigentlich gibt's gar keine mehr – und mehr Boutiquehotels bei Städter:innen, denen der Sinn nach Natur und unverfälschter nordthailändischer Kultur steht, langsam an Beliebtheit.

THANAKORN HONGPHAN/SHUTTERSTOCK ©

Wie ...

Anreise Nan ist per Auto und Bus zu erreichen, aber die Fahrt ist ermüdend. Es gibt keine Zugverbindungen, dafür aber schnelle und preiswerte Flüge ab Bangkok.

Warm anziehen Im Winter hat Nan einen besonderen Reiz. Der Himmel ist klar und die Temperaturen sind kühl. Neblige Morgen sind garantiert – den Schal nicht vergessen!

Mietwagen Da es nur wenig an Infrastruktur gibt, kann man leicht festhängen – am Flughafen ein Auto mieten!

BOUYBIN/SHUTTERSTOCK ©

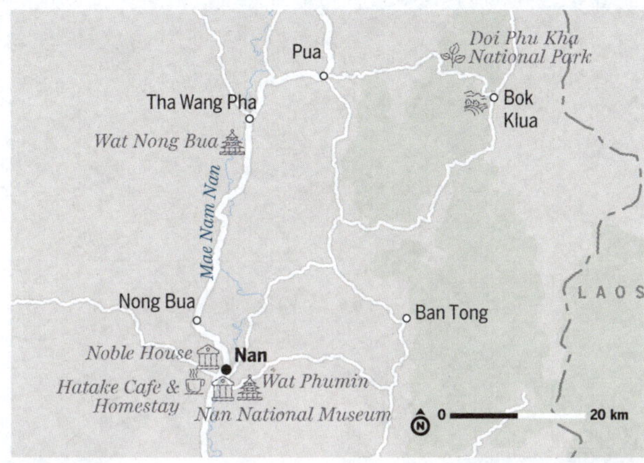

Links Doi Phu Kha National Park
Links unten Das „Liebesgeflüster", Wat Phumin

Kunstbeflissene Altstadt

Nan war jahrhundertelang autonom und kam als letzte Provinz 1932 zu Siam; jahrzehntelang kämpfte es gegen seinen Ruf als barbarisches Hinterland. Bis in die 1980er-Jahre gab's keine Verbindungen zum Rest des Landes; daher unterscheidet sich das Erbe der Provinz stark von dem der Nachbarn.

Nans Glanzstück ist der **Wat Phumin**, ein Tempel aus dem 16. Jhs. mit Thai-Lü-Wandbildern des legendären Thit Buaphan. Am bekanntesten ist das „Liebesgeflüster", das auf dem **Weekend Night Market** auf unzählige Andenken gedruckt ist.

Das **Nan National Museum** gewährt Einblick in die spannende Geschichte; das **Noble House** bietet einen Schnappschuss des königlichen Daseins der Lanna im 20. Jh.

Auch in den Bergen von Nan wächst jede Menge Kaffee. Das **Hatake Cafe & Homestay** serviert Kaffee mit Ausblick, **Rong Krua Cafe Lab & Roastery** bietet die frischesten Röstungen.

Gepflegte Wildnis

Der Außenposten **Pua** weiter nördlich beherbergt einen uralten Mon-Tempel, den **Wat Nong Bua**, und ist das Tor zu den gepflegten Nationalparks von Nan. Am bedeutendsten ist der malerische **Doi Phu Kha National Park** mit seinen schillernden Reisfeldern und hohen Bergen.

Mit dem Auto gelangst du über kurvenreiche Bergstraßen ins Dörfchen **Bok Klua**, eine uralte Siedlung, in der die Bewohner:innen gemäß einer über 800 Jahre alten Technik Salz aus einer einzigen Quelle gewinnen und veredeln.

Bootsirrsinn

Ab etwa Mitte Juli trainieren auf dem Fluss Nan Ruderteams für die Bootsrennen, die sich zu einer Tradition beim **Tan Kway Salak** entwickelt haben, einem Fest zum Wohl der Vorfahren.

Die Festlichkeiten finden meist im Oktober und November statt: Dann füllt sich der Fluss mit bunten Drachenbooten und mit Verstärkern ausgerüstete Zuschauer:innen feuern die Teams an.

Jedes Dorf hat ein Ruderteam. Die Sieger können dann im folgenden Jahr mit ihrem Sieg angeben. Zum Fest verwandelt sich das urige Bergdorf in ein Meer aus lauten Freudenbekundungen und Farben.

18 Rätselhaftes CHIANG DAO

ABENTEUER | HOMESTAYS | MÄRKTE

Chiang Dao liegt zwar nur einen Steinwurf von Chiang Mai entfernt, ist jedoch in fast jeder Hinsicht anders. Das versteckte Dschungelidyll im Schatten mächtiger Berge, die das ganze Jahr über für ein feuchtkühles Regenwaldklima sorgen, ist beliebt bei thailändischen Naturfreund:innen und Wanderfans. Hier sind das Rufen der Gibbons und das Sägen der Zikaden vertraute Geräusche, denen man nur tief drinnen in einer legendären Höhle entkommt, die mindestens seit dem 17. Jh. als Schutz und Gebetsstätte genutzt wird.

RBK365/SHUTTERSTOCK ©

 **Wie …**

Reisezeit Dank durchgehend kühler Temperaturen gibt's für Chiang Dao keine falsche Reisezeit.

Unterwegs Sobald du nach Chiang Dao kommst, gibt's praktisch keine Taxis und Busse mehr, Du bist also auf Hoteltransfers und Leihmotorräder angewiesen.

Jacke mitnehmen In Chiang Dao ist es meist frischer als im nahen Chiang Mai und im kühlen Winter brauchst du fast immer eine Jacke.

AMNAT30/SHUTTERSTOCK ©

Unbedingt sehenswert

Mit einem Namen, der „Stadt der Sterne" bedeutet, ist es kein Wunder, dass Chiang Dao vor allem für seine hohen Kalksteingipfel und den unverstellten Sternenhimmel bekannt ist – solange Nebel und Luftverschmutzung nicht die Aussicht trüben.

Das Highlight ist natürlich, den majestätischen **Doi Luang Chiang Dao** zu besteigen, um auf Berge zu schauen die sich im Dunst der Ferne verlieren. Die steilen, oft in Morgennebel gehüllten Hänge erheben sich 2175 m über der Stadt des Nordens; für den Gipfel (etwa 4 Std.) brauchst du einen Guide. Auf dem Gipfel zu übernachten und den Sonnenaufgang zu erleben ist unbeschreiblich.

In die andere Richtung erstreckt sich ein großer, spiritueller Höhlenkomplex, teils

BLUR LIFE 1975/SHUTTERSTOCK ©

Dienstag ist Markttag

Jeden Dienstagmorgen erwacht der Hauptmarkt von Chiang Dao zum Leben: Dann versammeln sich Einheimische und Bergvolkdörfler:innen, um mit Kleidung, Gewürzen und Lebensmitteln zu handeln. Auf den Ständen siehst du alles von frisch gesammelten Bienenwaben und Häufchen mit Ameiseneiern bis zu handgewebten Sonnenhüten und Reiskochern aus Bambus.

Links oben Zelte, Doi Luang Chiang Dao
Links unten Höhlenkomplex, Chiang Dao
Oben Markt, Chiang Dao

Tempel, teils Naturwunder. Besichtigen kannst du die Haupthöhle, für die du auf eigene Faust etwa eine halbe bis volle Stunde brauchst, und einen tieferen, pechschwarzen Abschnitt, durch die dich nur die Guides führen können.

Doch das seltenste der versteckten Juwele sind die **Chiang Dao Hot Springs** direkt am Fuß des Berges. Hier gibt's kostenlose öffentliche Becken sowie Privatbecken (ca. 50 B pro Std.). Zwischen dir und einem Dschungeldorf fließt ein kleiner Bach; du verbringst den Tag in heißen Wasserbecken, isst Grillhühnchen mit Klebreis und schaust dir mit einem kühlen Bier in der Hand das Dorfleben an.

Die Homestays

In den Hügeln von **Mae Mae** entdeckst du unzählige Privatunterkünfte: Sie gewähren Zugang zu fernen Bergdörfern, in die sich nur selten Tourist:innen verirren.

Das **Tree House Hideaway** bietet tolle unverstellte Baumwipfelblicke und ermutigt

Rückzugsort im Paradies

Als das **Chiang Dao Nest** vor 20 Jahren eröffnete, beförderte es Chiang Dao auf das Touristenradar. In gepflegten tropischen Gärten mit großen Yang-Bäumen stehen im Schatten des Berges, der sich über dem Resort erhebt, reizende Bambushäuschen. In extrem unprätentiösem Ambiente serviert Inhaberin und Köchin Wicha Cavaliero mit die beste regionale und europäische Küche Nordthailands. Hier kannst du den Trubel weit hinter dir lassen und dich an der spektakulären Landschaft, dem freundlichen Service und dem sehr guten Essen erfreuen.

Pim Kemasingki *ist Gründerin und Herausgeberin von Chiang Mai Citylife. chiangmaicitylife.com*

Links Chiang Dao Nest **Unten** Blick auf den Doi Luang Chiang Dao

seine Gäste dazu, die freie Natur zu erkunden und mit der örtlichen Kultur zu interagieren. Das **Cher Cheeva** bietet Unterkunft in intimerem Rahmen mit Fokus auf Gemeinschaftsessen und dem Austausch zwischen den Gästen.

Das **Yu Tuan at Suan Koh** ist etwas für Hardcore-Privatgäste, ohne Strom und mit Außentoiletten und wenig mehr zu tun, als Feuer zu machen, sich im Bach zu vergnügen und zum Zeitvertreib Moskitos zu erschlagen. Ein privater Grillabend mit Dschungelwhisky und Ausblick auf den fernen Doi Luang Chiang Dao katapultiert dich direkt ins Paradies.

Die Extreme

Keine Reise in die Dschungel Nordthailands ist komplett ohne einen Tag auf Tuchfühlung mit den Kräften der Natur.

Paddle im Kajak den Fluss entlang, sause an einer **Seilrutsche** durch die Baumwipfel, **wandere** über zackige Gipfel oder nimm es in einem Dinghy mit **Stromschnellen** auf! Bevor du dich auf einen Anbieter einlässt, erkundige dich eingehend. Einige haben eine dunkle Geschichte und nicht alle Aktivitäten sind sicher und lizenziert. Halte dich an lizenzierte Anbieter mit guten Bewertungen und zahle zur eigenen Sicherheit lieber ein bisschen mehr.

Empfehlungen

WEITERE LIEBLINGSORTE

Familien-Glamping

Camp Mai Mee Chue, Chiang Mai

Das Camp mit Blick auf ein Tal in Pong Yaeng hievt mit freistehenden Zelten und einem Zelt auf einem VW Käfer das Glamping auf ein neues Level; komplett mit trendigem Filterkaffee für die Hipster unter uns.

Camp Ta-Torn-Yorn, Chiang Mai

Der nach dem nördlichen Ausdruck für „langsames Leben" benannte Glamping-Spot zelebriert die Küche aus lokalen Zutaten sowie eine reizend geruhsame Gastfreundschaft. Landleben mit allen Annehmlichkeiten.

Pang Ung, Mae Hong Son

Das versteckte Dorf nah an der Grenze zu Myanmar hat mehrere Zeltplätze und Privatunterkünfte, die den weiten Weg lohnen. Seen, Schwäne, Wälder und Freudenfeuer.

Nationalparks, Nordthailand

Fast alle Nationalparks in Nordthailand haben Plätze zum Zelten. Die sind teils ein wenig beengt, aber man kann alles Nötige leihen und sie sind gut in Schuss.

Mehr Kaffee, bitte

Mars.cnx, Chiang Mai $$

Mit nur 20 Plätzen pro Abend bietet diese Kaffeebar, die wie ein Alien-Diner in einer Marshöhle aussieht, ein einzigartiges Erlebnis.

Zombie Cafe, Chiang Mai $

Lass dich vom Namen nicht verwirren: Das Café hat kein Zombie-Motto, sondern befindet sich in einem üppig-grünen Wäldchen, komplett mit Baumhaus und Fluss, in den du die Füße tauchen kannst.

MAHAMITr Microroaster Cafe, Lampang $

Klein, hip, und guter Kaffee für die Einwohner:innen von Lampang, einem verschlafenem Ort ein paar Stunden von Chiang Mai. Super für einen Abstecher unterwegs.

Baan Na Kang Tong, Nan $

Das neblige Bergrefugium, Coffeeshop und B&B, ist ein beliebtes Ziel mit eigenem Reisfeld und schöner Auswahl von Kaffee aus Nordthailand.

Cat' n' a Cup, Chiang Rai $$

Gleich beim Nachtbasar von Chiang Rai können sich Katzenfans in diesem Café voller Katzen mit Schmuseeinheiten, Koffein und schönem Kuchen stärken.

Chiang-Mai-Foodtour

House by Ginger, Chiang Mai $$$

Lockerer Mix zwischen Restaurant und Bistro mit westlichen Klassikern und nordthailändischer Küche. Schräges Geschirr und Kitschdeko bilden die Kulisse.

Khâo Soi Faham, Chiang Mai $

Beliebt bei Einheimischen fürs Mittagessen, mit schnellem *khâo soi* sowie Tausenden Satay-Spießen am Tag.

Wat Chaloemphrakiet, Lampang

Huay Tung Tao, Chiang Mai $

Nördlich der Stadt stehen in den Ausläufern der Berge an einem Stausee Bambushütten mit erstklassigem Thai-Essen. Dazu gibt's Bier und Bademöglichkeiten.

RodYiam Beef Noodles, Chiang Mai $

Legendär in Chiang Mai, mit ununterbrochen köchelnder, fantastischer Rindfleisch-Nudelsuppe.

Laab Bunker, Chiang Mai $

Einst ein Post-Party-Mekka für den frühen Morgen, doch jetzt auch nachmittags geöffnet, mit beliebten Gerichten des Nordens auf winzigen Tellern zu Tiefstpreisen.

Sudsanan Bar & Restaurant, Chiang Mai $$

Eine weitere Chiang-Mai-Legende: ein Treff für Kunstschaffende, liberale Politiker:innen und Hippies. Pikante Küche des Nordens und eine große Portion Livemusik.

Tong Tem Toh, Chiang Mai $$

Lange Schlangen verheißen Gutes, sodass du in diesem traditionellen nordthailändischen Restaurant nicht mit einem Sitzplatz für den schnellen Happen rechnen solltest. Ergatterst du aber einen Platz, wirst du es nicht bereuen!

Besonders erwähnenswert

Wat Rong Khun, Chiang Rai

Besser bekannt als der Weiße Tempel: Tatsächlich handelt es sich nicht um einen Tempel, sondern um eine private Kunstausstellung von Chalermchai Kositpipat, die das Tor zum Himmel verkörpert.

Wat Chaloemprakiet, Lampang

Weiße Pagoden hocken in den Bergen im nördlichen Lampang auf Gipfeln. Kamera und gute Schuhe mitnehmen!

Baan Dam Museum, Chiang Rai

Das Museum, auch als Schwarzes Haus bekannt, besteht aus einem Mix aus traditioneller und zeitgenössischer Architektur von Thawan Duchanee.

SIRICHAI PUANGSUWAN/SHUTTERSTOCK ©

Bua Thong Sticky Waterfalls

Baan Doi Pui, Chiang Mai

Das Hmong-Bergdorf ist vielleicht zu touristisch, aber dennoch ein toller Ort, um etwas über die Geschichte und Kultur der vielen ethnischen Gruppen Nordthailands zu lernen.

Bua Thong Sticky Waterfalls, Chiang Mai

Wolltest du schon immer mal einen Wasserfall hochklettern? Hier geht das! Das einzigartige Kalkstein-Flussbett ist „klebrig", selbst wenn das Wasser drüberfließt. Wochenenden meiden, denn dann wird's voll!

Kwan Phayao, Phayao

Ein großer See mitten im unentdeckten Phayao, mit herrlichen Bootstouren zum Sonnenuntergang und Nachtmarkt am Ufer.

Mae Salong, Chiang Rai

Ein chinesisches Dorf, das fehl am Platz erscheint, bis man weiß, warum es hier steht. Gehst du über die Straße, fühlst du dich wie in der chinesischen Provinz Yunnan.

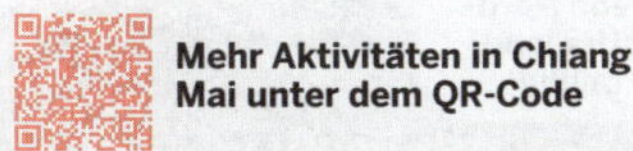

Mehr Aktivitäten in Chiang Mai unter dem QR-Code

NORDOST-
THAILAND
ESSEN | KULTUR | DINOSAURIER
Erlebe Nord-
osthailand
online

NORDOST-THAILAND

Reiseplaner

Das riesige und nur wenig bereiste Nordostthailand, der Isan, ist ein weites, wildes Land mit üppigen Reisfeldern, lichtem Dschungel und feierfreudigen Menschen. Das unglaubliche Essen und der natürliche Rhythmus, der hier bei fast jeder Begegnung mitschwingt, machen die Region perfekt für Abenteuer abseits der ausgetretenen Pfade.

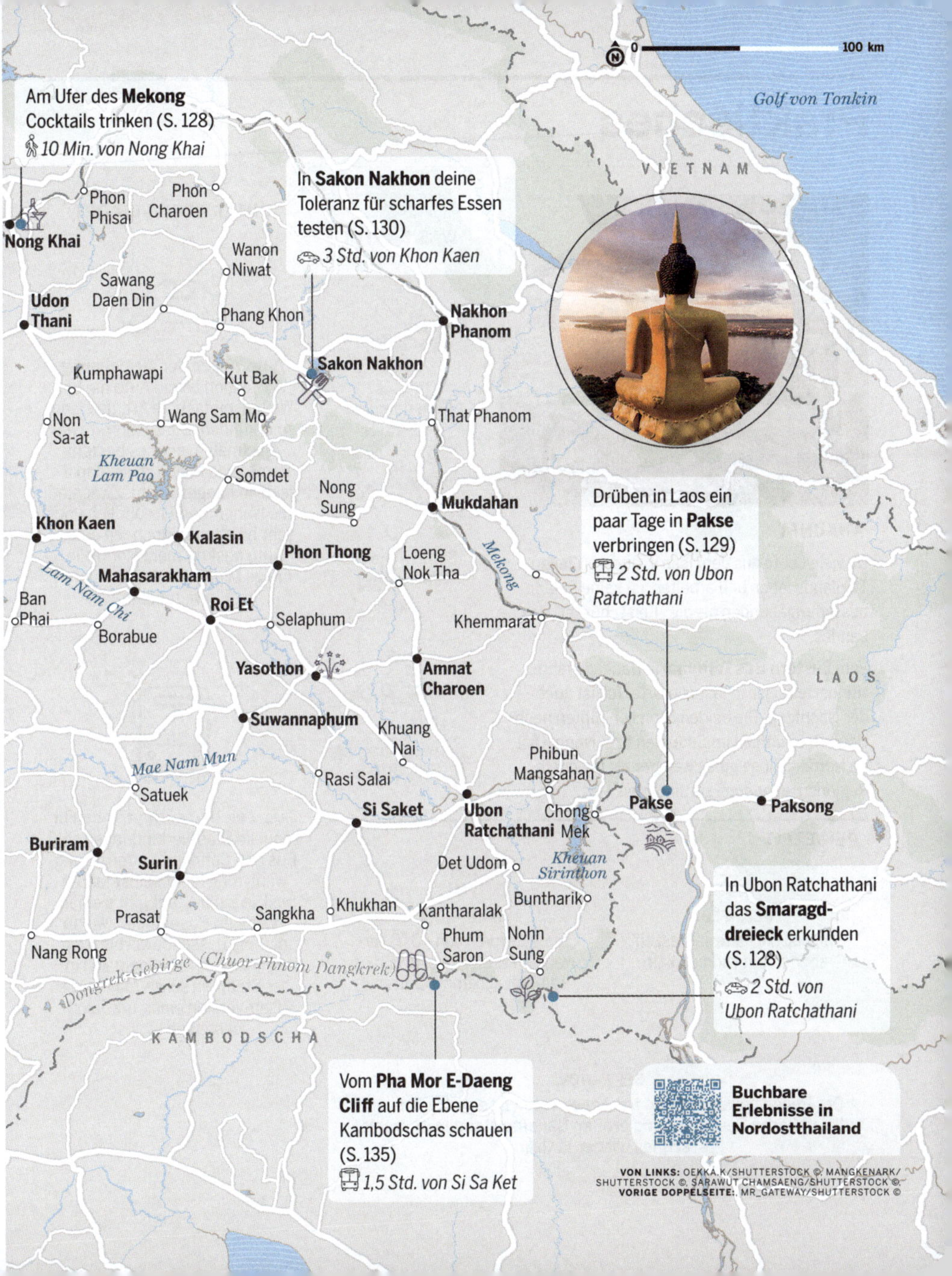

Golf von Tonkin

VIETNAM

LAOS

KAMBODSCHA

Am Ufer des **Mekong** Cocktails trinken (S. 128)
10 Min. von Nong Khai

In **Sakon Nakhon** deine Toleranz für scharfes Essen testen (S. 130)
3 Std. von Khon Kaen

Drüben in Laos ein paar Tage in **Pakse** verbringen (S. 129)
2 Std. von Ubon Ratchathani

In Ubon Ratchathani das **Smaragddreieck** erkunden (S. 128)
2 Std. von Ubon Ratchathani

Vom **Pha Mor E-Daeng Cliff** auf die Ebene Kambodschas schauen (S. 135)
1,5 Std. von Si Sa Ket

Buchbare Erlebnisse in Nordostthailand

Praktisches

ATOMLINEARAN/SHUTTERSTOCK ©

ANKUNFT

Da viele Leute aus dem Isan in anderen Teilen Thailands leben und arbeiten, ist keine Region besser angebunden als die „Reisschüssel" des Landes.

Vom **Eastern Bus Terminal** in Bangkok fahren Hunderte Busse in fast alle Orte. Toll ist auch der Nachtzug: Die beiden Strecken führen nach Ubon Ratchathani im Südosten bzw. Nong Khai im Norden. Flüge gibt's weniger als in andere Regionen, aber auch sie sind preiswert.

WAS KOSTET

Sôm đam Lao
40–60 B

Schirm (gegen die Sonne)
100 B

Souvenir-Sarong
200–300 B

REISEZEIT

DEZ.–FEB.
Offiziell die kalte Jahreszeit, aber selten wirklich kalt.

APRIL–JULI
Temperaturen von 40 °C verwandeln Grün in Wüste und es gibt oft schlimme Dürren.

SEPT.–NOV.
Der Regen bewässert den trockenen roten Boden des Isan und die endlosen Reisfelder und großen Bananenstauden erstrahlen schnell wieder in Grün.

UNTERWEGS VOR ORT

Auto Wegen der Ausdehnung der Region ist ein Auto die bei Weitem einfachste Art, den Isan zu erkunden. Busse fahren zwar regelmäßig, aber es besteht immer das Risiko, dass man irgendwo hängen bleibt. Zwar sind die Isaner:innen freundlich und sehr hilfsbereit, doch mit einem Auto hast du mehr Kontrolle. Einige Mietwagenfirmen bieten Einwegmieten.

Bus, Zug und sŏrng·tăa·ou Für schnelle Stadtverbindungen sind Bus und Bahn gute Alternativen, wenn man nicht selbst fahren will. In jeder Stadt gibt's einen zentralen Busbahnhof, wo du dir eine passende Verbindung suchen oder zu einem Ziel in der Stadt ein *sŏrng·tăa·ou* (die Isan-Version eines Tuk-Tuks) besteigen kannst.

ESSEN & TRINKEN

Sôm đam (Foto rechts oben) ist ein pikanter Salat aus unreifen Papayas, oft aufgepeppt mit eingelegtem Krebs und fermentiertem Fisch. Die Speise ist laotisch-isanischen Ursprungs und wird in ganz Thailand genossen. Dank der vielen Chilis selbst für Thai-Verhältnisse scharf!

Gài yâhng kôw nĕe-o (Grillhühnchen mit Klebreis; Foto rechts unten) zählt zu den beliebtesten Isan-Gerichten. *Năam neu·ang* ist die Isan-Variante eines vietnamesischen Gerichts mit Schweinswurst, Kräutern, Knoblauch und Erdnuss-Chili-Sauce. Durch unreife Bananen und grüne Mango erhält es eine typisch thailändische Säuerlichkeit.

Authentisches Isan-Essen
Samuay & Sons (S. 131)

Bestes vietnamesisches Essen
VT Naem Nuang (S. 131)

INTERNET

WLAN und mobile Daten sind im Isan überraschend gut, doch in entlegenen Gebieten sind die Internet-Verbindungen lückenhaft. SIM-Karten mit Datenvolumen gibt's in jedem 7-Eleven. Die Kommunikation kann schwierig sein, da die meisten Isaner:innen kaum Englisch sprechen. Übersetzungs-App herunterladen!

FREMDE DIALEKTE

Viele Leute im Isan stammen aus den Nachbarländern Laos und Kambodscha, sodass man in der Region viele Sprachen hört. In Surin und Buriram etwa wird ein thailändisch-kambodschanischer Dialekt gesprochen, an der Grenze zu Laos wird eher Laotisch als Thai gesprochen.

ÜBERNACHTEN

Der Isan (etwa halb so groß wie Deutschland) ist ein weitläufiger Teil des Landes. Alles auf einer Reise zu sehen ist unmöglich; besser steuerst du eine der größeren Städte an und erkundest von dort aus.

Ort	Pro & Contra
Khon Kaen	Hauptstadt des Isan, berühmt für Seide und Dinosaurier. Super Drehkreuz für Erkundungen.
Ubon Ratchathani	Verschlafene Stadt mit wenig eigenen Attraktionen, aber viel in der Umgebung; ausgezeichnete vietnamesische Küche.
Nong Khai	Quirlige Grenzstadt nur einen Katzensprung von Vientiane in Laos mit schöner Landschaft am Mekong.
Udon Thani	Hotspot für Reisende mit einigen der besseren Bars und Restaurants der Region.
Loei	Gehört offiziell zum Isan, ist dank seiner Nähe zu den Bergen in vielerlei Hinsicht aber eher nordthailändisch geprägt.

GELD

Im Isan ist das Bargeld König. Außer den großen Ketten nehmen Läden oder Restaurants nur sehr selten Karten an, also immer genug Bares dabeihaben!

19 ERKUNDE Khon Kaen

SHOPPEN | DINOSAURIER | ESSEN

Khon Kaen ist die De-facto-Hauptstadt des Isan. Im Vergleich zu den anderen größeren Städten der Region wirkt sie energiegeladener, wohl dank der Mischung aus laotischer, thailändischer und vietnamesischer Kultur inklusive Essen und Musik und dank einer aufstrebenden Mittelschicht, die die rasante städtische Erschließung vorantreibt.

Wie ...

Unterwegs vor Ort Khon Kaen hat jetzt Grab, die praktischste Transportart. Außerdem gibt's eine Stadtbahn.

Smart City Durch den Smart City Development Plan von Khon Kaen wurde die Infrastruktur inklusive Verkehr, Abfallwirtschaft, grüne Energien und nachhaltige Landwirtschaft erheblich verbessert.

Seide als Souvenir Khon Kaen ist berühmt für seine hochwertige Seide. Beim jährlichen Seidenfest präsentiert sich die Seidenindustrie im besten Licht.

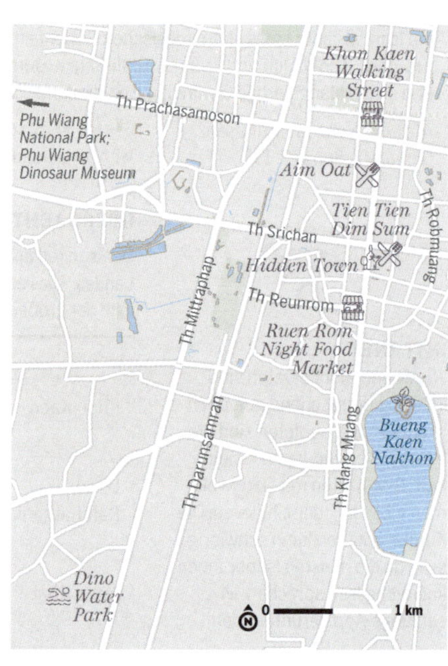

Prähistorische Pfade

Die ersten Bewohner von Khon Kaen waren Dinosaurier: Hier wurden fünf der zehn in Thailand heimischen Dinoarten gefunden. Der **Phu Wiang National Park** ist das wichtigste Zentrum für Paläontologie Thailands, mit einer großen Sammlung an Fundstücken, Nachbildungen und einer Forschungsbibliothek. Es ist außergewöhnlich gut gepflegt und beschildert.

Ein tolles Fleckchen zum Abkühlen in der Mittagssonne für Kinder wie Erwachsene ist der **Dino Water Park**.

Weltläufige Kulturen

Zurück ins 21. Jh.: Indem du dich durch den Tag isst, bekommst du ein Gefühl für die verschiedenen Kulturen des Isan. Los geht's mit einem vietnamesischen Frühstück mit *kai kata* (Spiegeleier in der Pfanne), *kuay jap* (dicke Thai-*pho*) und Mini-*banh mi* im **Aim Oat**. Mittags isst du im **Tien Tien Dim Sum** so viele 10-Baht-Klößchen wie möglich und abends gönnst du dir ein klassisches

ROBIRD/SHUTTERSTOCK ©

Abendmahl mit *sôm·đam*, *gài yâhng* und Klebreis im **Teng Mo Zeb Werr**, einem für extravaganten Service und authentische Aromen bekannten Restaurant.

Wenn du mit vollem Magen noch gut zu Fuß bist, dann kannst du dir auf der **Khon Kaen Walking Street** und beim **Ruen Rom Night Food Market** (noch mehr Essen!) anschauen, wie die Stadt nach Einbruch der Dunkelheit zum Leben erwacht. Den Abschluss des Tages bildet ein Cocktail im **Hidden Town** zu den melancholischen Klängen von Live-Jazz und isanischem *mŏr lam*, scheinbar nahtlos verknüpft von der talentierten Hausband.

Genieße die Atmosphäre

Leih dir für den 40 ha großen See der Stadt, den **Bueng Kaen Nakhon**, ein Tretboot und lass das allgemeine Treiben auf den Uferpfaden auf dich wirken. Bei Sonnenuntergang kehrst du ans Ufer zurück und drehst zu Fuß ein paar Runden um den See oder leihst dir ein Fahrrad, bevor du dich auf dem **Rim Bung Market** stärkst, der aus dem Nichts aufzutauchen scheint, komplett mit singenden Polizisten, süßem Thai-Tee und Fleischspießchen vom Grill.

Oben Der Wat Phra Mahathat mit dem Bueng Kaen Nakhon im Vordergrund

Mŏr Lam: Rhythmus Nordost-thailands

DER GEIST DES ISAN AUF DER FÜNFTONLEITER

Der aus Nordthailand und Laos stammende *mŏr lam* begann als klassischer Musikstil, der in einer Art Volkserzählungs-Rap epische Geschichten erzählte. Heute hat der modernisierte melodische Rhythmus die alten Traditionen so gut wie ausgelöscht und gilt als eins der mitreißendsten Kultursymbole des Nordostens.

Links Eine *pin* **Mitte** Traditionelle Thai-Instrumente **Rechts** *Mŏr-lam*-Tanzshow

SOMBAT MULMANEE/SHUTTERSTOCK ©

Typisch Isan

Der beste *mŏr lam* ist schnell, energiegeladen und voller Humor. Kuhglockenschläge und anschwellende Orgelklänge begleiten Sänger:innen, Musiker:innen und in traditionelle thailändische Kleidung, Disco-Klamotten oder einen Mix aus beidem gekleidete Tänzerinnen.

Ursprüngliche Volkserzählungen ...

Der Ausdruck *mŏr lam* stammt von den beiden Thai-Wörtern *mŏr* für „Doktor" und *lam* für Melodie oder Rhythmus.

In den Anfangszeiten sangen diese „Rhythmusdoktoren" Geschichten über Geister und vollführten spirituelle Rituale zum Klang einer einzigen *khaen* (Bambus-Mundorgel). Im frühen 20. Jh. bewegten sich die Themen weg von der Religion und legten das Augenmerk auf das Verhältnis zwischen dem ländlichen Isan und der Regierung in Bangkok. Ende der 1950er-Jahre brachten amerikanische GIs westliche Instrumente mit und durch die Techno-Beats der 1980er wurde der Sound noch funkiger.

Doch die Kerninstrumente des *mŏr lam* überlebten die Modernisierung. „Statt durch eine Gitarre ersetzt zu werden, wurde die *pin*, ein thailändische dreisaitiges Instrument, zum Heldensound Thailands", erklärt Rasmee Wayrana, eine *mŏr-lam*-Sängerin und -Songwriterin aus Ubon Ratchathani. „Heute ist sie in der gesamten Thai-Musik zu hören, von Pop-Rock bis Reggae."

... und moderne Varianten

Heute hat der *mŏr lam* die thailändische Popkultur fest im Griff. „Der *mŏr lam* bildet noch immer den Kern der Isan-Gesellschaft, ist in letzter Zeit jedoch auch zur Musik der

KILLABEE KHAIRUL FADHLI/SHUTTERSTOCK ©

ARTHIT PREMPRAYOT/SHUTTERSTOCK ©

Bangkoker Hipster geworden", meint Hatthayathiti Chouynukit, eine *mŏr-lam*-Plattenhändlerin aus Chumphon. „Da früher nur wenige Platten gepresst wurden, gehen Originalstücke, die früher verstaubten, heute für Zehntausende Baht weg und man reißt sich darum, die Rechte für Nachpressungen zu bekommen."

Taxifahrer in Bangkok, von denen die meisten aus dem Isan stammen, vertreiben sich die Zeit mit *mŏr lam reung*, einem einfachen Rhythmus zu langen, spannenden Volkserzählungen, während in Malls und Restaurants eher *mŏr lam ploen* läuft, ein früher Isan-Pop.

> Ende der 1950er- Jahre brachten amerikanische GIs westliche Instrumente mit und durch die Techno-Beats der 1980er wurde der Sound noch funkiger.

Auf Tempelmärkten erlebst du vielleicht eine Aufführung von *mŏr lam klon*, einem komödiantischen oder religiösen Wettstreit zwischen zwei Sängern. Und in den Bars und Städten des Isan dominiert der schnelle *mŏr lam sing*.

„Im Westen tauchen überall Samples von *mŏr lam* und komplette *mŏr-lam*-Tracks auf", meint Hatthayathiti. „*Mŏr lam* passt sich der Zeit an und dank seiner Flexibilität wird er nun von Leuten in aller Welt gehört."

Einige Läden haben den *mŏr lam* sogar zu ihrem Markenzeichen erkoren. Das **Tawandeng** zeigt jeden Abend eine opulent kostümierte, perfekt choreografierte Livemusik-Performance.

Vergessene Stücke und Künstler:innen werden durch Organisationen wie **Hear & Found**, die die Menschen auf lokale Thai-Musik aufmerksam machen, und Produzenten wie Maft Sai, Gründer von **ZudRangMa Records**, wieder zum Leben erweckt.

Für deine Playlist

Schau dir vor der Reise diese Künstler:innen an und werde süchtig.

Thongmee Malai Extravaganter Sänger und Legende des *mŏr lam ploen*.

Daoban Don Ein Mönchsnovize, der die *sangha* verließ, um zum *mŏr-lam*-Star zu werden.

Ratree Sriwilai Hoch angesehen als die Königin des *mŏr lam sing*.

Jintara Poonlarp Berühmt vor allem für ihren Mix aus altmodischem *mŏr lam* und modernem Pop.

Paradise Bangkok Molam International Band In aller Welt spielende *mŏr-lam*-Band, berühmt für Klassiker mit viel Bass.

Khruangbin Wahrscheinlich die erste komplett ausländische *mŏr-lam*-Band außerhalb Thailands.

Rasmee Wayrana Jazziger *mŏr lam* mit Versen auf Khmer, Laotisch und Englisch.

20 Wandern in LOEI

WANDERN | ZELTEN | AUSBLICKE

Zwar lässt die Wanderszene Thailands viele Wünsche offen, doch eine der wenigen Ausnahmen ist der Phu Kradueng. Die 9-km-Wanderung auf den freistehenden, herzförmigen Berg in Loei ist auf jeden Fall schweißtreibend, doch die unglaublichen Panoramablicke, die gewundenen Waldwege und das kühle Bergklima lohnen jeden mühseligen Schritt.

SONGDECH KOTHMONGKOL/SHUTTERSTOCK ©

Wie ...

Reisezeit Zwecks Genesung des Waldes ist der Berg von Juni bis September gesperrt.

In der Nähe nächtigen Auf jeden Fall empfiehlt sich ein früher Start. Zelte am Wegbeginn oder suche dir in der Nähe ein billiges Hotel, um schnell aufbrechen zu können.

Zwei Preise Der Eintritt für Nationalparks in Thailand ist für Tourist:innen fast immer höher als für Einheimische und mit den Parkoffiziellen zu feilschen hat keinen Zweck.

NONGASIMO/SHUTTERSTOCK ©

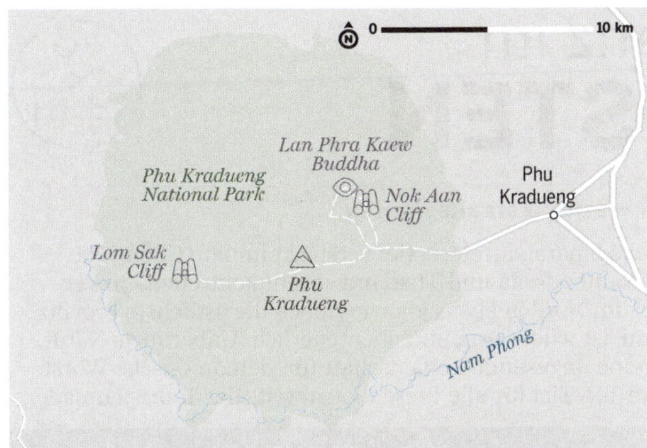

In Ermangelung eines echten Gipfels geht's beim **Phu Kradueng** mehr darum, was man oben macht, als um die Wanderung hinauf – die aber natürlich am Anfang steht.

Die Wanderung hinauf teilt sich in zwei Abschnitte: einen 5 km langen Aufstieg über 1000 Höhenmeter, gefolgt von einer 4 km langen, flachen Wanderung zum Zeltplatz. Für 30 B pro Kilo trägt dir ein Träger schwere Ausrüstung. An den fünf Rastplätzen unterwegs gibt's alles von Wasser und Kaffee bis zu Spiegeleiern und eiskalten Erfrischungstüchern.

Oben auf dem Plateau harren 20 km an Wegen der Erkundung zu Fuß oder per Rad – Fahrräder werden am Zeltplatz verliehen; die Wege führen über Bergsavannen, in Ahornwälder hinein und beängstigend nah an schieren Abgründen vorbei. Jede Route ist klar markiert, sodass ein Guide nicht nötig ist.

Die meisten Leute steuern das **Lom Sak Cliff** an, für Fotos vom überhängenden Felsen oder für den Sonnenuntergang vor der Nachtwanderung zurück zum Camp. Das perfekte Phu-Kradueng-Erlebnis krönst du mit einem Thai-Grillessen.

Am nächsten Morgen stehst du vor Sonnenaufgang auf, ziehst dich warm an und folgst dem Weg Richtung Osten zum **Nok Aan Cliff**, um über den Wolken den Sonnenaufgang zu erleben. Anschließend geht's vorbei am **Lan Phra Kaew Buddha** und durch einen nebligen Kiefernwald zurück zum Camp.

Es gibt aber noch andere Möglichkeiten, die Schönheit von Loei zu erleben. Ein Trip zum **Phu Pa Po** wartet mit schönen Ausblicken und Picknickspots auf. Am besten kommst du zum Sonnenaufgang her.

Links Phu Kradueng National Park
Links unten Eine Frau schaut auf den Phu Pa Po, Thailands „Fuji"

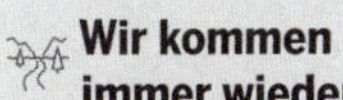

Wir kommen immer wieder

In der kalten Jahreszeit kann der Phu Kradeung sehr bunt sein, wenn der Boden frostig ist und die Ahornblätter rot werden, was in Thailand sonst selten zu sehen ist. Zuerst haben wir die Wanderung als Kinder mit unseren Eltern gemacht. Dabei erlebten wir zum ersten Mal die Stille der Natur und kalte Temperaturen in Thailand. Der Phu Kradueng hat für uns sentimentalen Wert – deswegen kehren wir immer wieder hierher zurück.

Pakawat Thongcharoen und Prichaya Suthivet *sind Reisekreative, Wanderenthusiast:innen und Gründer:innen von PakaPrich. pakaprich.com YouTube PakaPrich*

21 Ganz im OSTEN

GRENZORTE | MEDITATION | VIETNAMESISCHES ESSEN

Zwar ist das eigentliche Smaragddreieck, tief versteckt im Phu Chong Na Yoi National Park, wo Laos, Kambodscha und Thailand zusammentreffen, im Vergleich zu seinem Gegenstück im Norden etwas glanzlos, doch die östlichste Provinz Thailands, Ubon Ratchathani, ist wild, riesig und abenteuerlich. Unberührte Natur, Schmelztiegelkulturen und eine ungesunde Leidenschaft für vietnamesische Wurst machen die Region zu einem Top-Ziel für alle Reisenden abseits der Touristenpfade.

VESPA_FOTO/SHUTTERSTOCK ©

Wie ...

Anreise Ubon ist von Bangkok aus leicht per Bus, Zug und Flugzeug zu erreichen. Es gibt sogar einen Bus von Chiang Mai, wenn einem 21 Stunden Fahrt nichts ausmachen.

Reisezeit In Ubon ist es das ganze Jahr über heiß, doch die Überschwemmungen im September und November können tückisch sein.

Sonnencreme Im Isan ist es notorisch heiß und in Ubon mangelt es meist an Schatten durch Bäume. Selbst an bewölkten Tagen ist Sonnencreme Pflicht.

I VIEWFINDER/SHUTTERSTOCK ©

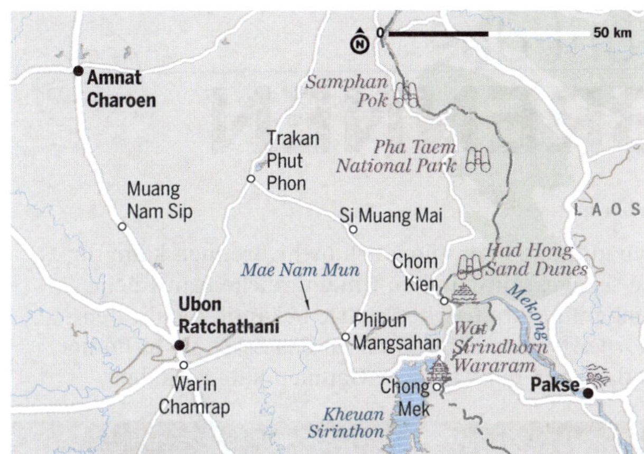

Los geht's am Rand

Zwar bietet die Stadt Ubon einige lohnende Stopps, besonders kulinarische, doch die echten Attraktionen liegen am Rand der Provinz. In Sachen Wow-Faktor lässt der **Wat Sirindhorn Wararam** nahe der laotischen Grenze die meisten anderen Tempel meilenweit hinter sich. Wenn die Sonne untergeht, erstrahlt er regelrecht. Kurz vor Sonnenuntergang (meist gegen 18.30 Uhr) drängeln sich die Fotograf:innen um die besten Plätze – hinter dem Tempel, wo das „Lebensbaum"-Wandbild ist –, um den Tempel exakt dann abzulichten, wenn die Sonne hinter dem Horizont verschwindet. Zwar erscheint einigen der Anblick in natura eher enttäuschend – auf Fotos sieht das Glühen intensiver aus –, doch das Ganze ist immer noch göttlich, selbst für Tempelmüde.

In die Wildnis

Wer früh genug aufsteht, kann von Felsen im **Pha Taem National Park** den Sonnenaufgang Richtung Laos bewundern. Außerdem sind hier Hunderte prähistorische Höhlenmalereien zu sehen. Wem Sonnenuntergänge lieber sind, der kann die wüstenartigen **Had Hong Sand Dunes** ansteuern.

Möchtegern-Astronaut:innen können einen Trip zur außerirdischen Landschaft des **Samphan Pok** unternehmen, des größten Felsenriffs am Mekong, bekannt für seine Tausenden von Kratern. Weiter entfernt ist **Chom Kien**: Von dort kannst du per Longtail-Boot zum Zusammenfluss des schlammigbraunen Mekong mit dem dunkelblauen Mun gelangen.

Links oben Wat Sirindhorn Wararam
Links unten Höhlenmalerei, Pha Taem National Park

Abstecher nach Pakse

Mit entsprechendem Visum kannst du am **Sirindhorn-See** vorbei die südlaotische Stadt **Pakse** ansteuern, bekannt für ihr relaxtes Mekong-Flair und ihre vielen Restaurants und Bars am Fluss. Wer hier übernachtet, kann sich anschauen, wie die Sonne am nächsten Morgen lange Schatten über das **Bolaven-Plateau** wirft, bevor es zum **Wat Phou** geht, einem Welterbe des 5. Jhs., das es angeblich mit dem Angkor Wat aufnehmen kann.

22 Fühl das BRENNEN

ESSEN | RESTAURANTS | KULTUR

Zwar kann es im Isan glühend heiß sein, doch mehr Brennen kann dir das Essen verursachen. Die salzige, saure und an Umami reiche Isan-Küche ist für ihre intensiven Aromen und ihre frische Schärfe bekannt, die dir den Schweiß auf den ganzen Körper treiben kann. Zwar ist das Essen nicht immer mit Chilis überhäuft, doch das kann der westliche Gaumen kaum glauben.

AIMPOL BURANET/SHUTTERSTOCK ©

Wie …

Schärfe erwarten Stell dich auf Chilis ein! Selbst wenn du um etwas nicht Scharfes bittest, gibt's immer irgendwo eine Chili.

Mit den Zähnen essen Es sieht vielleicht komisch aus, aber wenn die Einheimischen etwas Scharfes essen, halten sie die Lippen weg vom Löffel – warum, wirst du schnell feststellen!

Das Aussehen täuscht Kleine Chilis sind oft am schärfsten und rot ist nicht unbedingt gleichbedeutend mit scharf.

SUPERMEE/SHUTTERSTOCK ©

Salz, Gewürze & andere nette Dinge

Als in Bangkok die ersten echten Isan-Restaurants eröffnet wurden, entwickelte sich die Beliebtheit besonders scharfer Gerichte zu einer der besten Werbekampagnen für die Region. Das Stereotyp verbreitete sich so sehr, dass selbst die Einheimischen glaubten, sie hätten immer so scharf gegessen.

Von in kleine Tüten mit Zucker, Salz und Chiliflocken getauchtem Obst bis zur kräftigen fermentierten Fischsauce *plaa ra* über einem Papaya-Salat: Salziger Geschmack und das Kribbeln scharfer Gewürze gelten heute als typisch für die Isan-Küche.

Lass es dir schmecken!

Für Liebhaber authentischen Isan-Essens ist das **Phai Lom Restaurant** in Sakon Nakhon ein guter Startpunkt eines kulinarischen Abenteuers. Oder probiere im **Jay Gai** in Udon Thani das *sôm đam*, das vor Chilis nur so strotzt – perfekt, wenn du gleich aufs Ganze gehen willst. Das kultivierte **Samuay & Sons** serviert professionell aus örtlichen Zutaten zubereitete Speisen.

In den vier größeren Städten sind die besten Adressen das **Gai Yang Rabeab Khao Suan Kwang** in Khon Kaen, **Aed Kai Yang Mahatthai** in Korat, **Laab Nuad** in Udon Thani und **Jae Kaek Jaew Hon** in Ubon Ratchathani.

Garantiert unscharf

Dank des großen vietnamesischen Einflusses haben einige Klassiker der indochinesischen Küche die „große Verschärfung" überdauert. Sehr beliebt ist das Restaurant **VT Naem Nuang**.

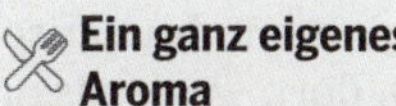
Links oben *Sôm đam* **Links unten** Sauce zum Dippen im Isan-Stil

Ein ganz eigenes Aroma

Für eine ganz andere Isan-Küche, die selbst die meisten Thais nie probiert haben, empfehle ich einen Besuch im Dorf **Baan Phue** in Udon Thani. Das Dörfchen hat eine ganz einzigartige Küche mit eigenen Zubereitungsarten, Zutaten und Aromen entwickelt.

So gibt's etwa *lâhp* auf Currypulverbasis oder eine Ameiseneiersuppe mit wilden Kräutern, die du noch nie gesehen hast. Zwar wird diese unglaubliche Küche immer seltener, doch als eins von nur wenigen Lokalen serviert sie das **Yoy Pa Roj** noch immer. Leider ist die Küche noch nicht geschützt, doch das sollte sie sein.

Weerawat Triyasenawat, oder Chef Num, *ist Mitinhaber von Samuay & Sons, Udon Thani. Facebook Samuay & Sons @samuayandsons*

23 Ran an die GRENZE

WANDERN | NATUR | ABENTEUER

Thailands neueste Provinz, Bueng Kan, ist auch eine seiner wildesten. Die Region mit dramatischer Landschaft und großartigen Aussichtspunkten schmiegt sich dort, wo der Isan am höchsten ist, an die Nordostgrenze Thailands, auf der anderen Seite des Mekong liegt bereits Laos. Mit seinen Sandsteinbergen, Wasserfällen und Wäldern ist Bueng Kan ein wahres Paradies für Abenteurer:innen.

Wie ...

Unterwegs vor Ort Außer Bussen gibt's nur wenige öffentliche Verkehrsmittel. Von Bangkok kannst du fliegen oder den Zug nach Nong Khai, Sakon Nakhon oder Udon Thani nehmen und dann per Bus weiterfahren.

Reisezeit Außer dem Ende der Regenzeit (Aug.–Okt.) ist das ganze Jahr über gut.

Höhenangst Für Leute mit Höhenangst sind einige der Ziele eine Herausforderung.

Große Wanderungen

Einer der eigenwilligsten und in Sachen Besuch anspruchsvollsten Tempel des Landes ist der **Wat Phu Tok**, der „Einsame Berg". Im Gegensatz zu üblichen Tempeln wurde dieser vom Mönch Phra Ajarn Juan Kulchetto als immer anstrengenderer Aufstieg über sieben Ebenen konzipiert, die die sieben Stufen zum Nirwana verkörpern sollen. Auf langsam ansteigende Hänge folgen schließlich in den Stein gehauene Stufen und wackelige Stege, durch deren Holzlatten deutlich der Boden 359 m weiter unten zu sehen ist. Am beliebtesten ist Ebene sechs, da es auf Ebene sieben oben auf dem Berg von Giftschlangen wimmeln soll.

Weitere Aussichtspunkte

Im einst von buddhistischen Eremiten, die sich vom Rest der Welt abkapseln wollten, bewohnen **Phu Sang National Park** ragt oben aus einem Berg eine Ansammlung von 75 Mio. Jahre alten Sandsteinfelsen. Dank der sozialen Medien ist der **Hin Sam Wan** (Drei-Wale-Fels) heute nicht mehr so einsam: Heute nehmen Hunderte Tourist:innen täglich den Allradwagen des Parks nach oben, um am Rand von zwei der drei „Wale" – das „Walbaby" ist für Tourist:innen gesperrt – Fotos zu schießen. Von oben gewähren die Wale unverstellte Ausblicke auf die gesamte Provinz und ins benachbarte Laos.

Links oben Holzsteg am Fels, Wat Phu Tok **Links unten** Auf dem Hin Sam Wan posieren Reisende für Fotos

Top Tipps für Bueng Kan

Der erste Stopp sollte der Hin Sam Wan sein, mit fantastischem Ausblick bei nur geringem körperlichem Einsatz. Das Ganze sollte nicht länger als zwei Stunden dauern. Selfietipp: die Gruppe zweiteilen und sich von benachbarten Felsen gegenseitig fotografieren!

Weiter geht's zum tollen **Lonely Mountain**. Am Parkplatz unten gibt's eine Toilette – dann keine mehr. Das ist ein Tempel, also auf angemessene Kleidung achten! Wahrscheinlich begegnen dir Mönche, die z. B. Blätter fegen oder die Holztreppen und -stege reparieren. Für den Aufstieg sind Sportsachen am besten.

Andrew Hiransomboon *ist ein Journalist aus Bangkok. @ah360*

Empfehlungen

WEITERE LIEBLINGSORTE

Natürliche Hotspots

Red Lotus Sea, Udon Thani

Bootstour im Winter auf dem See Nong Han Kumphawapi mit rosaroten Seerosen, so weit das Auge reicht.

Phu Laen Kha National Park, Chaiyaphum

Dank einiger markanter, ungewöhnlich hoher Felsformationen auch das „Stonehenge Thailands" genannt.

Khao Yai National Park, Nakhon Ratchasima

Der erste Nationalpark Thailands und auch einer der größten, am Übergang von den Ebenen in Zentralthailand zum Isan.

Erawan Cave, Nong Bua Lamphu

Nicht zu verwechseln mit den Erawan-Fällen in Zentralthailand; die riesige Höhle zählt zu den schönsten Nordostthailands, bewacht von einem großen Buddha am Eingang.

Dong Ling Don Chao Pu Park, Amnat Charoen

Der auch als Phana Monkey Forest bekannte und vom Phana Monkey Project unterhaltene Naturpark setzt sich für die Sicherheit und das Wohlergehen thailändischer Affen und für die Waldforschung ein.

Besondere Dörfer

Chiang Khan, Loei

Uriges Dorf am Ufer des Mekong mit malerischen Flusspanoramen, quirligem Nachtmarkt und freundlichem Flair.

Sala Keoku, Nong Khai

Ein unkonventioneller Skulpturenpark, angelegt gemäß den exzentrischen Vorstellungen und religiösen Deutungen des Gründers Bunleua Sulilat.

Ban Ta Klang, Surin

Alles im Dorf scheint sich um die hiesigen Elefanten und ihre Mahout-Familien zu drehen; viele Familien werden durch das Surin Project staatlich unterstützt.

Ban Don Koi, Sakon Nakhon

Wer etwas über traditionelles Indigo-Färben erfahren möchte, kann bei den besten Indigo-Färber:innen der Region mitarbeiten und sich außerdem ein Hemd oder anderes Kleidungsstück maßschneidern lassen.

Abendliche Märkte

Saveone Night Market, Nakhon Ratchasima

Dies ist der größte Nachtmarkt in der größten Stadt des Isan – hier ist es so voll wie auf dem Bangkoker Chatuchak.

Ton Taan Market, Khon Kaen

Der kleinere der drei wichtigsten Nachtmärkte der Stadt bietet ein etwas raueres Flair sowie vor allem Essen, Lebensmittel, Krimskrams und billige Kleidung.

Thung Sri Muang Walking Street, Ubon Ratchathani

Der beliebte Wochenendmarkt in Thung Sri Muang strotzt vor Aktivität, Musik und Snacks aller Art.

Indochina Market, Mukdahan

Dieser Markt in einer Provinz, die vor allem für ihren Grenzverkehr bekannt ist, lebt von ebendiesem; verhökert werden billige Raubkopien.

Chaiyaphum Night Bazaar, Chaiyaphum

Dank ausgeprägten Kleinstadtflairs ist der Nachtmarkt das abendliche Highlight des Orts, mit allem, was man von einem Markt in Thailand erwartet, aber billiger und authentischer.

Kulturelle Sehenswürdigkeiten

Sirindhorn Museum, Kalasin

Museum mit einer der größten Sammlungen von Dinosaurierknochen und -fossilien Südostasiens rund um ein perfekt erhaltenes versteinertes Dinoskelett, das seit 1994 an gleicher Stelle steht.

Phanom Rung Historical Park, Buriram

Fein gearbeitete Statuen, schöne Architektur und weite Terrassen: Dieser gut erhaltene, teilrekonstruierte Tempelkomplex des 10. Jhs. entstand unter dem mächtigen Khmer-Reich.

Million Bottle Temple, Sisaket

Ein Fest für Recyclingfans! Dieser Tempel besteht vollständig aus recycelten Glasflaschen. Selbst die Buddhastatuen bestehen aus Flaschen, was die Frage aufwirft, wer all das Bier getrunken hat!

Phra Maha Chedi Chai Mongkol, Roi Et

Märchenhaft schimmert der ummauerte Tempelkomplex in Gold und Weiß, mit gepflegten Blumenbeeten, fantastischen Wasserelementen und opulenten Tempeleinrichtungen.

Buriram United Football Stadium, Buriram

Thais sind fußballverrückt – vor allem hat es ihnen die englische Premier League angetan. Bei den heimischen Vereinen ist Buriram im ganzen Land beliebt und die Zuschauer:innen feuern ihr Team im Stadion leidenschaftlich an.

Pha Mor E-Daeng Cliff, Si Saket

Die unglaublichen Ausblicke auf die umstrittenen Preah-Vihear-Tempelruinen an der Grenze zu Kambodscha – beide Seiten reklamieren den Tempel für sich – lohnen das sehr geringe Risiko, ins Kreuzfeuer zu geraten.

Wat Thung Setthi, Khon Kaen

Der Wat Thung Setthi („Millionärsacker-Tempel“) erhebt sich aus der trockenen

AKARAT PHASURA/SHUTTERSTOCK ©

Ton Taan Market

Landschaft wie eine seltene Wüstenblume. Er wurde errichtet, wo ein uraltes Schwert gefunden worden war, und ist ein erfolgreicher Stilmix aus europäisch, chinesisch, orientalisch und thailändisch.

Trinken im Nordoststil

U Bar, Ubon Ratchathani, Nakhon Ratchasima & Khon Kaen $$

Hipper Treff für Student:innen, die gern thailändischen Rock und Hip-Hop hören. Bei der U Bar, einer wachsenden Kette im Isan, weißt du, woran du bist, nämlich meistens an einem Tisch mit einer Flasche Whisky drauf.

Soi Rim Kong, Nong Khai $

Das Ufer des Mekong ist auf 3 km Länge von Dutzenden von Restaurants, Bars, Karaokebars und Livemusikclubs gesäumt. Dank Ausblick auf Laos und quirligem Samstagsmarkt ein Top-Spot.

Taawandeng, fast in jeder Stadt $$

Ein authentisches thailändisches Party-Erlebnis, mit Livemusik, extravaganten Varietétänzerinnen, Whiskyflaschen, Thai-Essen und applaudierenden Fremden.

Mehr Aktivitäten in Nordostthailand unter dem QR-Code

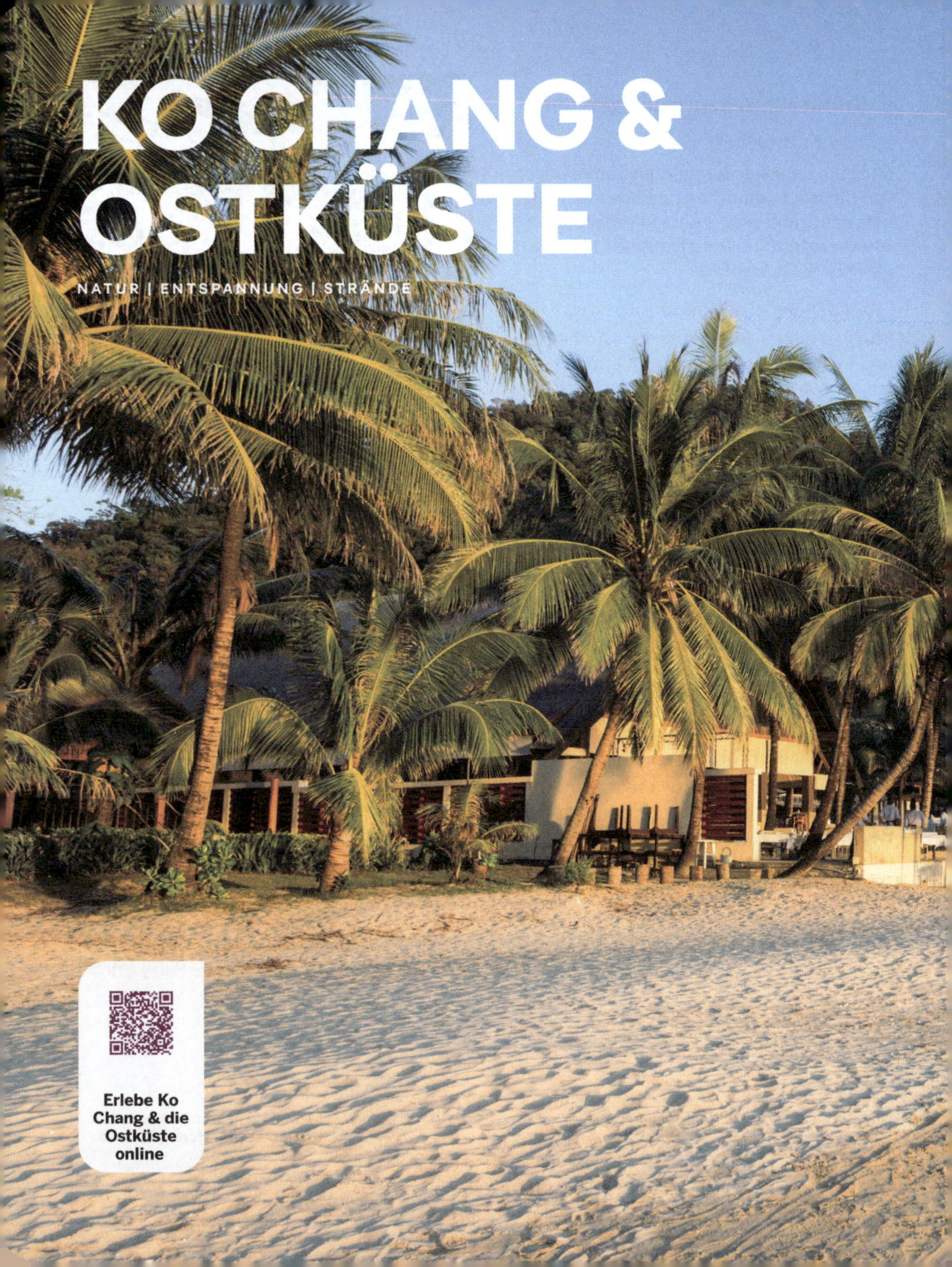

KO CHANG & OSTKÜSTE

NATUR | ENTSPANNUNG | STRÄNDE

Erlebe Ko Chang & die Ostküste online

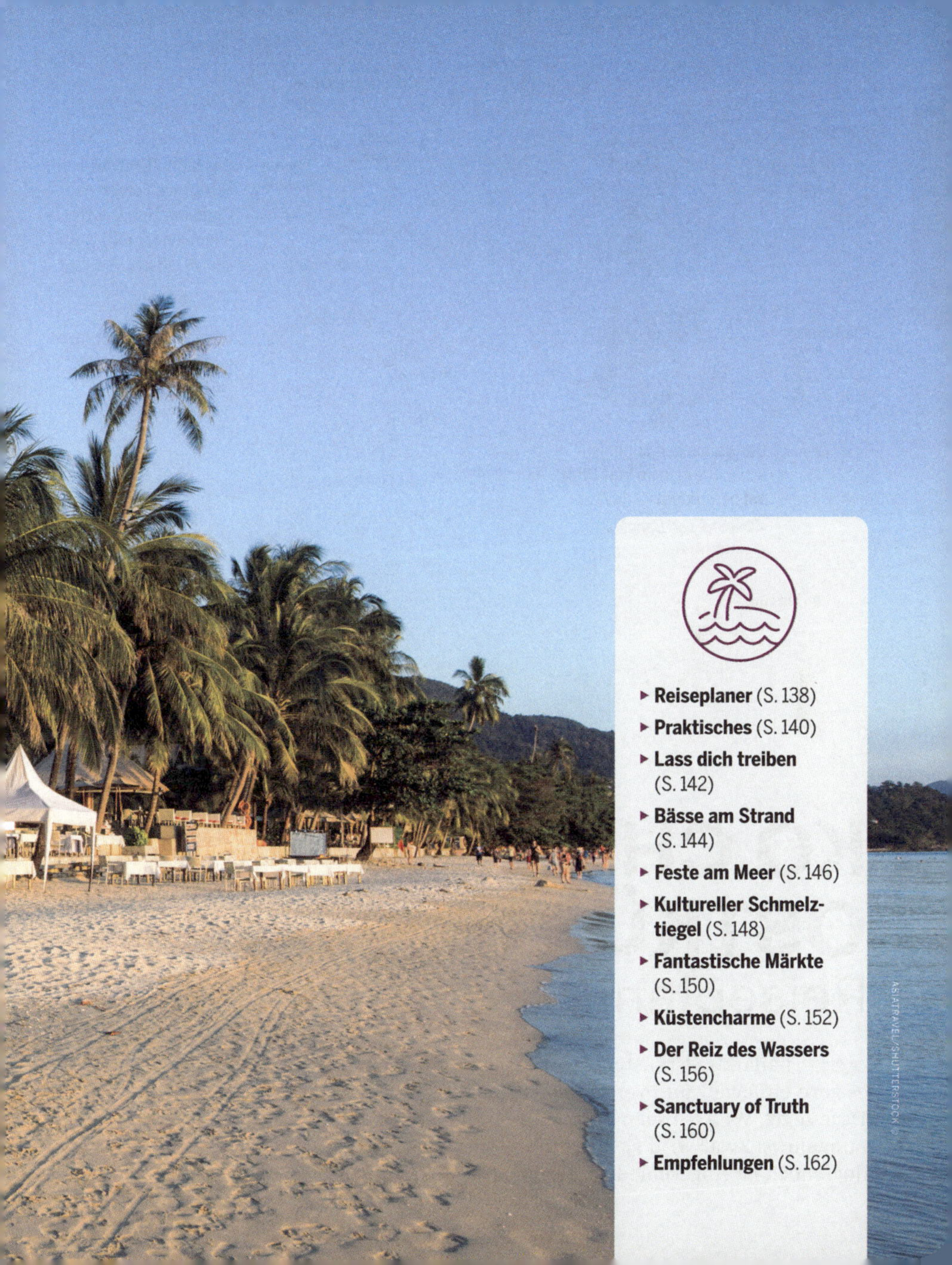

KO CHANG & OSTKÜSTE

Reiseplaner

Thailands Ostküstenregion ist etwas für Leute, die es gern einfacher und verschlafener mögen, mit endlosem Dschungel, WLAN-freien Zonen und Abhängen in Strandbungalows. Zwar wird sie langsam immer mehr erschlossen, doch noch ist Abgeschiedenheit ihr Pluspunkt.

Sa Kaew
Watthana Nakhon
Aranya Prathet
0
50 km
Sisophon
Durch die **Altstadt von Chanthaburi** bummeln (S. 148)
3,5 Std. von Bangkok
Beim **Fußabdruck Buddhas** Pilgern zuschauen (S. 143)
4 Std. von Bangkok
KAMBODSCHA
Tamun
Khao Soi Dao Nua
Pong Nam Ron
Chanthaburi
Auf dem **Edelsteinmarkt** einen Rabatt heraushandeln (S. 151)
3,5 Std. von Bangkok
Bo Rai
Chao Lao
Laem Sing
Khlung
Bang Kradan
Trat
In Ko Chang in der berühmten **Ting Tong Bar** tanzen (S. 145)
+ *2 Std. von Trat*
Laem Ngop
Ko Chang
Tha Sen
Laem Sok
In **Ban Bang Bao** am Anleger frisches Seafood essen (S. 153)
+ *2 Std. von Trat*
Mai Rut
Ko Khlum
Ko Kradat
Ko Mak
Ko Rang
Khlong Yai
Ko Kut
Koh Kong
Weitere Erlebnisse in Ko Chang & an der Ostküste
Bei einem Tauchgang das Wrack der **HTMS Chang** entdecken (S. 158)
30 Min. von Ko Chang
Koh Kong

Praktisches

NARIN NONTHAMAND/SHUTTERSTOCK ©

ANKUNFT

Flugzeug Für diese Region ist meist Bangkok der Ausgangspunkt. Am preiswertesten für Fahrten Richtung Osten sind Minivans und Busse vom Suvarnabhumi Airport und Eastern Bus Terminal. Oder du fliegst nach Trat oder Rayong.

Boot Von dort fahren Fähren zu den Inseln. Tickets gibt's am Anleger; Reisebüros können zu vernünftigen Preisen kombinierte Bus- und Fährfahrten ab Bangkok organisieren.

Taxi Bangkoker Taxis fahren nach Pattaya und zum Ban-Phe-Anleger von Rayong, doch meist ohne Taxameter. Auf jeden Fall handeln!

WAS KOSTET

Traditionelle Massage 300 B

Frische Kokosnuss 45 B

Tauchtrip ab 3000 B

REISEZEIT

DEZ.–MÄRZ
Am vollsten und sehr warm. In Pattaya und auf Ko Samet ist jetzt viel los.

MAI–OKT.
Monsunzeit. Auf den Inseln wird es stiller, außer auf Ko Samet mit seinem trockeneren Klima.

NOV. & APRIL
Beste Reisezeiten. Bessere Preise, außer zu Songkran, dann ist Vorausbuchung angesagt.

UNTERWEGS VOR ORT

Motorradtaxis und sŏrng·tăa·ou Warten meist an Anlegern und sind an beliebten Zielen wie Pattaya, Ko Samet und Ko Chang zahlreich vorhanden.

Motorrad Für rund 200–300 B pro Tag zu mieten; immer am praktischsten, besonders auf kleineren Inseln. Vorsicht auf kurvenreichen Schotterstraßen!

Zu Fuß gehen und Rad fahren Besonders schön auf Ko Samet und in Chanthaburi.

ESSEN & TRINKEN

Die hiesige Regionalküche ist leichter und beinhaltet viel frisches Seafood. Von Chanthaburi sind Foodies begeistert dank der vielen Nudelshops und der berühmten Früchte, die in der Erntezeit (Mai/Juni) beim zehntägigen Fruit Festival an Ständen sowie in Süßigkeiten, Salaten und Currys erhältlich sind. In den Resortrestaurants kannst du thailändisch essen, doch unabhängige Restaurants bieten authentische Aromen und ein authentisches Ambiente. Pattaya, Ko Chang und Ko Samet warten mit Partyszenen auf, von nobel bis ausufernd.

Bester Nudelshop
Tom Yum Sen (S. 149)

Famos essen am Strand
Glass House (S. 154)

INTERNET & ORIENTIERUNG

WLAN Zwar haben die meisten Unterkünfte und Restaurants recht gutes WLAN, doch empfiehlt sich eine thailändische SIM-Karte. Bei 7-Eleven gibt's gute für 30 Tage. Für längere Aufenthalte gibt's bei den Providern Pakete mit unbegrenztem Datenvolumen.

Navigation Die Karten-Apps sind nicht immer zuverlässig. Auf Motorradtouren eine normale Karte mitnehmen, erhältlich in den meisten Unterkünften.

IN DER REGENZEIT

Nicht gleich ausschließen! Die Preise fallen, es gießt nicht immer und die Wasserfälle sind spektakulärer. Auf Ko Chang und Ko Kut bleibt fast alles geöffnet.

ÜBERNACHTEN

Die Ostküste bietet einige der am meisten unterschätzten Landschaften Thailands, mit reizendem Tropenflair, und im Vergleich zu beliebten Zielen wie Phuket und Ko Samui ist es hier viel ruhiger.

Ort	Pro & Contra
Ko Chang	Beste Infrastruktur mit trubeligem Nachtleben sowie Tauchspots; meist Mittelklasseresorts.
Ko Kut	Tolle Strände und tropische Landschaften, aber wenig Aktivitäten (Schnorcheln, Kajakfahren).
Ko Mak	Schön für Strände und zum Schnorcheln; ruhig und unerschlossen.
Ko Samet	Schöne Resorts mit guten Restaurants, meist Familien und Paare.
Pattaya	Die Bangkok am nächsten gelegenen Strände; berüchtigtes Nachtleben und einige Touristenfallen.

GELD

Die Ostküste richtet sich immer mehr auf Luxusreisende und betuchtere Backpacker:innen aus. Preiswertes Strandleben im alten Backpackerstil bieten nach wie vor Bang Saen und Ko Chang.

24 Lass dich TREIBEN

NATIONALPARKS | WILDTIERE | WASSERFÄLLE

Dieser Teil Thailands beherbergt fünf Nationalparks und zwei Meeresnationalparks, alle ganz unterschiedlich. Im tiefen Dschungel kannst du prima die prächtige Natur erkunden, mit Tierschutzgebieten, Wanderwegen, buddhistischer Architektur, Wasserfällen und versteckten Küstenstreifen. Atemberaubende Buchten bieten bestes Instagram-Material und hier sind weniger Reisende unterwegs als in ähnlichen Landschaften im Süden.

MATTANIN NONCHANG/SHUTTERSTOCK ©

Wie ...

Anreise Teils verkehren *sŏrng·tăa·ou* und Minibusse.

Reisezeit Januar bis April. Einige Naturparks sind in der Regenzeit geschlossen.

Einen Guide anheuern Für die Nationalparks brauchst du einen lizenzierten Guide oder einen Parkranger.

Übernachten Über das offizielle System buchen (dnp.go.th).

SUPAKIT KAEWYOO/SHUTTERSTOCK ©

Links oben Krathing-Wasserfall, Khao Khitchakut **Links unten** Karmesinnektarvogel auf Chinesenhutpflanze, Khao Khitchakut

Thailand hat über 100 Nationalparks und über zwei Dutzend weitere sind kürzlich neu eröffnet oder angekündigt worden; bis 2037 sollen 55 % des Landes als geschützte Wälder ausgewiesen sein.

Der **Khao Khitchakut** bei Chanthaburi ist einer der kleinsten Nationalparks Thailands und ideal, um unter Wasserfällen zu baden und Berge zu besteigen. Hier gibt's eine vielfältige Flora und Fauna; manchmal lassen sich Elefantenherden blicken und an den Park grenzt ein wichtiges Schutzgebiet für Vögel und Insekten an. Weiter nördlich grenzt auch der bergige und kühlere **Khao Chamao-Khao Wong National Park** mit einigen wilden Bantengs und Elefanten an das Schutzgebiet an.

Auf der anderen Seite von Chanthaburi sind auch der **Namtok Phlio** und der weiter entfernte **Namtok Khlong Kaeo** bei Vogel- und Wasserfallfreund:innen beliebt; Ersterer verfügt außerdem über mehrere buddhistische Stätten.

Ko Chang und 46 andere Inseln liegen im **Mu Ko Chang National Park**, der für ausgezeichnete Wandermöglichkeiten, Vögel, Meerestiere und geschützte Korallenriffe bekannt ist. Der **Khao Laem Ya/Mu Ko Samet National Park** wiederum umfasst Ko Samet und neun weitere Inseln an der Küste von Rayong.

Attraktionen in der Nähe

Auf Ko Man Nai kannst du dir im **Rayong Turtle Conservation Centre**, das den Tieren sichere Nistplätze bereitstellt, gerettete Meeresschildkröten anschauen.

Spüre im Khao Khitchakut National Park die spirituelle Energie von **Buddhas Fußabdruck**, einem beliebten Pilgerziel buddhistischer Thais.

Begib dich im Namtok Phlio National Park auf die Suche nach **Wasserfällen**. Ein kurzer Weg führt an einer Reihe hübscher Wasserfälle vorbei, u. a. an der Hauptattraktion des Parks, dem **Phlio Waterfall**.

Der größte Wasserfall im Khao Kitchakut ist der dreizehnstufige **Krathing**.

25 Bässe am STRAND

PARTYS | MUSIK | TANZEN

Zwar genießt die Ostküste vor allem einen Ruf für Ruhe und Stille, doch sie bietet auch entlegene Orte tief im schallschluckenden Dschungel, die sich perfekt für wilde Partys eignen. Ob in Trinkschuppen mit Livemusik oder bei geheimen Strand-Raves mit sandigem Tanzboden und oft berühmten DJs: Hier finden tolle Konzerte und Festivals statt.

Wie ...

Anreise Kein Alkohol am Steuer! Schau auf den Facebook-Seiten der Veranstalter nach Transfers oder organisiere dir mit einer Gruppe von Leuten deine eigenen.

Reisezeit DJs aus Europa kommen meist von November bis März nach Thailand.

Mitnehmen Wichtige, aber oft vergessene Sachen für Partys sind etwa eine kleine Taschenlampe, ein Fächer, Taschentücher, Kaugummi und eine Sonnenbrille.

Wonderfruit

Wonderfruit schlug 2014 wie eine Bombe auf der asiatischen Festivalszene ein. Dabei treffen sich an drei Tagen im Dezember über 20 000 Fans elektronischer Musik aus Thailand, Singapur, den Philippinen und anderswo auf den leeren Feldern des Siam Country Club bei Pattaya.

Tickets werden meist ab Februar verkauft. Bevor du dir eins kaufst, solltest du wissen, dass Wonderfruit eine kostspielige Angelegenheit ist. Die meisten Partygäste nächtigen in Hotels in der Nähe oder im Glampingzeltbereich des Festivals, da normales Zelten angesichts der brennenden Sonne eher schwierig ist. Das heißt, dass du immer mit dem Taxi zum Festivalgelände pendeln musst, und vielleicht willst du dir vor Ort auch mal das Feinschmeckeressen gönnen – an Ständen und in Foodtrucks werkeln Sterneköch:innen aus Bangkok.

Aber andererseits ist das Festival ein einmaliges Erlebnis. Auf mehreren Bühnen legen die besten DJs der Welt auf, Kunstinstallationen sorgen für magische Momente und die Feiernden hieven die Festivalmode auf ein ganz neues Level.

Und das Festival gibt sich nachhaltig – Einwegplastik ist verboten. Du brauchst also auch einen eigenen Becher, oder du kaufst dir einen aus Metall vor Ort. Für die Abende brauchst du eine dünne Jacke, denn es kann kühl und windig werden.

Schau dir auch das Aktivitätenprogramm an! Neben Yoga-Meditationen, Unterricht im Thaiboxen und Vorträgen zu Themen wie Gender, Design und Cannabispolitik gibt's auch zahlreiche Aktivitäten für Familien mit Kindern.

Links und unten Szenen vom Wonderfruit-Festival.

Andere DJ-Festivals & -Clubs

Auf Ko Chang kannst du in der berüchtigten **Ting Tong Bar** bis zum Morgengrauen tanzen. Sie lockt House- und Electro-DJs aus aller Welt an und schließt nie; Hauptpartyzeit ist von Mitternacht bis zum Sonnenaufgang.

Zu den exklusiveren DJ-Festivals zählen das **Kolour Beachside** in Pattaya und das **Fly To The Moon**, ein Neujahrsfestival auf Ko Mak. Es gibt nur begrenzt Karten, es sind also keine Massenevents.

Strandclubs haben coole, kultivierte Läden in Pattaya wie das **Alexa** oder **Fat Coco**, Welten entfernt von der zwielichtigen Walking Street.

Cocktails am Pool bietet der trendigste Laden von Ko Chang, das **Shambhala**, mit perfektem Ausblick und DJ-Beats zum Sonnenuntergang.

Dan Buri ist DJ und Musikproduzent. @danburi soundcloud.com/dan-buri

Feste am Meer

MEER UND SAND BEREICHERN TRADITIONELLE FESTE

An der Ostküste kannst du wunderbar ein Thai-Fest erleben. Für kleine Küstenorte sind das jährliche Songkran (Neujahr) und Loy Krathong (Laternen und Schiffchen) von besonderer Bedeutung. Du kannst dich unter die Thais mischen und erleben, wie sie ihre Feiertage begehen.

Links Songkran, Chiang Mai
Mitte Songkran-Festivitäten, Pattaya
Rechts Mönch, Wat Khlong Phrao

REDHATZ69/SHUTTERSTOCK ©

Die Wunder von Loy Krathong

Am Golf von Thailand lässt sich prima das Wasserfest Loy Krathong feiern. Die Einheimischen fertigen oder kaufen fein gewebte Körbe und schmücken sie mit Kerzen, Räucherstäbchen und Blumen. Dann steuern sie das nächste Gewässer an, äußern Wünsche und setzen die *krathongs* aufs Wasser. Beliebt ist es auch, Himmelslaternen zu starten, obwohl diese Tradition ihre Wurzeln im Norden hat.

Ein *krathong* aufs Wasser zu setzen ist ein schönes Ritual, und je mehr sich auf dem Wasser befinden, umso romantischer wird es. Besonders beliebt ist das Fest bei Familien und Paaren. Für junge Verliebte ist Loy Krathong in Thailand so etwas wie der Valentinstag.

Songkran-Festlichkeiten

Jedes Jahr im April feiern die Thais drei Tage lang mit Wasserschlachten und Segensritualen Songkran, das thailändische Neujahr. Wasser verkörpert das Abwaschen der Sünden und soll Glück fürs neue Jahr bringen.

Pattaya und Bang Saen sind für laute Songkran-Partys mit großen Bühnen, Feuerwerk und Livemusik bekannt. An den Stränden drängeln sich die Feiernden mit Ghettoblastern und Wasserpistolen. Die Straßen verwandeln sich in riesige Autokonvoipartys – die Leute sitzen hinten auf Pick-ups und bespritzen sich gegenseitig mit Wasser.

Das weiße Talkum, mit dem man sich das Gesicht bestäubt, erinnert an die Segnung durch Mönche mit Kreide – wenn dir jemand Talkum ins Gesicht schmiert, heißt das meist, dass du ihm oder ihr gefällst.

In Bang Saen, einem beliebten Ziel für Feiernde, mischt sich nasses Chaos mit ruhigen buddhistischen Gebetsze-

GURKAN ERGUN/SHUTTERSTOCK ©

U_PHOTO/SHUTTERSTOCK ©

remonien. Die Mönche singen und erhalten frische Reisgaben, Gläubige waschen Buddha-Statuen und schmücken sie mit Goldblatt. Bei einem Wettbewerb im Sandburgenbauen entstehen eindrucksvolle Stupas und Pagoden.

Tipps für Songkran

Besorg dir ein Plastikbehältnis, um Bargeld, Handy und andere wichtige Sachen vor Wasser zu schützen. Sie gibt's in fast allen kleinen Supermärkten und teils an Ständen.

> An den Stränden drängeln sich die Feiernden mit Ghettoblastern und Wasserpistolen.

Reservieren! Der Osten ist beliebt bei Bangkoker:innen auf der Flucht vor der Hitze – daher sind die Zimmerpreise hier höher.

Fahrzeug stehen lassen, da der Verkehr chaotisch ist. Du kannst immer nass werden, auch auf dem Motorrad!

Nachhaltig feiern

Feierst du Songkran oder Loy Krathong, denke auch an die Umwelt. Bei beiden Festen wird viel Müll erzeugt.

Feiere Songkran am Meer, mit Wasser direkt von der Küste, und nicht etwa in Bangkok, wo sich auf den Straßen die leeren Plastikflaschen türmen.

Vermeide Himmelslaternen, sie können in Brand geraten und gefährden dann Tiere und ihre Lebensräume.

Lass ein *krathong* aus Bananenblättern statt aus Styropor zu Wasser.

Nutze an der Ao Salak Phet auf Ko Chang *krathongs* aus Kokosschalen, von denen es auf der Insel jede Menge gibt.

Weitere Zeremonien am Wasser

Auf Ko Chang ist der **Wat Khlong Phrao** beim Klong Prao Beach der Haupttempel der Insel für Festlichkeiten.

Auf Ko Mak ist der **Wat Phra Sing** zu Songkran ein beliebter Tempel. Jedes Jahr beginnt das Fest hier mit einem Umzug. Dabei wird ein heiliges Buddha-Bildnis durch den Ort getragen und in Wasser gebadet.

Songkran-Gebeten kannst du in Pattaya im Hügeltempel **Wat Phra Yai** beiwohnen, wo Treppendrachen und goldene Buddha-Figuren, darunter der 18 m große Haupt-Buddha, für ein märchenhaftes Sonnenuntergangserlebnis sorgen.

26 Kultureller Schmelz-TIEGEL

GESCHICHTE | ARCHITEKTUR | KUNST

In Chanthaburis alter Waterfront Community zeugen restaurierte Wahrzeichen und nette Läden und Restaurants am Wasser von der einzigartigen Mischung aus thailändischen, chinesischen, französischen und vietnamesischen Einflüssen. Auf einem Rundgang erlebst du den Reiz und die Schönheit des Viertels.

SUMETH ANU/SHUTTERSTOCK ©

In Kürze

Unterwegs vor Ort Das alte Viertel ist leicht zu Fuß zu erkunden. Wasserfälle in Nationalparks und Stranddörfer in der Nähe erkundest du per Mietrad.

Reisezeit Beim zehntägigen **Fruit Festival** (Ende Mai/Anfang Juni) lässt sich in Chanthaburi das urige Flair der Waterside Community mit dem Genuss hiesiger Leckereien verbinden.

Übernachten Schön restaurierte Gasthöfe wie das **Baan Luang Rajamaitri** oder das Tamajun Hotel bieten Zimmer mit Hartholzböden und Flussblick.

Kulturattraktionen

Schön ist die sino-portugiesische und die Hexenhäuschen-Architektur mit ihren Verzierungen.

Das Hotel **Baan Luang Rajamaitri** hat im Erdgeschoss ein Museum mit Fotos und Archiv (gratis).

In der **Kathedrale der unbefleckten Empfängnis** (siehe Foto) auf der anderen Seite der Fußgängerbrücke steht eine Marienstatue mit über 200 000 Saphiren.

05 Probiere ein traditionelles thailändisches Eis als Nachspeise. **Rocket Ice Cream** bietet hausgemachtes Eis am Stil in Sorten wie Thai-Tee und Limone. Wer traut sich, ein Durian-Eis zu bestellen?

04 Das Restaurant im **Tamajun Hotel** serviert auf einer Holzterrasse am Fluss voller nostalgischer Fotos und Deko Thai-Essen. Manchmal gibt's abends Livemusik.

03 Oder doch lieber einen Burger? Das **Wacko Cafe** ist keine gewöhnliche Burgerschmiede, mit Retroterrasse mit Barhockern draußen am Fluss. Es gibt auch Tacos.

02 Die Gegend ist auf guten Filterkaffee und hausgemachten Kuchen spezialisiert, z. B. mit modernen Cafés mit trendiger Einrichtung und Klimaanlage wie dem **Sweet at Moon** oder **C.A.P.**

01 Beim alten Shophouse-Restaurant **Tom Yum Sen** kannst du am Wasser Nudeln schlürfen; die Spezialität ist eine Fisch-*tom-yum*. Hinter der Brücke sind zwei weitere Restaurants auf Nudelsuppe mit Seafood (**Je Eed**) bzw. Schweinefleisch (**Che Noy**) spezialisiert.

Th Tha Luang

Baan Luang Rajamaitri

Th Sukhaphiban

Mae Nam Chanthaburi

Th Benchamarachutit

Th Khwang

Th Sukhaphiban

Kathedrale der Unbefleckten Empfängnis

Fußgängerbrücke

N 0 200 m

AKEKALAK.PHATCHAITONG/SHUTTERSTOCK ©, RUTDANAI S/SHUTTERSTOCK ©

Fantastische MÄRKTE

DÖRFER | SHOPPEN | ESSEN

Märkte sind hier ein wichtiger, altbewährter Teil des Alltags. An der Ostküste, einst ein Drehkreuz von Handel und Verkehr Richtung Kambodscha und nach anderswo in Thailand, kann man immer noch gut shoppen. Im Vergleich zu den Bangkoker Riesenmärkten geht's hier am Wasser eher ruhig zu, mit freundlichen Verkäufer:innen, geselligem Flair und günstigeren Preisen.

SARAYUTH3390/SHUTTERSTOCK ©

Wie …

Unterwegs vor Ort Außer den Fischmärkten (meist am Wasser) sind die meisten Märkte jeweils in der Dorfmitte.

Reisezeit Einige Märkte sind nur abends oder am Wochenende geöffnet. Vor Ort nachfragen!

Feilschen An Non-Food-Ständen immer handeln. Frag nach dem Preis, biete die Hälfte und einige dich irgendwo dazwischen.

Nach Kambodscha Von Chanthaburi fahren täglich Minivans und *sŏrng·tăa·ou* zum Grenzübergang Ban Pakard.

KHWANJAI WANNASOOK/SHUTTERSTOCK ©

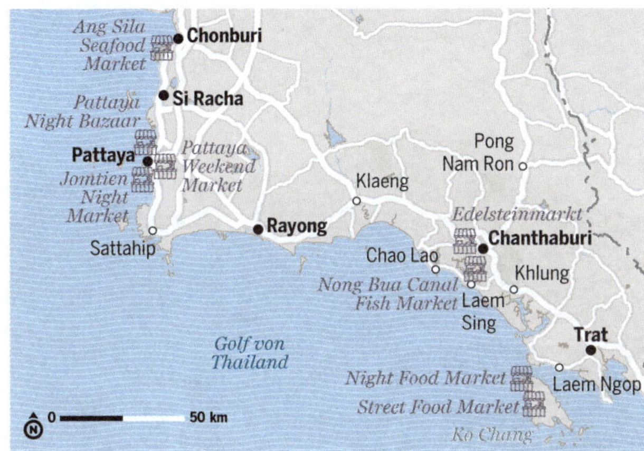

Dieser Abschnitt der thailändischen Golfküste an der Grenze zu Kambodscha war früher ein Handels- und Verkehrsdrehkreuz. Daraus entstand die für die Region bis heute typische bunte Marktkultur.

Jahrzehntelang war Chanthaburi das Herz des Edelsteinabbaus und -handels von Thailand und Kambodscha. In den umliegenden Bergen wurden einst Saphire und Rubine poliert und dann z. B. zu Königspalästen transportiert. Heute ist Chanthaburi als Umschlagplatz zwar nicht mehr so wichtig, doch der seit Generationen von Thai-chinesischen Händler:innen geführte **Edelsteinmarkt** ist immer noch berühmt, auch wenn die Steine heutzutage meist aus dem Ausland stammen.

Die meisten Fischerdörfer an der Küste haben eigene, unterschiedlich große Märkte, mit Fokus auf frischem Seafood, Shoppen, Streetfood oder all dem zusammen. Shoppingparadiese am Meer sind Pattaya und Ko Chang. Pattaya, eine der Städte Thailands mit den meisten Expats, hat mehrere Nachtmärkte wie den **Pattaya Night Bazaar** und den **Weekend Market** (die beiden vollsten) sowie kleinere Viertelmärkte wie den **Tree Town**, **Rompho** und **Jomtien Night Market**.

Auf Ko Chang gibt's an der Westküste Märkte wie den **Night Food Market** und den **Street Food Market**.

Links oben Pattaya Night Bazaar
Links unten Edelsteinmarkt

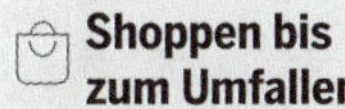

Shoppen bis zum Umfallen

Märkte am Wasser wie der **Nong Bua Canal Fish Market** und der **Ang Sila Seafood Market** in Chanthaburi bieten täglich ein buntes Buffet des Tagesfangs. An Ständen kann man sich Krustentiere frisch grillen lassen.

Ko Chang, Trat und Pattaya haben allesamt fabelhafte Nachtmärkte mittlerer Größe, mit Streetfood und Imbissgerichten sowie Bekleidungs- und Krimskramsständen. Oft gibt's auch Livemusik.

28 Küsten-CHARME

STRÄNDE | FISCHERDÖRFER | SEAFOOD

Ostthailand bietet Urlaub am Meer nach jedem Geschmack, mit endlosen Stränden von leer bis übervoll, wie gemacht für lange Sonnenuntergangsspaziergänge oder Nachmittage, an denen man sich in eine bronzegetönte Sonnengottheit verwandeln kann. Der weiche Sand erstreckt sich zwischen Fischerdörfern – in einem Pfahlhaus Meeresfrüchte zu speisen ist ein einzigartiges Erlebnis.

TANAPAT LEK.JIW/SHUTTERSTOCK ©

 **Wie ...**

Unterwegs vor Ort Verbindungen zu Stränden und Fischerdörfern sind teils rar – besser geht's mit dem Mietmotorroller.

Reisezeit November bis März.

Bestellen Frisches Seafood wird meist nach Gewicht berechnet – der Preis unterscheidet sich je nach Tagesfang. Wenn er nicht auf der Karte steht, nachfragen, um keine bösen Überraschungen zu erleben!

TANATE PHUEAKKWANNAK/SHUTTERSTOCK ©

Fischerdörfer

Ang Sila nördlich von Bang Saen ist für Kochgeschirr aus Granit und Leckereien wie Garnelen, Mangrovenkrabben und Muscheln bekannt.

Fischerdörfer auf Ko Chang sind das beliebte **Ban Bang Bao** mit einer langen Reihe von Fischrestaurants und das verschlafene **Ban Salak Phet**, wo du dich mit den Hunden am Pier anfreunden oder dich auf eine Dschungelwanderung begeben kannst.

Auf Ko Kut ist die **Ao Yai** der Hotspot fürs Meeresfrüchteschlemmen. Die Pfahlrestaurants verarbeiten den tollen Tagesfang, darunter auch Bärenkrebse und Jakobsmuscheln.

Weiße Sandstrände

Der berühmteste Strand der Region ist der treffend benannte, sehr volle und stark erschlos-

CHAKARIN WATTANAMONGKOL/SHUTTERSTOCK ©

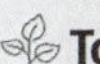 **Tolle Erlebnisse**

Das **Mangrove Forest Conservation Centre** im Fischerdorf Ang Sila ist das Ziel einer großartigen Halbtagesexkursion für Familien und Naturfans. Such dir dein eigenes Dschungelabenteuer aus – eine Austernfarm entdecken, Schlammskifahren (wirklich einzigartig!), Mangrovensetzlinge pflanzen und im Mangrovensumpf Makaken füttern.

Links unten Hat Khlong Chao (S. 154)
Links oben Ban Bang Bao **Oben** Mangrove Forest Conservation Centre

sene **White Sand Beach (Hat Sai Khao)** auf Ko Chang, mit Backpackerflair im Norden.

Viel ruhiger sind der **Ao Kao Beach** auf **Ko Mak** mit nur zwei guten Resorts sowie die unerschlossene und schwer erreichbare **Ao Pra**.

Noch mehr Strand? Die Westküste von **Ko Kut** ist von langen Stränden gesäumt. Heutzutage muss übrigens an immer mehr Stränden Eintritt zahlen, wer nicht Resortgast ist. Zu den Top-Stränden zählen **Hat Khlong Chao, Ao Noi**, **Ao Prao** und **Ao Tapao**.

Strandfeste

In Pattaya speist du am Strand am besten im **Glass House** am Jomtien Beach, mit ausgezeichneten Thai-Gerichten und romantischem Kerzenscheinflair.

Viel lauter geht's in **Oodie's Place** zu, einem Lieblingslokal der *fa·ràng* (Westler:innen) mit Thai- und internationalem Essen.

Viele Resorts auf Ko Samet bieten Strandgrills und Feuershows, alles ein wenig touristisch. Ein schöneres Flair verströmt das

Ideale Insel

Ko Si Chang, einst ein königliches Strandrefugium, lohnt mit seinem Fischerdorfflair und seinen Seafoodrestaurants einen Tagesausflug. Zwischen Tintenfischgestellen und Fischerbooten am Wasser verbergen sich ein paar Sehenswürdigkeiten: der alte **Phra Chudadhut Palace** im viktorianischen Stil aus vergoldetem Teakholz und der Thai-chinesische **Chao-Pho-Khao-Yai-Schrein**.

Die Insel ist leicht per Boot ab dem Fischerdorf **Si Racha** am Festland zu erreichen. Von hier soll die Sriracha-Würzsauce stammen, aber heute ist der Ort eher für seine Sushi-Läden und Karaoke-Bars für die hiesige japanische Industriearbeiterschaft bekannt.

Links Boote am Anleger, Ko Kut
Unten Glass House am Jomtien Beach, Pattaya

romantische Restaurant **Kitt & Food**, wo dir die Wellen um die Füße plätschern.

Regenbogenfreundliche Strände

Der Osten Thailands gilt allgemein als tolerant und LGBTQI+-freundlich.

Beliebt bei schwulen Reisenden ist der **Hat Dongtan** nördlich des Jomtien Beach in Pattaya.

Die **Ao Phai** mit kleinem, aber schönem weißem Sandstrand auf Ko Samet beherbergt das Schwulenresort **Silver Sand** mit lebhafter Freiluftbar.

Versteckte Strandjuwele

Der winzige **Khlong Kloi** auf Ko Chang bietet das Beste beider Welten: tagsüber ein munteres Flair, ohne grellen Tourismustrubel, mit Pensionen und einfachem Baumrestaurant.

Auf Ko Samet sind Strände abseits der Massen etwa der an der **Ao Thian** zum Bierschlürfen und mit leiseren Gitarrensessions sowie der an der einsamen, herrlich unerschlossenen **Ao Wai**.

Der größte Tail von Ko Mak wirkt recht abgeschieden, doch wer komplett leere Strände sucht, kann es mit der Bucht Ao Suan Yai im Nordwesten versuchen und ein Motorrad leihen, um Strände im Osten und Nordosten wie an der **Ao Nid** und **Ao Tan** zu erkunden.

29 Der Reiz des WASSERS

SCHNORCHELN | KAJAKFAHREN | INSELN

Die gewundenen Buchten der Ostküste und ihrer Inseln zu erkunden wirst du nicht bereuen, dank kristallklaren Wassers, verschiedenster Meerestiere und Korallenriffe sowie dank der vielen Schulen, die Wassersport hier zum besten Erlebnis machen. Besonders berühmt ist die Gegend für ihre Möglichkeiten zum Schnorcheln und Tauchen, mit Spots für Profis wie für Neulinge.

DUDAREV MIKHAIL/SHUTTERSTOCK ©

Wie …

Unterwegs vor Ort Tourenveranstalter bieten für die meisten Aktivitäten Abholung am Hotel.

Reisezeit Oktober bis Dezember: Dann ist die See am ruhigsten. Viele Tauchshops sind auch in der Regenzeit (Mai–Okt.) geöffnet, aber Sicht und Wasserbedingungen sind dann oft eher schlecht.

Kosten Eintägige Tauchausflüge kosten meist ab 3000 B. PADI- und andere Zertifizierungskurse kosten etwa 15 000 B pro Person.

BIRDPITS/SHUTTERSTOCK ©

Tauchen & Schnorcheln

Mit der größten und besten Ansammlung von Tauchspots wartet Ko Chang im **Mu Ko Chang National Marine Park** auf, doch Unterwasserfreaks erfreuen sich auch an den Korallenriffen rund um Ko Mak und Ko Kut.

Zwei beliebte Seeberge mit Fischen und Schildkröten sind **Hin Luk Bat** und **Hin Rap**; am **Hin Gadeng** und **Hin Kuak Maa** (Three Ringer Reef) stehen spektakuläre Korallenriffe und Felsformationen im Mittelpunkt.

Für Anfänger:innen bieten die seichten Gewässer um **Ko Yak**, **Ko Tong Lang** und **Ko Luan** schöne Fische und Korallen.

Eine beliebte Schnorchelinsel ist **Ko Wai** vor Ko Chang. Wer hier übernachtet, kann den Tagesausflüglern ein Schnippchen schlagen.

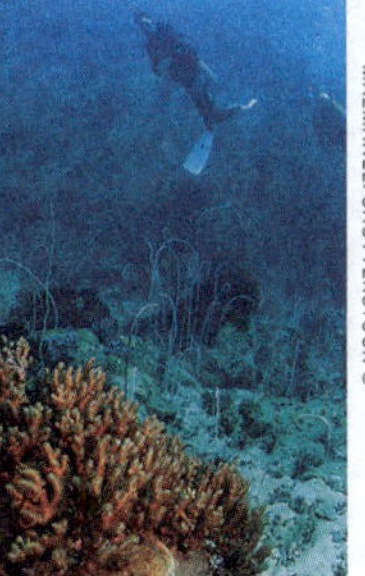

MAEMANEE/SHUTTERSTOCK ©

Der Umwelt etwas zurückgeben

Trash Hero, eine internationale Freiwilligenorganisation für Strandsäuberungen, ist auf Ko Chang sehr aktiv. Auf der Facebook-Seite (facebook.com/trash herokochang) kannst du nachschauen, ob du dich an der Beseitigung des vielen Mülls, der hier angespült wird, beteiligen kannst.

Links unten Riesenfassschwamm, Mu Ko Chang **Links oben** *HTMS Chang* (S. 158) **Oben** Mu Ko Chang National Marine Park

Die schöne Insel **Ko Samae San** bei Pattaya gehört zu einem staatlichen Umweltschutzprojekt mit super Schnorchelmöglichkeiten.

Ko Phe und **Ko Rayang** vor Ko Mak bieten jede Menge Korallenriffe und wunderschöne Felsabschnitte.

Adrenalin satt

Die Wassersportzentren an der Ostküste des Golfs von Thailand sind **Pattaya** und **Ko Chang**. Besonders beliebt sind Parasailing, Sea-Dooing und Jetskifahren, Letzteres besonders in Pattaya, wo auch jedes Jahr der Jet Ski World Cup stattfindet.

Abenteuer in der Bucht

Auf Ko Samet finden die Aktivitäten in Buchten und an felsigen Landspitzen statt, z. B. Stehpaddeln, Windsurfen, Tintenfischfischen und andere Angeltrips sowie Tauchen und Schnorcheln.

Unterwasser-geheimnisse

Unter Wasser gibt's nicht nur Fischschwärme: Ko Chang ist auch für seine Schiffswracks bekannt. Das größte Wrack Thailands, das der **HTMS Chang**, ist 100 m lang; das Schiff wurde 2012 absichtlich versenkt zur Schaffung eines künstlichen Riffs. Heute tummelt sich hier eine bunte Mischung an Meeresbewohnern.

Bekannt bei Tauchfans ist auch die **HTMS Thonburi**, die im Kampf gegen die französische Marine sank; wegen des trüben Wassers ist sie aber schwer zu sehen.

Leicht zu erkennen ist dagegen ein absichtlich versenktes Kanonenboot vor Hin Rap im Meerespark.

Links Parasailing, Pattaya
Unten Paddlerin, Ko Lan

Kleine Felsinseln bei Ko Samet wie **Ko Ku Dee** und **Ko Thalu** (beide im Khao Laem Ya/Mu Ko Samet National Park) sind fabelhafte Ziele für private Boots- und Angeltrips.

Von Pattaya schippern Fähren zum Inselchen **Ko Lan**, beliebt bei Bananenbootfans.

Kajakfahren

Das stille Wasser um **Ko Mak**, **Ko Kut** und **Ko Chang** eignet sich bestens zum Kajakfahren. Einige Hotels halten kostenlos Kajaks bereit.

Die Touranbieter **KayakChang** und **SEA Kayaking** auf Ko Chang haben mehrtägige Kajakexpeditionen im Programm. Einige Anbieter auf Ko Chang und Ko Mak haben auch Kajaks mit Glasboden.

Die einzigartige **Salak Kok Kayak Station** legt viel Wert auf Nachhaltigkeit und bietet Kajaks für Touren auf eigene Faust durch die Mangrovensümpfe an der **Ao Salak Kok**. Unterwegs siehst du Dorfbewohner traditionelle Häuser zimmern oder das Waldland bearbeiten, Teil eines Ökoprojekts zum Schutz der Natur und zur Wiederbelebung der traditionellen Lebensweise.

Schön ist auch, am **Hat Tham Phang** auf Ko Si Chang ein Kajak zu leihen und dann nach Ko Khang Khao (45 Min.) zu paddeln.

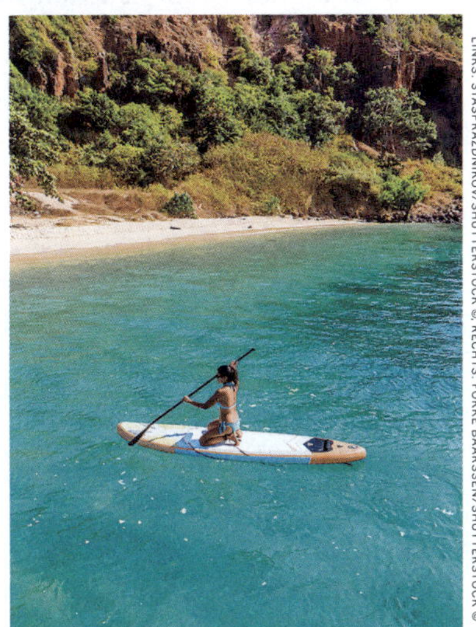

30 Sanctuary OF TRUTH

SPIRITUALITÄT | KULTUR | ARCHITEKTUR

Das Sanctuary of Truth, eigentlich ein Museum, das Pattayas etwas antiquierten Ruf als Spielwiese für Erwachsene Lügen straft, ist eine gänzlich aus Holz erbaute Tempelanlage, der größte Holzbau Thailands, nur zwölf Minuten vom Zentrum von Pattaya entfernt. Er ist ein Muss für alle spirituell Angehauchten. Kleine Warnung: Hier werden Tiere in Gefangenschaft gehalten.

KRITSAROOT UDKWAE/SHUTTERSTOCK ©

Wie ...

Unterwegs vor Ort Ein Taxi von Pattaya kostet etwa 80 bis 100 B; von Bangkok nimmst du den Bus zum Rung Rueng Bus Terminal in Pattaya und dann einen Minibus zum Tempel.

Reisezeit Jederzeit, wenn es nicht zu stark regnet, also besser nicht von August bis Oktober.

Kosten Für Erwachsene kostet der Eintritt 500 B, für Kinder 200 B.

Multikulturelle Inspiration

Das in einer wunderschönen Küstenlandschaft gelegene **Sanctuary of Truth** geht auf eine Idee des Geschäftsmanns Lek Vinyaphan zurück, der auch für andere historisch inspirierte Stätten wie The Ancient City (Muang Boran) verantwortlich ist. Der bis zu 30 m hohe Tempelkomplex auf der 30 ha großen Anlage besteht aus verschiedenen Edelhölzern wie Rosen- und Teakholz. Der Fokus auf Holz erstreckt sich auch auf die Nägel – es gibt nämlich keine: Die Holzstücke wurden gemäß alter

Oben Das kunstvoll verzierte Äußere des Sanctuary of Truth **Rechts oben** Im Inneren des Sanctuary of Truth **Rechts unten** Schnitzereien, Sanctuary of Truth

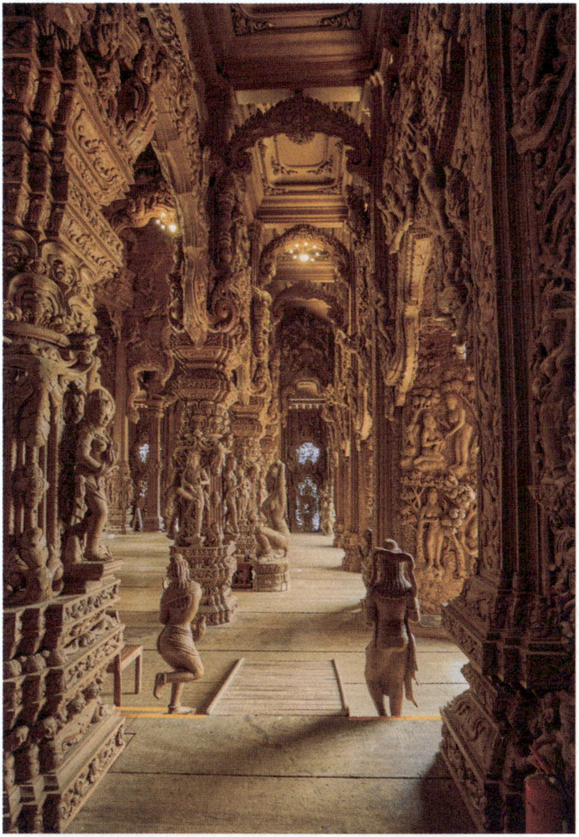

CRISTIAN ZAMFIR/SHUTTERSTOCK ©

TATIANA DIUVBANOVA/SHUTTERSTOCK ©

Regeln

Da das Museum noch nicht fertig ist, wofür manche die ständig nötigen Ausbesserungsarbeiten an dem Holzbau verantwortlich machen, müssen Besucher:innen Helme tragen und ist das Gelände nur im Rahmen von Führungen zu besichtigen. Das Museum soll frühestens 2025 fertiggestellt sein.

thailändischer Baukunst ohne Nägel zusammengefügt.

Insgesamt diente dem Sanctuary der siamesische Hof in Ayutthaya als Vorbild. Der Bau verfügt über vier Flügel im chinesischen, indischen, Khmer- und Thai-Stil. Um all dies fertigzustellen, werkelten 250 Handwerker über 25 Jahre lang. Die Schnitzereien erstrecken sich auf die fein gearbeiteten Wände, Pfeiler und Decken, ergänzt durch schöne Statuen buddhistischer und hinduistischer Figuren.

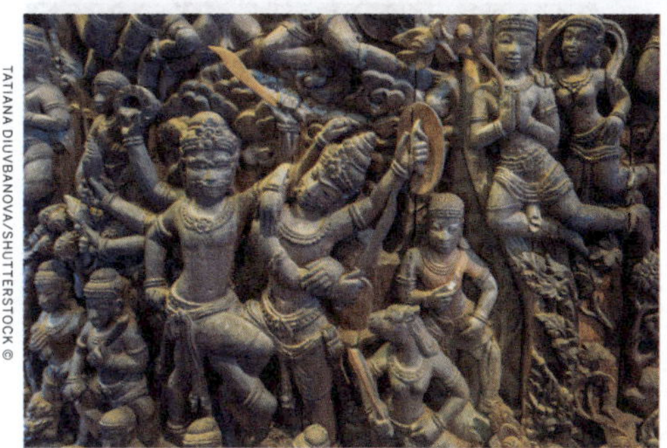

Achtung!

Neben dem Tempel selbst gibt's hier auch Ruderboote, Pferdekutschen und Elefantenritte. Zwar sagen die Behörden, dass die Elefanten gut versorgt seien, doch es gibt auch Belege dafür, dass Elefantenritte den Tieren schaden.

Empfehlungen

WEITERE LIEBLINGSORTE

Thai-Kochkurse

Blue Lagoon

In dem freundlichen kleinen Ökoresort auf Ko Chang kannst du deine eigene Currypaste zusammenrühren. Bist du in der offenen Küche fertig, werden die Speisen in einem kleinen Pfahlhaus in der Lagune verputzt.

Ka-Ti Culinary Cooking School

Dank des angeschlossenen Restaurants, in dem alles, auch die Currypaste, von Grund auf zubereitet wird, genießt diese Kochschule auf Ko Chang einen ausgezeichneten Ruf. Hier lernst du dieselben Familienrezepte, nach denen auch im Restaurant gekocht wird.

Napalai Thai Cooking School

In der Napalai Thai Cooking School auf Ko Chang lernst du thailändische Suppen, Salate, Currys und Nachspeisen zuzubereiten und eignest dir neue Kochtechniken an. Vermutlich wird dir auch das Lächeln der Lehrerin Bunny in Erinnerung bleiben.

Freiwilligenarbeit

Koh Chang Animal Project

In diesem gemeinnützigen Zentrum auf Ko Chang kümmert man sich um misshandelte, verletzte und ausgesetzte Tiere. Unterstützung sowie das Fachwissen von Tierärzt:innen und Helfer:innen auf Reisen sind immer willkommen.

Animal Voice Koh Chang

In dem gemeinnützigen, von einer Tierärztin und Tierschutzaktivistin gegründeten Tierasyl können Freiwillige bei Fütterungen und beim Gassigehen mit Hunden helfen.

Livemusikbars

Filou

Schickes Restaurant samt Cocktailbar auf Ko Chang an der Hauptstraße von Kaibae, bekannt für seine Livemusik ab etwa 21 Uhr.

Stone Free

Freundliche Institution am Lonely Beach auf Ko Chang mit Hippie-Jamsessions, altmodischem Rock, Blues und dem einen oder anderen traurigen Gitarrensolo.

Long Tail Bar

Nichts verkörpert das Inseldasein besser als diese Bar am Lonely Beach auf Ko Chang mit Reggae-Beats, Eimern voll Wodka und sogar einem Joint – ist ja schließlich jetzt legal.

Gemütliche Cafés

Shee Va Café $$

In dem herrlich altmodischen Café in Pattaya liegt mit Schallplatten zum Durchstöbern und Klavier der Schwerpunkt auf Musik. Schöne Kaffeekunst und gute Süßspeisen.

Backstreet House $$

Ein Laden in Pattaya für echte Kaffeekenner:innen – die Bohnen stammen aus aller Welt und werden vor Ort geröstet. Mit schattiger Terrasse zum Relaxen.

Ploy Talay am Abend

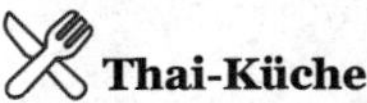

Thai-Küche

Cabbages and Condoms $$$

Pattaya-Ableger der Bangkoker Institution mit sehr ähnlichen Kondomkunststatuen, gutem Thai-Essen und hübscher Terrasse.

Leng Kee $$

Die Enten- und Meeresfrüchtegerichte in dieser beliebten Thai-chinesischen Straßenküche in Pattaya lassen dir das Wasser im Mund zusammenlaufen. Rund um die Uhr geöffnet und perfekt für einen späten Imbiss.

Mum Aroi $$

Das Fischerdorf-Restaurant gilt vielen als das beste Seafoodlokal von Pattaya. In der Ferne dümpeln Boote, während du die Spezialität des Hauses verputzt, *blah mèuk nêung ma · now* (in Limone gedämpfter Tintenfisch).

Leute gucken auf Ko Samet

Ploy Talay

Das beliebteste Restaurant am Hat Sai Kaew. Die Gäste, meist Thais, lümmeln an niedrigen Tischen auf Kissen im Sand und schauen sich bei einem kühlem Bier die Feuershow an.

Audi Bar

Von der Bar oben kannst du schön das unten vorbeiziehende Volk inspizieren. Wenn die Strandtänzer nach Hause gehen, gönnst du dir einen Schlummertrunk und spielst Billard.

Naga Bar

In der Strandbar lassen die Backpacker:innen bei der Happy Hour die Sau raus. Später am Abend landest vielleicht auch du mit Körperfarbe bemalt auf der Tanzfläche.

Wasserspaß

Koh Mak Divers

Der bekannte Tauchanbieter auf Ko Mak organisiert Trips zu verschiedenen Spots vor Ko Mak und im Ko Chang National Marine Park und bietet auch PADI-Kurse.

BB Divers

Tauchshop im Zentrum hinter dem Ko Mak Resort, wo die meisten Boote anlegen. Gute Angebote für Anfängertauchgänge und fürs Schnorcheln.

Ramayana

Thailands größter Wasserpark ist 18 ha groß und hat vier Themenzonen, schattige Spielplätze und Bereiche nur für Erwachsene sowie 21 Wasserrutschen, ein Wellenbad und einen trägen Fluss.

Schlemmen auf Ko Kut

Fisherman Hut $$

Steak, Seafood und Burger, mit toller Livemusik als Beilage. Die Fisherman Hut eignet sich bestens zur Stärkung nach einem langen Tag mit Tauchen und Abhängen.

Noochy Seafood $$

Ein Meeresfrüchtespektakel! Der frische Fang von rund um Ko Kut wird in großzügigen Portionen serviert.

Chonthicha Seafood $$

Saftige Seafood-Platten plus ein behagliches Fischerdorfflair. Hier willst du eigentlich nie wieder weg!

Chaiyo Restaurant $$

Niedliches Bungalow-Restaurant, geführt von einem netten Thai-Paar. Alles auf der Karte ist gut, am besten aber sind die Curry-Garnelen.

Mehr Aktivitäten auf Ko Chang & an der Ostküste unter dem QR-Code

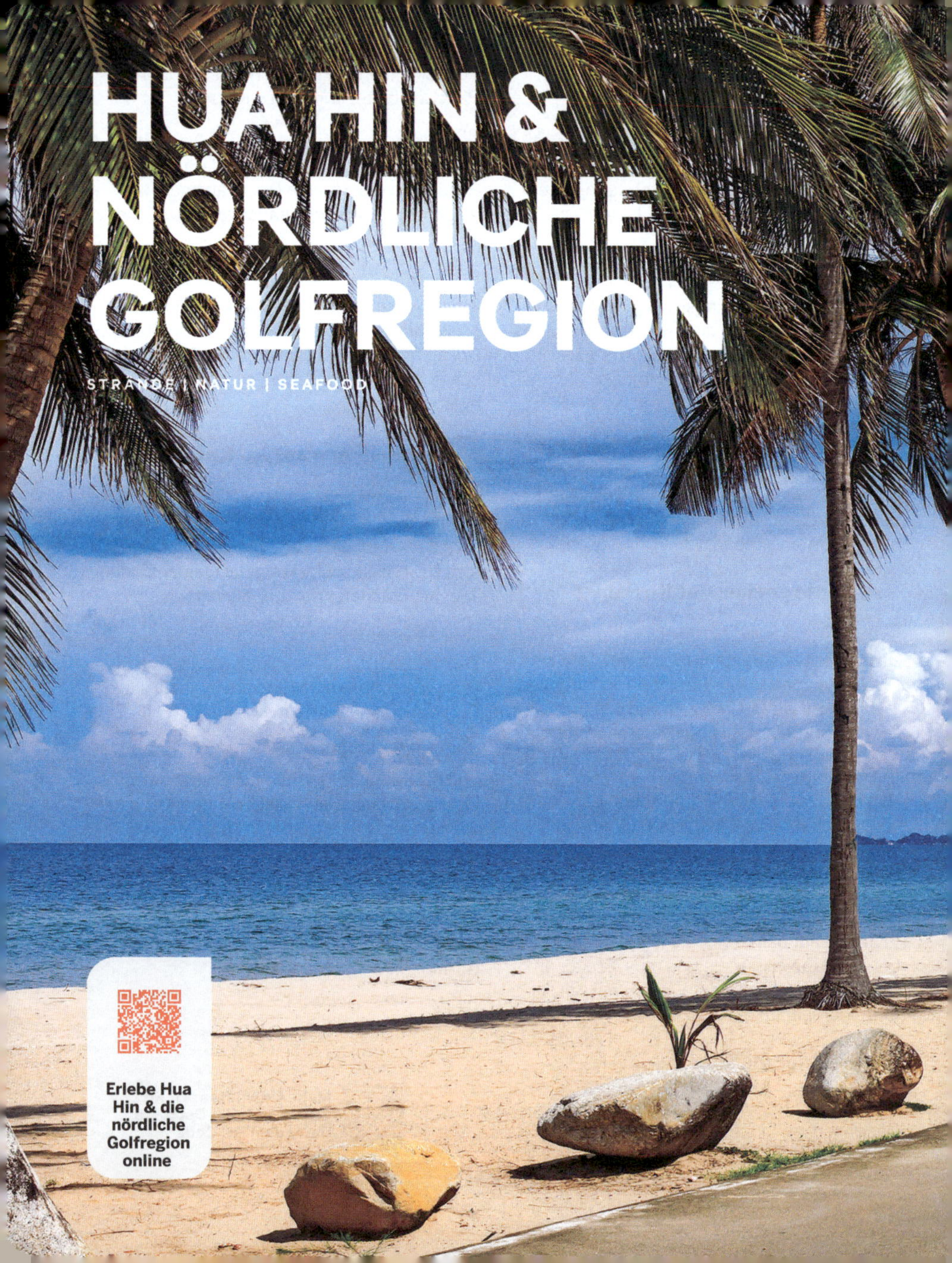
HUA HIN & NÖRDLICHE GOLFREGION
STRÄNDE | NATUR | SEAFOOD
Erlebe Hua Hin & die nördliche Golfregion online

HUA HIN & NÖRDLICHE GOLFREGION

Reiseplaner

Fragt man Leute, was sie sich von einer Reise nach Thailand versprechen, dann hoffen die meisten auf Sonne, Sand und den Saft einer frisch geöffneten Kokosnuss. Gut, dass all das nur zwei Autostunden von der betriebsamen Hauptstadt problemlos zu haben ist. Die aufgebrochenen Krebse sind frisch, das Bier ist eiskalt und manche Austern sind so groß wie deine Hand.

Myeik

Im **Kui Buri National Park** den Elefanten beim Spielen zuschauen (S. 182)

1 Std. vom Zentrum von Hua Hin

Myeik-Archipel

In die heißen Quellen von **Raksa Warin** eintauchen (S. 183)

2 Std. von Chumphon

Kawthoung

Ranong

Ko Chang

Ratcha Krut

Ko Phayam

Kapoe

Tagesausflüge ab Hua Hin

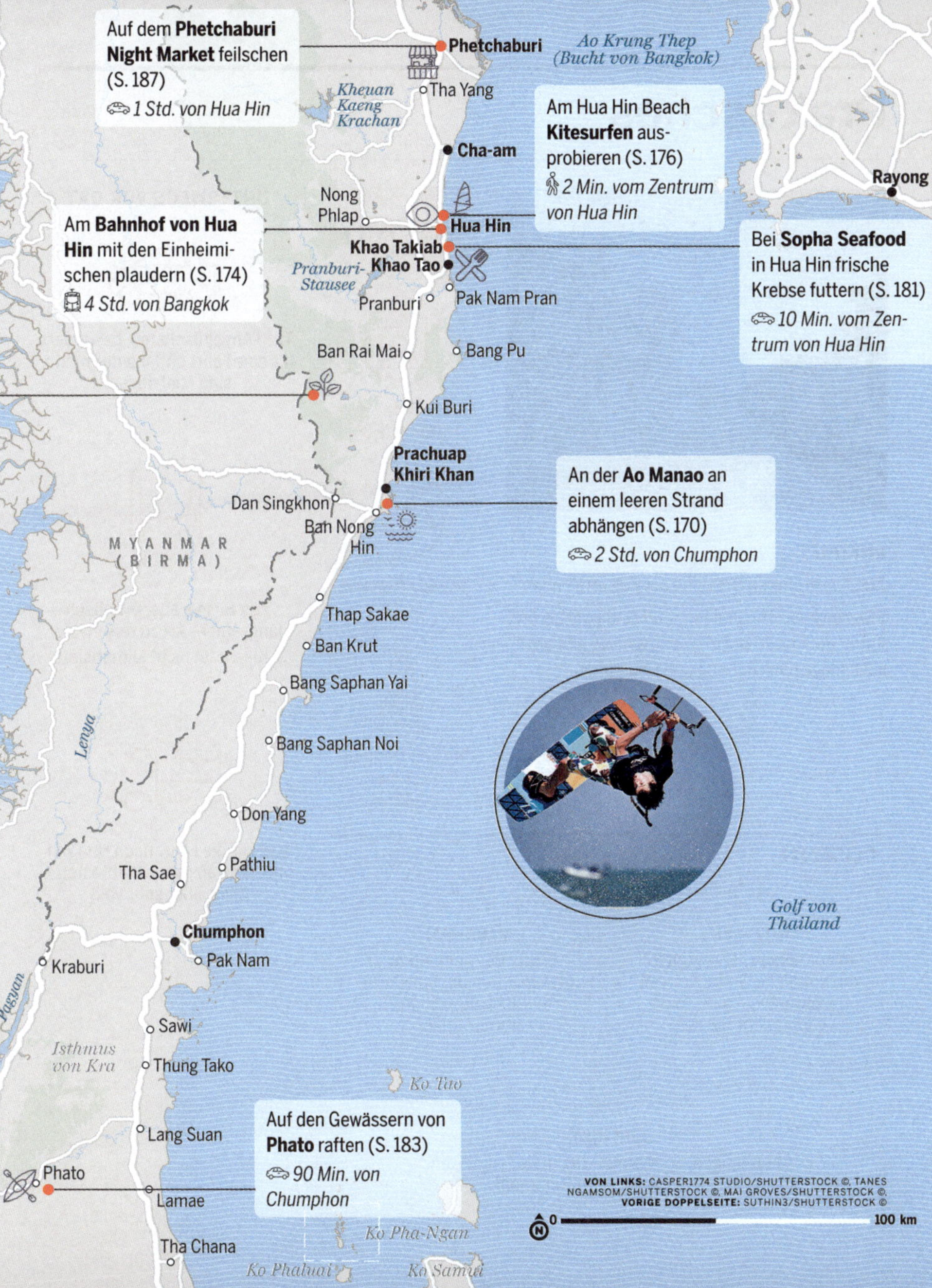

VON LINKS: CASPER1774 STUDIO/SHUTTERSTOCK ©, TANES NGAMSOM/SHUTTERSTOCK ©, MAI GROVES/SHUTTERSTOCK ©, **VORIGE DOPPELSEITE:** SUTHIN3/SHUTTERSTOCK ©

Praktisches

ANTONY MCAULAY/SHUTTERSTOCK ©

ANKUNFT

Zug Alle größeren Orte sind per Zug erreichbar.

Flugzeug Hua Hin und Pranburi sind zwei bis drei Autostunden von Bangkok entfernt, es gibt aber auch Flüge nach Ranong und Chumphon.

WAS KOSTET

Bier 90–150 B

Mango-Klebreis 120 B

100 ml Sonnencreme 290 B

UNTERWEGS VOR ORT

Auto Am einfachsten, besonders für eine Fahrt entlang der Küste, sind Mietwagen.

Zug Billige, aber erheblich langsamere Art zu reisen; die 3. Klasse ist nicht klimatisiert.

Van Für die Fahrt nach Hua Hin sind Minivans am beliebtesten – billig, aber sehr voll!

REISEZEIT

NOV.–FEB.
In der kühlen Jahreszeit ist die nördliche Golfregion am beliebtesten – alles muss vorgebucht werden.

MÄRZ–MAI
Trotz der glühenden Hitze machen die Songkran-Feierlichkeiten im April immer Spaß.

JUNI–OKT.
Mit häufigen, aber meist kurzen Regengüssen, also Regenjacke mitnehmen!

ESSEN & TRINKEN

Hier ist Seafood König. Aber Phetchaburi ist auch berühmt für sein *kôw gaang* (Curryreis; Foto rechts oben), also lege dort auf dem Weg nach Süden möglichst eine Pause ein.

In Hua Hin sind traditionelle Süßspeisen mit Klebreis und Kokosnuss beliebt, wie etwa *kôw nĕe·o má·môo·ang* (Mango-Klebreis; Foto rechts unten), vielleicht Thailands bekannteste Nachspeise.

Das beste Curry
Kôw gaang
Khao Kaeng Mae Luan (S. 186)

Tolle Nachspeise
Kanom Waan
Chumphon (S. 187)

ERFRISCHUNGEN

In der nördlichen Golfregion bekommt man auf den vielen Märkten Frucht- und Kräutersäfte wie *nam grajieb* (Hibiscussaft) als Durstlöscher.

INTERNET

In den meisten öffentlichen Einrichtungen, besonders in Cafés, gibt's WLAN, doch in Chumphon ist das Netz teils lückenhaft.

ÜBERNACHTEN

Die nördliche Golfregion strotzt vor interessanten Übernachtungsmöglichkeiten – in diesen Orten gibt's das beste Angebot.

Ort	Pro & Contra
Hua Hin	Drehkreuz in der Nähe vieler Attraktionen, in den Ferien aber teils voll.
Pranburi	Viel stiller als Hua Hin weiter nördlich, aber dennoch praktisch.

GELD

Heuerst du einen Fahrer an, dann sind pro Tag je nach geleisteten Arbeitsstunden 100 bis 500 B Trinkgeld angesagt.

31 Leere STRÄNDE

STRÄNDE | AUTOFAHREN | SONNE

Es ist kaum vorstellbar, doch Thailand hat so viele Strände, dass eine ganze Menge davon an heißen Tagen unter der Woche fast menschenleer sind. Nutze die Angst der Thais vor der Sonne, um diese gleißenden und leeren Küstenstreifen zu erkunden und deine Robinson-Fantasien wahr werden zu lassen.

Wie …

Unterwegs vor Ort Leihe für die Fahrt von Strand zu Strand ein Auto (rentcarhuahinchaam.com) oder buche ein Taxi (huahintaxitravel.com).

Reisezeit Am besten ist es morgens unter der Woche, doch auch nachmittags ist es recht still.

Ohne die Massen Willst du leere Strände, dann meide die kühle Jahreszeit.

Sonnenschutz Hut und Sonnencreme mitnehmen!

Lass dich nieder!

Der oft ignorierte Strand **Khao Tao** unmittelbar südlich der Hauptstraße von Hua Hin wirkt wie ein verstecktes Juwel, besonders abends, wenn die Gegend komplett menschenleer ist. Wie am Hauptstrand von Hua Hin ist auch hier der Sand fein und weiß und fühlt sich in der kühlen Abendluft erfrischend seidig an.

Ebenso zugunsten der glamouröseren Schwester übersehen wird der Strand **Cha-Am**: Der ist zwar nicht so hübsch wie der im Süden, dafür aber erheblich leerer. Außer mittwochs kommst du am besten unter der Woche her, denn dann gibt's hier nur wenige Leute und es stehen reichlich Campingstühle zur Verfügung.

Die **Ao Manao** (Lime Bay) weiter südlich liegt auf Gelände der Royal Thai Air Force und daher gibt's hier kaum all die üblichen Strandangebote. Der Strand **Ban Krut** ebenfalls in Prachuap Khiri Khan umfasst

20 km goldenen Sand mit besonders unter der Woche nur wenigen Menschen. Läufst du die gesamte Strecke, kommst du schließlich zum **Bang Saphan**, einer Sandsichel mit Kokospalmen und aquamarinblauem Wasser.

Ein weiterer schöner Strand in Prachuap ist der an der **Ao Noi** (Little Bay), der kleineren Schwester der **Ao Prachuab Khiri Khan**. An der malerischen und stillen Bucht liegen zahlreiche Fischerboote und hier sind außerdem der reich verzierte **Wat Ao Noi** und die **Tham Phra Non** (Reclining Buddha Cave).

Mein Lieblingsstrandort: Lang Suan

Der Strand **Pak Nam Lang Suan** liegt in der Provinz Chumphon, dem Tor zum Süden. Andere Strände sind berühmter, sodass es hier trotz türkisen Wassers nur wenige Besucher:innen gibt.

Für einen Kaffee bietet sich in der Nähe das reizende Café **Imm.Craft** an, das auch in Bangkok stehen könnte.

Hast du Hunger, dann steuere rechtzeitig, bevor das Essen alle ist, das Curryrestaurant **Mae Cha Liew** an. Alternativen sind der für seinen gedämpften Seebarsch bekannte Seafood-Spezialist **Go Liang** und **Chan's Restaurant** mit japanischer Fusionsküche.

Panisha Chan *aus Bangkok ist eine vegane Köchin im kurrykween.com*

@panisha

Oben Ban Krut Beach

Communitys an der Küste

WIE DIE KÜSTEN-CHINESEN DIE THAI-KÜCHE BEREICHERTEN

Oft erwarten die Leute von Thailand ein homogenes „Thaitum“, doch tatsächlich besteht das Land aus verschiedenen ethnischen Gruppen, die alle ihren Teil zum Gesamtbild beisteuern. Ein schönes Beispiel dafür ist die nördliche Golfregion, in der besonders die Küche stark von der Vielfalt profitiert hat.

Links Chinatown, Bangkok
Mitte Dim-Sum-Klöße
Rechts Essensstand, Chinatown, Bangkok

GIFTOGRAPHY/SHUTTERSTOCK ©

Die nördliche Golfregion ist eine bunte Mischung – eine Art *yum*, ein pikanter Salat – von Communitys, die zu verschiedenen Zeiten nach Thailand kamen, oft auf der Flucht vor Umwälzungen zu Hause und auf der Suche nach einem besseren Leben. Dabei war es für die thailändische Küche eine glückliche Fügung, dass viele dieser Menschen aus China kamen.

Ankommen in Thailand

Nur wenige Gruppen hatten einen so starken Einfluss auf die Thai-Küche wie die Chinesen, die ab Mitte des 19. Jhs. in großer Zahl nach Thailand kamen. Sie ließen sich überall im Land nieder, doch besonders in Bangkok und an der an Meeresfrüchten reichen Küste südlich der Hauptstadt.

Da die Thais hauptsächlich in der Landwirtschaft und in der Verwaltung arbeiteten, füllten die Chinesen hier die von ihnen nicht besetzten Lücken. So schufteten sie etwa in Zinnminen und auf Kautschukplantagen am Golf, aber sie gründeten auch Restaurants in Bangkok und etablierten Streetfood, da ihre Stadtwohnungen zu klein waren, um darin zu kochen.

Im Unterschied zu den Thais, die Steinguttöpfe verwendeten, benutzten die Chinesen Woks und brachten die Idee des Bratens und Frittierens mit nach Thailand. Die Chinesen kochten Entenfleisch, statt nur deren Eier zu sammeln, brachten die Nudel mit und kochten Brühe für ihre Suppe, statt einfach Kräuter mit Wasser aufzugießen. Sie brieten Eier für herzhafte Gerichte, statt sie für Nachspeisen aufzuheben, würzten mit Essig statt Limettensaft und zeigten den Thais, wie man Essstäbchen und das chinesische Hackbeil benutzte.

PJARUWAN/SHUTTERSTOCK ©

PERCULIAR BOY/SHUTTERSTOCK ©

Für die nördliche Golfregion vielleicht am wichtigsten: Frische Krebse und Garnelen wie auch ganze Fische dämpften sie in ihrer Sojasauce mit Ingwer. Ihre Pfannengerichte mit Krebs würzten sie mit Currypulver und Eiern und brieten ihren Reis kurz mit Krebs, Krabben, Salzfisch und allem, was an Meeresfrüchten auf dem Markt erhältlich war. Eine Thai-chinesische Hausfrau an der Küste war es, die eingelegten Knoblauch, Chilis und Essig zu einer Sauce mischte, die später als Sriracha-Sauce bekannt wurde. Aus diesen kulinarischen Beiträgen entwickelte sich eine neue Küche, „Thai-chinesisches Seafood", wie es in Restaurants wie dem Bangkoker Somboon Seafood zu finden ist; für die Thais ist das einfach „Seafood".

> Die Chinesen ließen sich überall im Land nieder, doch besonders in Bangkok und an der an Meeresfrüchten reichen Küste südlich der Hauptstadt.

Geburt einer Ikone

Dennoch wurden in einer Periode des Ultranationalismus im 20. Jh. gegen die Chinesen gerichtete Gesetze beschlossen: Chinesische Schilder wurden verboten und chinesische Händler durften in der Nähe von Schulen nichts verkaufen. In dieser Zeit gab es in Bangkok auch einen Wettbewerb für ein Rezept, um chinesische Nudeln thailändischer zu machen. Nach typischer Thai-Manier gewann die Frau eines Ministers mit ihrer Version pfannengerührter Nudeln, mit Tamarindenpaste, Limettensaft und Palmzucker. Das Resultat wurde als *pad thai* bekannt, Thailands berühmtestes Gericht – eine Erfindung mit Wurzeln in der chinesischen Community.

Leckereien am Straßenrand

An der Fernstraße von Bangkok Richtung Süden siehst du sie: Straßenhändler, die dich auffordern, dir ihre Waren anzuschauen, andere in ihr Handy vertieft. Legst du ein paar Stopps ein, dann siehst du, dass sich das Angebot unterwegs ändert, was dir einen Einblick in die Communitys dahinter gewährt. Durch die jahrhundertealte Methode der Verdunstung gewonnenes Meersalz, gesalzene Eier und gedämpfte chinesische Klöße, mit Zuckerwatte gefülltes Roti-Fladenbrot: Das sind nur einige der Überraschungen, die dich am Straßenrand erwarten.

32 Mit dem Zug nach HUA HIN

VERKEHR | ABENTEUER | GESCHICHTE

Hast du Zeit und Lust, dann gewährt dir die dreistündige Bahnfahrt von Bangkok durch die nördliche Golfregion super Einblicke ins allgemeine alltägliche Treiben. Das Gemeinschaftsgefühl, die Stopps und natürlich das Essen beleuchten eine Lebenswelt, die in der sterilen Welt moderner Flughäfen nur schwer zu finden ist.

PAPAE_O/SHUTTERSTOCK ©

Wie …

Anreise Der Zug fährt jetzt vom Bahnhof Bang Sue, der per MRT (U-Bahn) erreichbar ist.

Reisezeit Hua Hin ist in der kühlen Jahreszeit beliebter, doch auch in der Regenzeit ist der Strand nicht leer. Meide große Feiertage, denn dann ist der Strand knüppelvoll.

Kosten Je nach Klasse von 44 bis 1000 B.

Informationen Gibt's auf thailandtrains.com.

Wie ist es?

Züge verkehren in Thailand seit dem späten 19. Jh. Zwar können sich einige Reisende damit brüsten, das Land per Zug durchmessen zu haben, doch die Bahnfahrt von Bangkok nach Hua Hin ist eine vergleichsweise schmerzfreie Angelegenheit. Früher fuhr der Zug vom Bahnhof Hualumpong, heute fährt er vom Bahnhof Bang Sue (Krung Thep Aphiwat Central Terminal) im Norden der Stadt. Die gut dreistündige Fahrt führt durch den Westen Bangkoks und dann nach Süden Richtung Surat Thani, wo die Strecke endet.

Oben Bahnhof Bang Sue **Rechts oben** Der alte Bahnhof von Hua Hin **Rechts unten** Kaffee und *patongko*

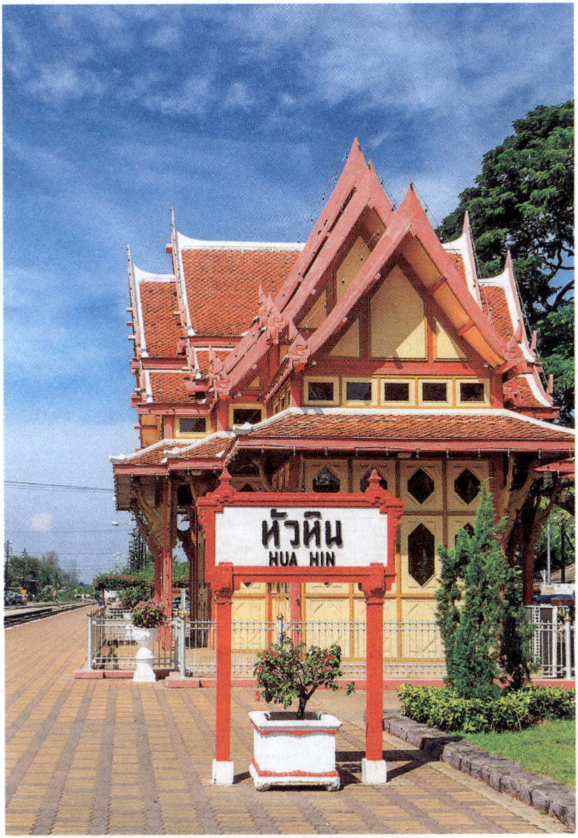

CASPER1774 STUDIO/SHUTTERSTOCK ©

SOMSIT/SHUTTERSTOCK ©

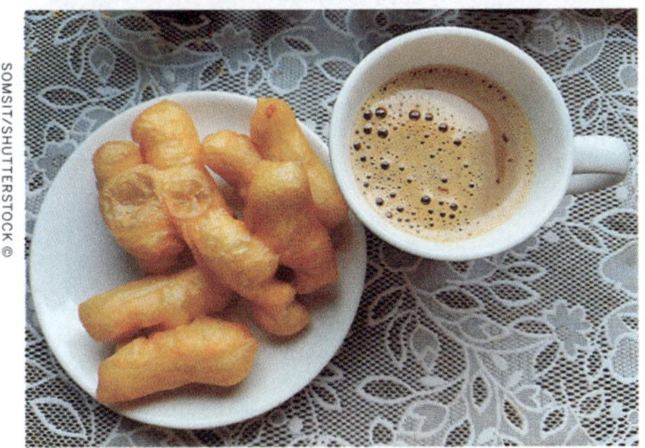

Bahntipps

Am besten kaufst du deine Fahrkarte ein paar Tage vorher persönlich, da die Websites nicht immer aktuell sind.

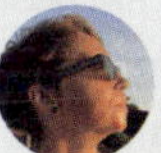

Minh Lowe *ist Yogalehrerin aus Bangkok. yogatiquebangkok.com, @minh.lowe*

Vor Corona ging's auf der Zugfahrt geselliger zu: Damals hielten die Züge an verschiedenen Bahnhöfen länger an, damit Händler:innen im Zug Snacks verkaufen konnten. Heute sind solche Zustiege verboten, doch Reisenden werden noch immer einfache Menüs geboten, z. B. Reis mit Bratfisch. Wem das nicht zusagt, der kann an einigen Haltestellen Essen kaufen oder sich eigenen Proviant mitbringen. Aber die meisten Einheimischen sind ohnehin mit Einkaufstaschen voller Essen unterwegs und sie geben dir gern etwas ab, wenn du darum bittest.

In Hua Hin ist der neue, größere Bahnhof nur 200 m entfernt vom weitaus reizenderen alten, der einst vom Palast Sanam Chan in Nakhon Pathom hierher versetzt wurde.

33 Auf weißem SAND

STRÄNDE | SPORT | WASSER

 Von allen Stränden in der nördlichen Golfregion ist der weiche weiße Strand von Hua Hin bei Thais am beliebtesten. Trotz der Millionen von Besuchern jedes Jahr ist dieser Strand noch immer frei von all den Verheerungen, von denen andere Strände im Land heimgesucht werden. Vielleicht werden in Hua Hin deshalb so viele Aktivitäten angeboten.

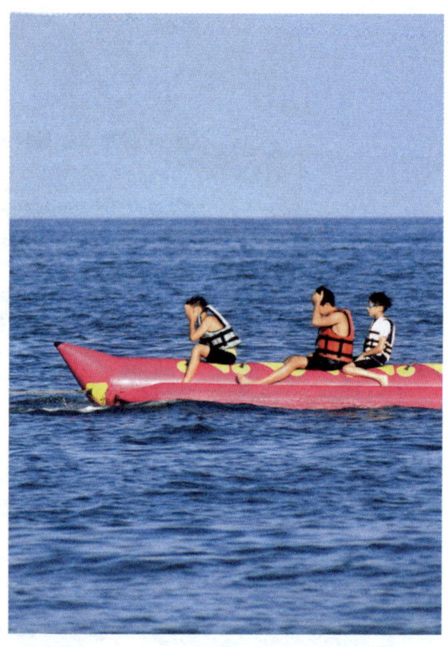

VICTORIA OM/SHUTTERSTOCK ©

Wie …

Anreise Die malerischste Anreise ist per Zug, doch es verkehren auch Busse (busonlineticket.co.th) und Minivans (12go.asia/en/operator/nor-neane-transport). Oder du fährst mit dem Auto (privatetaxithailand.com).

Reisezeit An thailändischen Feiertagen ist es in Hua Hin am vollsten; zu Neujahr und Songkran drohen Mondpreise für Zimmer sowie übles Verkehrschaos.

Gefahren In der Regenzeit auf Quallen achten!

Kitesurfen

Dank dem starken, böigen Wind, dem seichten Wasser und einem sehr, sehr langen Strand mit viel Platz zum Üben ist Hua Hin Thailands **Kiteboarding**-Zentrale. Es ist auch einer der besten Orte in Thailand, um Kiteboarden zu *lernen* – eine Reihe von Schulen bietet Unterricht und die Bedingungen sind ideal für Anfänger:innen.

Von Dezember bis Mai tummeln sich an windigen Tagen auf den rauen Wellen des Golfs jede Menge Kitesurfer:innen mitsamt ihren Lehrer:innen.

Oben Bananenboot, Hua Hin **Rechts oben** Eine Kitesurferin macht sich bereit **Rechts unten** Pferd mit Halter auf der Suche nach Reiter:innen am Strand

Meine Lieblingsstrandaktivität

Am liebsten gehe ich bei Sonnenaufgang spazieren – dann sind nur wenige Leute unterwegs. Manchmal ziehen Mönche barfuß über den Strand, während Thais mit Gaben für sie warten, um sich ihren morgendlichen Segen abzuholen.

Panarat Bunnag *ist Schauspielerin und wohnt seit Langem in Hua Hin*

Bananenboote

Die Schreckensschreie, die du hörst, kommen von **Bananenbooten**, auf denen sich die Leute in rauer See krampfhaft festzuhalten versuchen.

Pferde

Am Strand sind oft Halter mit ihren **Pferden** unterwegs und halten Ausschau nach Reitgästen (halbe Stunde 500 B) – die Pferde gelten als typisch für Hua Hin.

Roti-Verkäufer:innen

Da du in Thailand bist, ist immer wieder ein Snack angesagt. Hua Hin ist ein fantastisches Foodie-Ziel und **Roti-Verkäufer:innen** sind leicht zu finden: Sie bieten süßes Fladenbrot mit Zucker.

HILIGHT2019/SHUTTERSTOCK ©

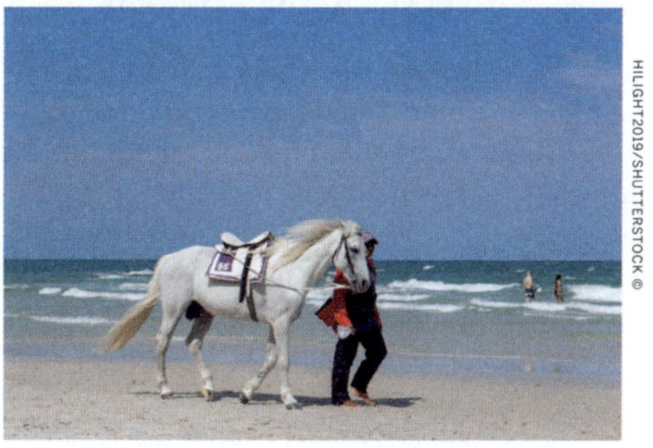

HILIGHT2019/SHUTTERSTOCK ©

34 Probiere regionale GERICHTE

ESSEN | NATUR | STRÄNDE

Die Thais gehen nicht mit Piña Colada, Sonnencreme und Schmöker an den Strand, um dort abzuhängen. Sie gehen nur aus einem Grund: um zu essen. Und gehst du zum Essen an den Strand, dann spielen fast immer gedämpfte Krebse eine Rolle und dazu eine Thai-Sauce mit grünen Chilis und Limette zum Dippen.

ROLF_52/ALAMY ©

Wie …

Unterwegs vor Ort Von Bangkok aus ist ein Auto praktisch, aber seid ihr mehr als zu viert, dann bietet sich ein Van an (bangkok vantravel.com).

Reisezeit Zu jeder Jahreszeit, besonders wenn dir Hitze nichts ausmacht.

Allergisch gegen Seafood? Kein Problem, es gibt fast überall auch Pfannengerührtes mit Huhn und Schwein.

Kulinarische Touren durch Hua Hin Verfügbar unter feastthailand. com.

Unterwegs

Unser Ziel ist natürlich die nördliche Golfregion Thailands, aber erst müssen wir da mal hinkommen. Und für viele Thais, die am Golf von Thailand hinabfahren, ist der erste Stopp immer das erste ansprechende Fischrestaurant, das an der Küste auftaucht. Meist handelt es sich dabei um Schuppen am Wasser mit schönem Blick auf die Wellen; verarbeitet wird alles, was an diesem Tag frisch aus dem Meer gezogen wurde, und zwar zu all den Genüssen, die den wahren Zweck dieser Fahrt an den Strand verkörpern.

HYS_NP/SHUTTERSTOCK ©

Noch fast zu Hause

Im Gegensatz zu den meisten anderen Lokalen punktet das **Maew** in Samut Songkhram bei Mae Klong nicht mit einem schönen Ausblick.

Links unten Gedämpftes Krebsfleisch mit Sauce zum Dippen **Links oben** Strandlokal, Bang Pu

Und es gibt auch keinen Koch, der dich ins Lokal lockt. Man muss vorher anrufen oder riskiert, dass das Lokal zu ist oder dass schon zu viele Gäste da sind. Doch kannst du einen Tisch ergattern, wirst du mit einer wunderbar klaren Zitronengrassuppe voller dicker Stücke Brachsenmakrele oder einer perfekten Platte Bratreis mit Krebsfleisch belohnt.

Alles voll? Kein Problem: In der Nähe gibt's weiter die Straße runter einen Katzensprung voneinander entfernt die **Chaophraya Kitchen** und das **Krua Wasana**. Ersteres Restaurant ist bekannter, mit schönem Blick aufs sonnenbeschienene Wasser, das zweite liegt dagegen in einem Mangrovenwald und serviert einen Krebseintopf mit Kokosmilch.

In der Stadt

Aber vielleicht willst du auch warten, bis du in der Stadt bist, mit größerer Auswahl? Dann ist

Aus dem Meer

In Thailand gibt's das beste Seafood aus dem Golf von Thailand und der Andamanensee. Dazu kommt die Vielfalt der Zubereitung – von eher chinesischen Gerichten wie einem Makrelen-Hotpot bis zur bunten Palette an thailändischen Zubereitungsarten wie Shrimps-*pad-phet* (scharfe Pfannen-Shrimps) oder feuriger Mangrovenkrabbe mit grünen Pfefferkörnern. Es gibt jede Menge stark gewürzte Seafood-Gerichte, aber auch Gerichte, bei denen die Frische der Zutaten zum Zuge kommt – beides gleich gut. Und nirgends auf der Welt ist die Sauce zum Tunken der Meeresfrüchte so gut wie in Thailand!

Mark Wiens *ist Food-Experte aus Bangkok. eatingthaifood.com @migrationology*

Köstlichstes Seafood

In Phetchaburi serviert das **Raan Puang Petch** ein Wels-*pad-cha* (viel zartes Welsfleisch, gebraten mit einer grünen Chilipaste und Limettenblättern).

Das heimelige **Pa Aung Pa Aing** in Prachuab Khiri Khan ist auf frisches saisonales Seafood spezialisiert wie Fangschrecken- und Bärenkrebse.

THITAP'A/SHUTTERSTOCK ©

NUCHUN/SHUTTERSTOCK ©

Hua Hin die richtige Adresse. Hier gibt's zahlreiche Läden mit ihren jeweils eigenen Fans, doch mit am beliebtesten ist das **Sopha Seafood** mit *gaang sôm* (einem sauren Curry) mit Königsbasilikum und *prik nok*, einer hiesigen Chili, die noch schärfer ist als die übliche *bird's-eye*-Chili. Näher beim Zentrum ist das **Nong May** mit scharfen pfannengerührten Jakobsmuscheln, im Herzen der Stadt dann das **Fah Mui** mit Blick aufs Wasser.

Ein Stückchen weiter

Willst du die Vorfreude aufs Essen noch hinauszögern, dann gibt's im Ort Prachuab Khiri Khan das **Rub Lom**, ein Lokal mit frischen Krebsen und Blick auf die Ao Prachuab Khiri Khan. Und vor dem berühmten **Khao Sam Roi Yod** ist das **Yok Sod**, das dich nach der Wanderung zur **Phraya Nakhon Cave** mit einem ausgezeichneten Thai-Essen belohnt.

MANANYA SOIRAYA/SHUTTERSTOCK ©

Links *Gaang sôm*
Ganz oben Seafood-Stand in Hua Hin
Oben *pad cha* mit Wels

35 Wandern in der WILDNIS

ABENTEUER | WANDERN | NATIONALPARKS

Die nördliche Golfregion zeichnet sich durch mehr als nur ihre Strände aus. Dank Wasserfällen, Mangrovenwäldern, Bergen und Marschen bieten sich hier Gelegenheiten zu zahlreichen Aktivitäten. Von den Bergen von Phetchaburi bis zu den warmen Quellen bei Chumphon: Hier ist für alle etwas dabei.

Wie ...

Unterwegs vor Ort Ist Hua Hin dein Stützpunkt, kannst du dort ein Auto mit oder ohne Fahrer mieten (huahin-cars.com). Oder du nimmst eine Firma mit zahlreichen Niederlassungen (nationalcar.com).

Reisezeit Das ganze Jahr über, doch am vollsten ist es in der kühlen Jahreszeit.

Vorbereitung Ist Wasser im Spiel, dann für die Fahrt zurück ein Handtuch mitnehmen!

Raus aus Bangkok

Was von der Straße wie eine Ansammlung weißer Spitzen auf einem Berg aussieht, ist **Khao Wang** in der Provinz Phetchaburi: Hier bringt dich ein Bus hinauf zu einer reizenden, unter Rama IV. erbauten Königsresidenz.

Bei Hua Hin

Weiter südlich ballen sich rund um Hua Hin zahlreiche Attraktionen. Etwa eine Stunde südlich der Stadt liegt der **Kui Buri National Park**, ein Dorado für Tierfans mit fast garantierter Sichtung von Elefanten in freier Wildbahn.

Näher bei Hua Hin bietet der **Mangrove Forest Walk** bei Pranburi die Gelegenheit zu einem Spaziergang durchs stille Feuchtgebiet nur 25 km südlich von Hua Hin.

Willst du richtig wandern, dann steuere die **Phraya Nakhon Cave** im nach seinen 300 Gipfeln benannten **Khao Sam Roi Yod National Park** an. Die Kalksteinhöhle ist für ihren fantastischen

NATE SAMUI/SHUTTERSTOCK ©

Royal Pavilion berühmt, der durch ein Loch in der Decke in Sonnenlicht getaucht wird.

Im Süden

In Chumphon, dem Tor zum Süden, ist die Landschaft von einem Flusslabyrinth durchzogen – prima für Raftingfans! Bist du einer, dann auf nach **Phato**, wo ein paar Anbieter ansässig sind. Wenn du aber lieber nur in warmem Wasser sitzt und planschst, dann sind die warmen Quellen von **Raksa Warin** weiter die Halbinsel hinunter in Ranong dein Ziel; das Wasser der Thermalbecken unter freiem Himmel soll kleinere Leiden heilen.

Keine Scheu vor Hockklos!

Hier ein paar Tipps für die Hockklos in den meisten öffentlichen Toiletten:

- Das Toilettenpapier neben dem Waschbecken ist für den Gebrauch in der Kabine, da dort meist keins vorhanden ist.
- Neben dem Hockklo gibt's ein Behältnis voll Wasser, auf dem eine Plastikschüssel schwimmt. Das ist zum Spülen, wenn du fertig bist.
- Trägst du lange Hosen, krempele sie hoch. Trägst du Socken – viel Glück!

Oben Elefanten, Kui Buri National Park

36 Im Nationalpark ZELTEN

ZELTEN | FREIE NATUR | REGIONAL

Kaeng Krachan, der größte Nationalpark in Thailand, bietet eine ganze Palette an Attraktionen für Natur- und Outdoorfans, von Aussichtspunkten bis zu geheimnisvollen Höhlen, vom stillen Paddeln bis zur reichen Tierwelt. Und der Park ist mit Zeltplätzen gespickt – kaum zu glauben, dass diese Dschungeloase nur 2½ Stunden von Bangkok entfernt ist. Kurz und knapp: Der Kaeng Krachan hat allen etwas zu bieten!

Wie …

Unterwegs vor Ort Am einfachsten ist es, in Hua Hin ein Auto zu mieten, aber es fahren auch Taxis und Minivans von Hua Hin und Bangkok.

Reisezeit Da es sonst entweder heiß oder nass ist, eignet sich die kühlere Jahreszeit (Dez.–Feb.) am besten.

Top Tipp Mit dem Longtail-Boot über den Kaeng-Krachan-Stausee.

Der 3000 km² große **Kaeng Krachan National Park** zwischen Petchburi und Hua Hin an der Grenze zu Myanmar, ein Unesco-Welterbe, beherbergt jede Menge Tiere wie Leoparden, Malaienbären, Goldschakale, Gaur, Elefanten und 120 Reptilienarten. Affen gibt's so viele, dass sie auf der Website der thailändischen Nationalparks (thainationalparks.com) als „Empfangskomitee" des Parks bezeichnet werden; außerdem ist der Kaeng Krachan eins der besten Ziele des Landes zum Beobachten von Vögeln und Schmetterlingen.

Rechts oben Schmetterlinge, Kaeng Krachan National Park **Rechts unten** Pala-U-Wasserfall

SHANE WP WONGPERK/SHUTTERSTOCK ©

MERCEDESS/SHUTTERSTOCK ©

Mein Lieblingsort

Am eindrucksvollsten und per Auto am besten zugänglich (mit kurzer Wanderung) ist auf jeden Fall der Pala-U Waterfall. Zwar ist er in der Regenzeit dramatischer, doch dank rutschiger Steine ist die Wanderung dann schwieriger. Am besten ist ein trockener Sonnentag in der Regenzeit, ein oder zwei Tage nach einem guten Regenguss.

Ich staune immer wieder über die vielen verschiedenen Schmetterlinge hier und über die Flusskarpfen in den Becken auf dem Weg nach oben.

Benjamin Lord *aus Bangkok ist Gründer von Urban Pantry. @urbanpantry_bkk_thailand*

Wie in allen thailändischen Nationalparks gibt's hier Wasserfälle wie den malerischen **Pala-U** und **Thorthip**. Die **Tham Hua Chang** („Elefantenkopfhöhle") strotzt vor dramatischen Karstformationen und Stalaktiten.

Draußen zählt der beliebte **Khao Phanoeng Thung** zu den besten Aussichtspunkten im Park, ganz in der Nähe des für seine prächtigen seltenen Vögel und Schmetterlinge bekannten **Orchid Trail**.

Empfehlungen

WEITERE LIEBLINGSADRESSEN

Weniger Seafood

Tanya's Homemade Eatery $$$

Das direkt am Wasser gelegene Tanya's hat mit seinen Versionen zentralthailändischer Klassiker wie Krebsfleisch-*lon* (Chili-Dip auf Kokosmilchbasis) Lobeshymnen von Foodies aus dem ganzen Land eingeheimst.

Krua Kannikar $

In dem alteingesessenen, unscheinbaren Lokal beim Bahnhof dreht sich alles um Huhn. Tipps: das grüne Hühnchencurry und die gefüllten Hühnchenflügel.

Nai Pew duck noodles $

Dieser Entennudelladen ist die beste Adresse in Hua Hin für einen schnellen Lunch. Du hast die Wahl aus Schenkel und Brust.

Rabiang Rimnam $$

Im Teakholzhaus am Fluss in Phetchaburi werden hiesige Klassiker wie ein Toddypalmencurry serviert – super Adresse für zentralthailändische Küche in traditionellem Ambiente.

Pae Yuan $$

Hast du nur Zeit für ein Essen in Phetchaburi, dann steure dieses versteckte Resturant an: Es ist auf *aharn pa* (Dschungelküche) spezialisiert. Achtung: Hier wird kräftig gewürzt!

Gebet & Einkehr

Khao Luang

Der Höhlentempel nördlich von Phetchaburi umfasst eine Reihe von Kammern mit goldenen Buddha-Statuen inmitten der Stalaktiten. Ein Lieblingsort zum Meditieren von Rama IV.

Wat Khao Takiap

Ein Hügeltempel mit tollem Blick auf Hua Hin, am Rand des Strands. Vorsicht vor aggressiven Affen – sie sind immer auf Essen aus.

Wat Huay Mongkol

Der von der Fernstraße aus sichtbare Tempel ist bekannt für seine große Statue von Luang Phor Thuad, einem berühmten Mönch, sowie für einen umgestürzten Teakholzbaum, der Wünsche erfüllen soll.

Wat Kaew Prasert

Vom Tempel in Chumphon bieten sich unglaubliche Ausblicke aufs Meer und eine neunköpfige Naga-Statue. Nicht versäumen: die Statuen zu den verschiedenen Höllenqualen.

Aktivitäten für Kinder

Black Mountain Waterpark

Zwar ist der Strand gleich daneben, doch dieser Wasserpark hält den Nachwuchs tagelang bei Laune, mit Rutschen, einem trägen Fluss und einem großen Wellenbecken.

Wildlife Friends Foundation of Thailand

Dieses Tierasyl außerhalb von Kui Buri in Phetchaburi kümmert sich um vernachlässigte und konfiszierte Tiere. Hier bietet sich die beste Chance, Elefanten umherstreifen zu sehen. Man kann auch übernachten.

Malai Farm at Cha Am

Wer mit besonders jungen Tierfans unterwegs ist, dem bietet dieser Bauernhof Möglichkeiten, mit allen möglichen Knuddeltieren auf Tuchfühlung zu gehen.

Höhlentempel Khao Luang

Für Leckermäuler

Kanom Waan Pa Prang $

Der berühmteste Anbieter von Thai-Desserts in Hua Hin – mittags ist meist alles weg! Besonders zu empfehlen ist das selten zu findende *khao fang* (jadegrüne Hirse in Kokosmilch).

Mae Lamiad $

Dieser Laden bietet ein in Phetchaburi besonders beliebtes Dessert, *kà·nŏm môr gaang* (Pudding aus Palmzucker und Kokosmilch mit gebratenen Schalotten oben drauf).

Pa Jua $

Die beste Adresse für Mango-Klebreis ist dieser alteingesessene Händler in Hua Hin; hier gibt's auch Klebreis mit Durian.

Erkundungen

Khao Nang Panthurat National Park

Der Park bei Cha Am beherbergt eine Reihe von Höhlen mit fünf Fledermausarten sowie einer Echsenart, die es nur hier im Park gibt.

Hua Hin Hills Vineyard

Eine andere Art von Erkundung: Hier kannst du hiesige Weine verkosten, ein Weinetikett malen und einen 3-km-Radweg entlangradeln.

Westliches Essen

Ogen $$

Irgendwie schaffte es das israelische Restaurant nach Hua Hin, mit köstlichen vegetarischen Speisen wie Falafel, mit Reis gefülltem ganzem Huhn und breiter Palette an Mezze.

Brasserie de Paris $$$

Das reizende Speiselokal direkt am Strand in Hua Hin bietet typische französische Bistrokost wie Chateaubriand, Bouillabaisse und Schnecken. Platz lassen fürs Dessert!

Andreas $$$

Eins der beliebtesten Restaurants in Hua Hin: Hier ist es tags und abends fast immer voll. Besonders zu empfehlen sind Holzofenpizza, Hummerpasta und Risotto. Am Cicada Market.

LANAKO PORTFOLIO/SHUTTERSTOCK ©

Hua Hin Hills Vineyard

Mirabelle $$

Der Feinkostladen in Hua Hin ist etwas schwer zu finden, aber der Weg lohnt sich dank luftiger Croissants, cremigem Käse und Buchweizen-Crêpes. Auch zum Mitnehmen.

1d+ Day Artist cafe $$

Alles, was es in einem typischen Café gibt: Kaffee, Smoothies, Süßes, Pasta – aber direkt am Strand in Pranburi.

Märkte

Cicada Market, Hua Hin

Der vielleicht beliebteste Nachtmarkt außerhalb von Bangkok: Hier verkaufen Kunstgewerbler:innen aus der ganzen Region ihre Sachen wie Malereien und Wohnaccessoires; dazu gibt's Livemusik und natürlich Essen.

Phetchaburi Night Market

Snacks, hausgemachte Artikel und all die üblichen Marktangebote, aber viel billiger als in benachbarten Orten.

Mehr Aktivitäten in Hua Hin & der nördlichen Golfregion unter dem QR-Code

PHUKET & ANDAMANEN-KÜSTE
KULTUR | NATUR | OUTDOOR-AKTIVITÄTEN
Erlebe Phuket & die Andamanenküste online

PHUKET & ANDAMANEN-KÜSTE

Reiseplaner

Phuket und die Andamanenküste, berühmt vor allem für Traumstrände und atemberaubende Landschaften, bieten einzigartige Kunst und Kultur sowie Kulinarik- und Outdoor-Abenteuer. Abseits der ausgetretenen Pfade entdeckst du auf Phuket und an der Andamanenküste ganz eigene Reize, außergewöhnliches Essen und versteckte Juwele.

Bang Niang

Thap Lamu

Durch die **Altstadt von Phuket** spazieren und sino-portugiesische Architektur und alte Villen bewundern (S. 208)
1 Std. vom Phuket International Airport

Natai

Ban Khok Kloi

Ban Tha Chat Chai

Andamanensee

Thalang

Im **Mingalar Coffee Shop** einen birmanischen Teeblattsalat genießen (S. 198)
5 Min. von der Altstadt von Phuket

Patong

Phuket

Rawai

Ko Lon

Im **Phuket Art Village** ein Meisterwerk schaffen (S. 194)
35 Min. von Phuket (Stadt)

Auf **Coral Island** Vögel beobachten (S. 202)
15 Min. per Schnellboot vom Rawai Beach

Ko He

Ko Raya Yai

Buchbare Erlebnisse in Phuket & an der Andamanenküste

Ko Raya Noi

IM UHRZEIGERSINN VON LINKS: DARI POOMIPAT/SHUTTERSTOCK ©, JO PANUWAT D/SHUTTERSTOCK ©, GUITAR PHOTOGRAPHER/SHUTTERSTOCK ©. **VORIGE DOPPELSEITE:** BALATE DORIN/SHUTTERSTOCK ©

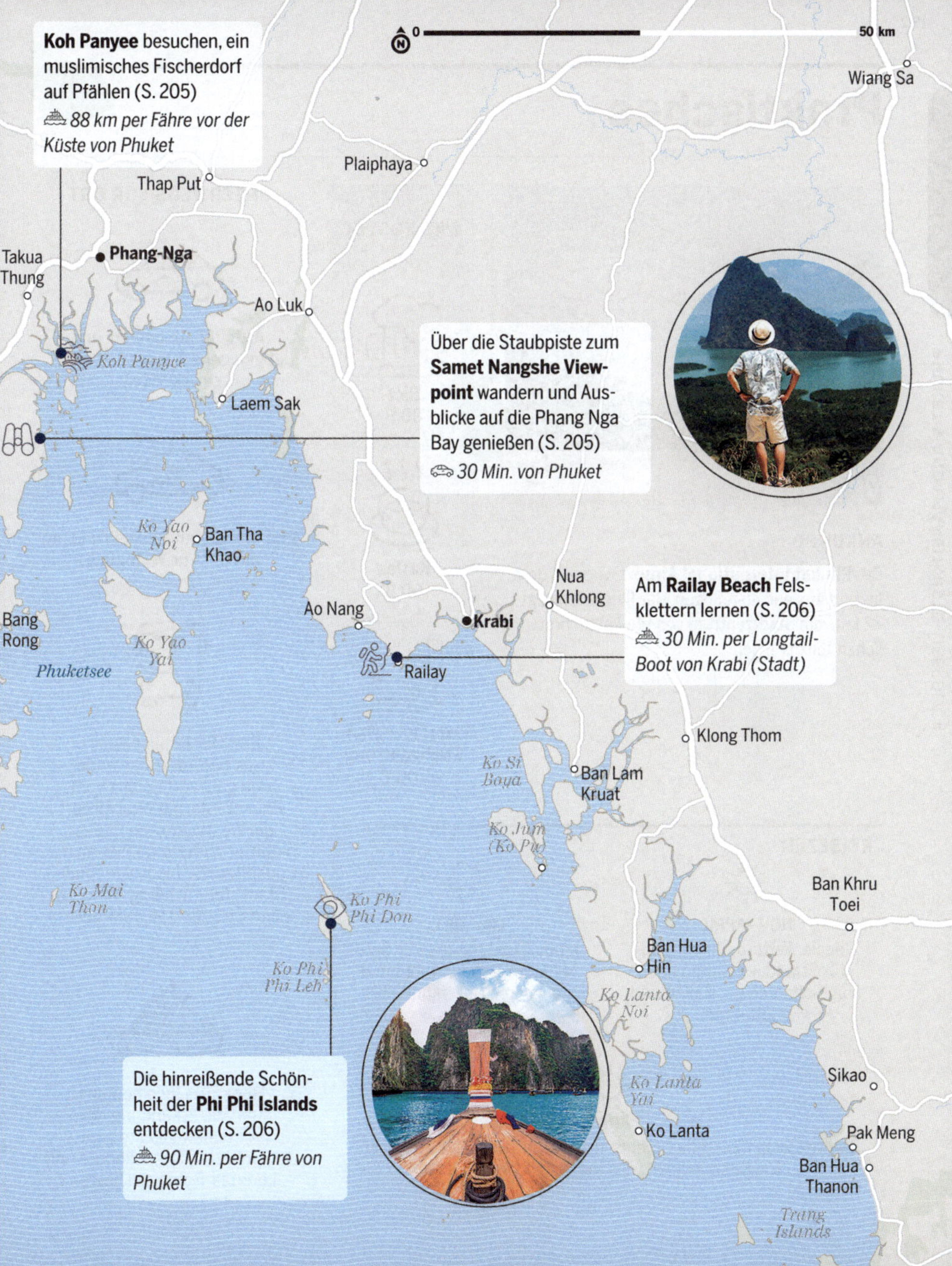

Koh Panyee besuchen, ein muslimisches Fischerdorf auf Pfählen (S. 205)
88 km per Fähre vor der Küste von Phuket
0
50 km
Wiang Sa
Plaiphaya
Thap Put
Takua Thung
Phang-Nga
Ao Luk
Koh Panyee
Laem Sak
Über die Staubpiste zum **Samet Nangshe Viewpoint** wandern und Ausblicke auf die Phang Nga Bay genießen (S. 205)
30 Min. von Phuket
Ko Yao Noi
Ban Tha Khao
Nua Khlong
Am **Railay Beach** Felsklettern lernen (S. 206)
30 Min. per Longtail-Boot von Krabi (Stadt)
Ao Nang
Krabi
Bang Rong
Ko Yao Yai
Phuketsee
Railay
Klong Thom
Ko Si Boya
Ban Lam Kruat
Ko Jum (Ko Pu)
Ban Khru Toei
Ko Mai Thon
Ko Phi Phi Don
Ban Hua Hin
Ko Phi Phi Leh
Ko Lanta Noi
Die hinreißende Schönheit der **Phi Phi Islands** entdecken (S. 206)
90 Min. per Fähre von Phuket
Sikao
Ko Lanta Yai
Ko Lanta
Pak Meng
Ban Hua Thanon
Trang Islands

Praktisches

IAMDOCTOREGG/SHUTTERSTOCK ©

ANKUNFT

Der **Phuket International Airport** wird aus dem In- und Ausland angeflogen. Der Flughafen liegt 32 km vom Stadtzentrum von Phuket im nördlichen Teil der Insel.

WAS KOSTET

Bier 80 B

Kaffee 60 B

Taxi (Flughafen–Stadtzentrum) 700 B

REISEZEIT

NOV.–APRIL
Ideale Wetterbedingungen für Strandaktivitäten und zum Schnorcheln, Baden und Bootfahren.

MAI–OKT.
Monsunzeit mit rauerer See, kühleren Temperaturen und billigeren Unterkünften.

APRIL
Der heißeste Monat des Jahres in Thailand, aber jetzt wird auch Songkran gefeiert, das thailändische Neujahr.

UNTERWEGS VOR ORT

Auto Ist am besten, um abgelegene Ziele auf Phuket zu erkunden.

Taxi Stehen auf Phuket rund um die Uhr zur Verfügung.

Bus Der Phuket Smart Bus befördert Reisende den ganzen Tag lang vom Phuket International Airport die Westküste von Phuket hinunter zum Rawai Pier an der Südspitze der Insel. Von Phuket (Stadt) fahren *sŏrng·tăa·ou* zu allen Strandorten auf Phuket.

Boot Fürs Inselhopping und die Erkundung der Andamanenküste sind Bootscharter, Schnellboote und Longtail-Boote am besten.

ESSEN & TRINKEN

Kôw gaang bezeichnet ein winziges Esslokal mit vorgekochtem Essen, das auf Metalltabletts oder in Töpfen serviert wird. Du zeigst einfach auf das, was du möchtest; die Gerichte gibt's mit und ohne Reis. In diesen Lokalen zu essen macht Spaß und es ist eine gute Einführung in die hiesige Thai-Küche. Die Gerichte kosten meist ab 50 B – erschwinglich!

Phuket bietet eine florierende Kaffeekultur, mit altmodischen *kopitiams*, Röstereien und instatauglichen Cafés an jeder Ecke. **Hock Hoe Lee** war 1958 die erste Rösterei der Insel, mit Laden an der Ranong Road in Phuket (Stadt) und Café in der Viset Road in Rawai.

Tolle Phuket-Spezialitäten Cham-Cha Local Food Court (S. 199)

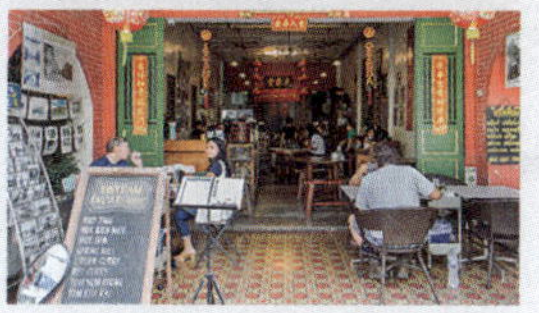

INFORMATIONEN

Eine Touristeninformation befindet sich in der Thalang Road in der Altstadt von Phuket.

ÜBERNACHTEN

Jeder größere Badeort auf Phuket hat ein eigenes Flair. Such dir einen aus, der deinen Bedürfnissen und Vorlieben am besten entspricht – dann wirst du deinen Urlaub sicher genießen!

Ort	Pro & Contra
Bang Tao	Nahe beim Flughafen, mit vielen Restaurants und Hotels; die Unterkünfte sind hier aber teils teuer. Schöne Option für alle, die eine All-inclusive-Bleibe suchen.
Kata/Karon	Strandorte in Gehnähe zu Restaurants, Hotels und Aktivitäten, aber weit weg vom Stadtzentrum. Am besten für Strand- und Naturfans.
Altstadt von Phuket	Im Herzen der Stadt, mit vielen Restaurants und historischen Stätten sowie leichtem Zugang zu Transportmitteln. Guter Ausgangspunkt für die Erkundung der restlichen Insel.
Rawai	Reizendes Fischerdorf mit vielen Restaurants und Touristenaktivitäten, doch die Auswahl an Unterkünften ist begrenzt. Abends ist Rawai eher verschlafen.

GELD

Auf Phuket gibt's überall Wechselstuben und die gängigen internationalen Kreditkarten werden vielerorts angenommen.

37 Heimische Kunst & KULTUR

KUNST | KULTUR | GALERIEN

Entdecke die Vielfalt der Kunstszene von Phuket, indem du Galerien besuchst, an Kunstworkshops teilnimmst oder bei einem Töpferkurs ein Meisterwerk schaffst. Bring die Künstlerin bzw. den Künstler in dir zum Leuchten und lass mithilfe des endlosen Angebots an Kursen auf Phuket deiner Kreativität freien Lauf!

Wie ...

Unterwegs vor Ort Die *sŏrng·tăa·ou* verkehren täglich von 6 bis 18 Uhr. Von Phuket (Stadt) fahren Busse jede halbe Stunde zu allen wichtigen Zielen der Insel.

Empfehlung Entdecke bei einem Bummel durch die Altstadt von Phuket die Streetart in der Phang Nga, Thalang, Krabi und Dibuk Road.

Highlight In der **I Mon Art Gallery** in der Phang Nga Road in der Altstadt von Phuket kannst du einem Meistergrafiker bei der Arbeit zuschauen.

Zwar ist Phuket vor allem wegen seines munteren Nachtlebens, der tollen Strände und des köstlichen Streetfoods bei Urlauber:innen beliebt, doch auch die florierende Kunstszene der Insel solltest du nicht ignorieren – dank kreativem Flair und einzigartiger Ästhetik gedeiht sie weiterhin prächtig. Ob du nun kultivierte:r Kunstkenner:in bist oder nach einem unkonventionellen Gemälde oder einem Kunstkurs suchst: In der Kunstszene von Phuket wirst du garantiert fündig.

Willst du mit heimischen Kunstschaffenden auf Tuchfühlung gehen oder selbst ein kleines Meisterwerk schaffen, dann mach dich auf den Weg ins südliche Phuket. In Rawai ist das vielseitige **Phuket Art Village** beheimatet, ein Zentrum für zeitgenössische Kunst und Kultur mit mehreren Galerien und Ateliers, jeweils mit eigenem Stil. Die engagierten und freundlichen Künstler:innen plaudern gern ein wenig und bieten auch Workshops und Privatunter-

LAPA SMILE/SHUTTERSTOCK ©

richt in einer Vielzahl von Medien. Die im Phuket Art Village ausgestellte Kunst steht meist zum Verkauf, doch auch wer nichts kaufen möchte, kann hier schön den Tag verbringen.

Am Eingang zum Dorf gibt's einen Coffeeshop im Baumhausstil für Kaffee und Tee – ein wunderbarer Ort, um den Künstler:innen beim Kreieren ihrer Werke zuzuschauen.

Ambitionierte Töpfernde können im **Art Studio Green Grey** Hand anlegen oder im **Rawai Ceramic Cafe** das Modellieren von Ton und die Handbemalung von Keramik erlernen, während sie Kaffee und hausgemachten Kuchen genießen.

Living Art Gallery

Die **Living Art Gallery**, eine Lifestyle-Galerie im Blue Tree Phuket im bunten Cherngtalay, ist ein Kreativzentrum für aufstrebende thailändische Kunstschaffende. Die einzigartige, täglich geöffnete Galerie zeigt Gemälde, Keramiken, Wohndesign und Mode junger Thais. Außerdem bietet sie Online-Kunstworkshops und einen Online-Marktplatz, auf dem die Künstler:innen ihre Werke zeigen und verkaufen können. Die Living Art Gallery organisiert auch das bunte **Thailand Art Festival** mit Kunst, Kulinarik, Livemusik, Diskussionsrunden und Meisterkursen.

Sornchat Aom Krainara *ist Inhaberin der Living Art Gallery und Kuratorin des Thailand Art Festival.* *@thelivingartthailand*

Oben Thailändische Keramik

Erlebe den Zauber von Phuket

DIE ANDERE SEITE VON PHUKET KENNENLERNEN

Jahrzehntelang stand Phuket aus den falschen Gründen im Rampenlicht. Es galt als Touristenfalle für Feierwütige und genoss einen zweifelhaften Ruf. Zwar gibt's noch immer Zwielichtiges, doch die Perle der Andamanensee hat mehr zu bieten, als auf den ersten Blick zu erkennen ist.

Links Chinesischer Tempel, Phuket **Mitte** Obstmarkt, Altstadt von Phuket **Rechts** Sonnenaufgang, Phuket

PIYAWAT NANDEENOPPARIT/SHUTTERSTOCK ©

Der Geist von Phuket

Auf der internationalen Bühne hat Phuket für mehr als genügend Drama gesorgt. Wunderschöne, aber überfüllte Strände, ein wildes Nachtleben, Jetski-Betrügereien und überkandidelter Luxus-Lifestyle: Damit gelangte die Insel in die Schlagzeilen. Dank der legendären Bangla Road – das ist der Nightlife-Hotspot der Insel, wo alles grell, billig und ja, auch ein bisschen zwielichtig ist – genoss Phuket jahrelang einen Ruf als hedonistische Spielwiese. Doch in den letzten Jahren hat sich die Insel positiv entwickelt. Sie entfaltet ihren ganz eigenen Zauber – wenn man denn gut genug danach schaut.

Wer das echte Phuket kennt, liebt es. Phuket ist nicht Patong – es ist nicht aggressiv oder grob. Im Gegenteil: Das echte Phuket verströmt jede Menge historisches Flair, ist Heimat freundlicher Menschen und lockt mit versteckten Juwelen und Orten abseits der Touristenpfade. Der echte Geist von Phuket lebt in den kleinen Gassen in der Altstadt, auf den großen Ananasplantagen im Norden der Insel und in den stillen Fischerdörfern an der Ostküste, wo dich die Bewohner:innen mit einem Winken und dem typischen Thai-Lächeln begrüßen.

Natürliche Schönheit

Wer den Zauber von Phuket erleben möchte, muss die Touristenziele hinter sich lassen. In versteckten Orten auf der ganzen Insel stößt du auf das Phuket vergangener Zeiten. Noch immer gibt's malerische Ecken, die unerschlossen sind und wo die Natur sich ausbreitet. An diesen Orten entdeckst du die andere Seite von Phuket.

CHRISPICTURES/SHUTTERSTOCK ©

NADYA CHETAH/SHUTTERSTOCK ©

Dieses andere Gesicht von Phuket ist geprägt von natürlicher Schönheit, jahrhundertealten Dörfern und einer harmonischen Mischung aus Tradition, Kultur und Religion. Eine der interessantesten Facetten der Insel ist ihre Vielfalt. In den Straßen von Phuket (Stadt) stößt du nicht weit voneinander entfernt auf chinesische Schreine, Moscheen und Kirchen. Schon seit der Zeit des Zinnbergbaus gilt Phuket als Schmelztiegel und seine Vielfalt wird auf der ganzen Insel zelebriert.

> Das echte Phuket verströmt jede Menge historisches Flair, ist Heimat freundlicher Menschen und lockt mit versteckten Juwelen und Orten abseits der Touristenpfade.

Der Reiz des Lokalen

Um den wahren Zauber von Phuket zu erleben, nimm dir Zeit, um dich unter die Einheimischen zu mischen. Nicke freundlich und sage Hallo, denn trotz der Sprachbarriere gehen die Menschen auf dich ein und versuchen ihr Bestes, um mit dir zu kommunizieren. Bummle durch die Straßen, kaufe auf den Märkten ein, besuche einen Hügelschrein und erkunde einen der entlegenen, versteckten Strände der Insel. Folge Trampelpfaden und hab keine Angst, dich zu verirren, denn gerade auf diesen Pfaden entdeckst du eine weichere, sanftere Seite von Phuket.

Hast du das echte Phuket kennengelernt, kannst du gar nicht anders, als dich zu verlieben. Die Perle der Andamanensee bietet hinreißende Natur, Kultur im Übermaß und eine einzigartige Geschichte. Und sie ist unendlich charmant.

Das echte Phuket

Jenseits des Chaos von Bangla Road and Patong Beach ist der wahre Geist von Phuket zu finden in der reichen Geschichte der Insel, dem ausgeprägten kulturellen Erbe und der bunten Mischung aus Einheimischen und Expats, die die Insel ihr Zuhause nennen. Zwar stimmt es, dass Phuket nicht nach jedermanns Geschmack ist, doch in Südthailand gibt's kein besseres Ziel für zauberhafte, mit viel Kultur und Geschichte gewürzte Strandurlaube.

38 Streetfood auf PHUKET

RESTAURANTS | MÄRKTE | ESSEN

Phuket hat mehr zu bieten als Strände. In den letzten Jahren hat sich die Insel zu einem kulinarischen Hotspot für Leute auf der Suche nach kreativer Küche entwickelt. Ob du Streetfood probieren, scharfe Speisen Südthailands kosten, auf die Schnelle ein Roti verputzen oder eine Schüssel Hokkien-Nudeln schlürfen willst – Phuket hat jede Menge interessante Küche im Angebot.

DENIS COSTILLE/SHUTTERSTOCK ©

Wie …

Unterwegs vor Ort Die Altstadt von Phuket ist am besten zu Fuß zu erkunden. Vom Markt an der Ranong Road geht's zu bestem Streetfood durch die Phang Nga, Thalang, Krabi und Dibuk Road.

Empfehlung Der Foodcourt **Lock Thien** in der Yaowarat Rd 173 bietet echte Phuket-Spezialitäten wie *po pia sot* (frische Frühlingsrollen).

Highlight Der **Mingalar Coffee Shop** in der Soi Talat Sot südlich vom Markt in der Ranong Road ist ein birmanisches Teehaus mit süßem Kaffee, Tee und köstlichen Häppchen.

MOSAYMAY/SHUTTERSTOCK ©

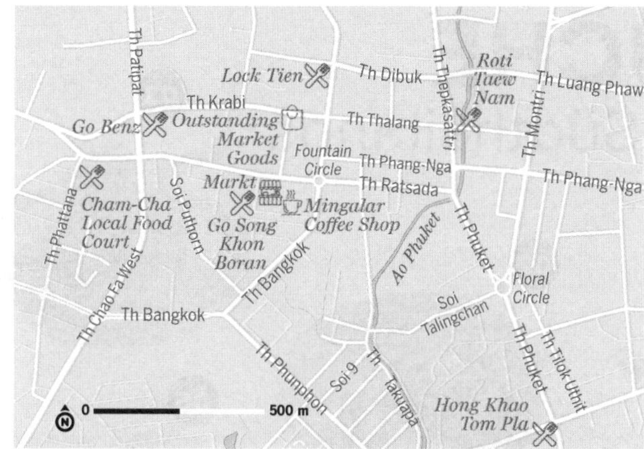

Foodie-Touren

Die Küche von Phuket, seit 2015 eine Creative City of Gastronomy der Unesco, ist durch thailändische, chinesische, malaiische und birmanische Einflüsse geprägt. Zur Erkundung der vielfältigen Küche bietet sich ein kulinarischer Rundgang an.

Die **Chef's Tour** gewährt einen Insiderblick in die vielfältige Essensszene Phukets. Die von einem heimischen Foodie geführte Tour führt durch die Straßen der Altstadt und über den größten Lebensmittelmarkt der Stadt. Du entdeckst heimische Zutaten und kitzelst deinen Gaumen dann mit Currys und Naan aus dem Holzofen in einem versteckten birmanischen Teehaus, frisch gegrillten Fleischspießen mit Erdnusssauce und verschiedenen bunten, klebrigen Thai-Süßspeisen.

Outstanding Market Goods (OMG) verkauft regionale Erzeugnisse wie Wein, Lebensmittel und Küchenutensilien.

Essen wie die Locals

Probiere *mee hokkien* (gelbe Nudeln mit brauner Sauce und rotem Schweinefleisch, Tintenfisch und Gemüse), *o-tao* (Austernomelett mit Taro und Schweinskruste im chinesischen Hokkien-Stil) und *o-aew* (ein Gelee aus *o-aew*-Pflanzensamen, gemixt mit dem Saft von *nam-wah*-Bananen und serviert unter Shaved Ice). Lass dir ein typisches Frühstück mit *kanom jeen* (fermentierte Reisnudeln mit Curry nach Wahl) oder *gaeng massaman* (Kokosmilchcurry mit Erdnüssen, Kartoffeln und Zwiebeln) schmecken. Das Ganze krönst du mit *a-pong* (gebratene Crêpe aus Reismehl, Kokosmilch, Wasser und Zucker).

Links oben Foodcourt Lock Tien
Links unten *A-pong*, Thai-Crêpe

Tipps vom Phuket-Foodie

Empfehlungen für kulinarische Juwele von einem alten Phuket-Foodie:

Go Benz Tipp: das *signature dish* des Restaurants, Trockenreis-Porridge mit Schweinefleisch. Lohnt das Warten in der Schlange!

Hong Khao Tom Pla Berühmt für Fisch-Porridge; der Inhaber ist laut und streng, aber das Resultat ist herausragend gutes Thai-chinesisches Essen.

Go Song Khon Boran Wähle dein Gericht von den Bildern an der Wand und schau dem Ehepaar beim Kochen zu; Tipp: pfannengerührtes Schweinehack mit Salzfisch.

Cham-Cha Local Food Court Die besten frischen Frühlingsrollen der Stadt. Tipp: eine Schüssel Nudelsuppe mit Schweinerippchen. Zum Abkühlen gibt's danach *o-aew* (Eis mit aromatisiertem Sirup).

Roti Taew Nam Das Roti kommt aus einer riesigen flachen Pfanne. Am besten zum Tunken in ein Curry mit zartem Rindfleisch.

Warin Mueanklew, *bekannt als Toon Kouran, ist ein Tourguide aus und in Phuket. @toonkouran*

DIE KÜCHE
Phukets & Südthailands

01 Nám prik gûng sèe-ap
Chilipastendip aus am Spieß gerösteten Garnelen mit Raucharoma. Serviert mit Gemüse.

02 Môo hong
In einer Paste aus Pfefferkörnern, Knoblauch und Korianderwurzel geschmorter, dann mit Sternanis und Austern- und Sojasauce gekochter Schweinebauch.

03 O-aew
Shaved-Ice-Dessert aus Gelee aus *o-aew*-Pflanzensamen, kam mit den Hokkien-Chinesen nach Phuket.

04 O-tao
Austernomelett mit Taro und Schweinskruste, serviert mit süßer Chilisauce und Bohnensprossen.

05 Lôok chín pla Phuket
Gedämpfte Fischbällchen mit frittiertem Knoblauch, gegessen mit einer Chili-Knoblauch-Sauce.

06 A-pong
Auf Holzkohle gebackene Kokos-Crêpes, außen knusprig, innen weich.

07 Khua kling
Trockenes Curry aus Chili, Zitronengras, Kurkuma, Knoblauch, Galgant und Shrimpspaste, geröstet mit Currypaste und Kaffirblättern.

08 Kôw yam
Aromatischer Reissalat mit Kräutern, Gemüse, getrockneten Shrimps, gerösteter Kokosnuss, Zitronengras und Kaffirblättern, mit fermentierter Fischsauce.

09 Pad sataw
Stinkbohnen, pfannengerührt meist mit Garnelen und Shrimps- und Currypaste.

10 Kà-nŏm jeen
Fermentierte Reisnudeln mit Curry, frischem und eingelegtem Gemüse, Obst und harten Eiern. Zum Frühstück.

11 Gaang tai pla
Scharfes Curry mit fermentierten Fischinnereien, Galgant, Chilis, Kaffirblättern, Kurkuma und Shrimpspaste.

12 Gaang sôm pla
Pikantes, saures Curry ohne Kokosmilch aus Shrimpspaste und Chilis, serviert mit Seafood und junger Kokosnuss, grüner Papaya oder Bambussprossen.

39 INSEL-Hopping

INSELN | NATUR | OUTDOOR-AKTIVITÄTEN

Vor der Küste Südthailands liegen zahlreiche Inseln. Zwar ist Phuket die größte, doch auch unbekanntere Inseln vor der Südwestküste lohnen eine Erkundung. Ob du auf der Suche nach einem idyllischen Strand zum Faulenzen, einem fabelhaften Schnorchelrevier oder einem Bootsabenteuer auf dem Meer bist: Ein Tagestrip zu diesen Inseln ist ein tolles Erlebnis.

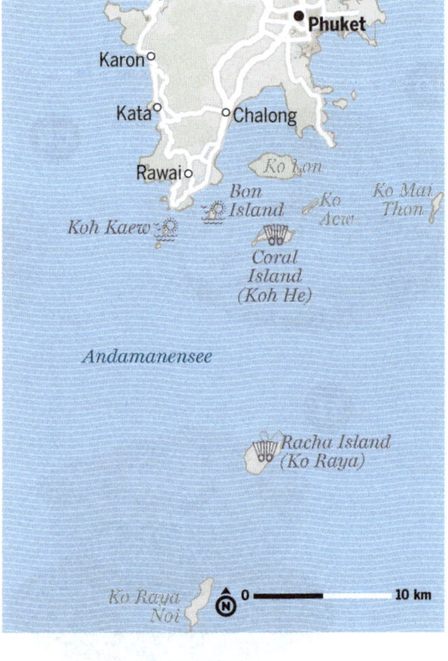

Wie ...

Anreise Die Inseln Bon, Coral und Racha sind leicht per Schnell- oder Longtail-Boot zu erreichen. Schnellboote fahren vom Chalong Pier, Longtail-Boote vom Rawai Beach. Die Preise für Longtail-Boote beginnen bei 1500 B pro Tag, die für Schnellboote sind sehr verschieden – schau dich bei den Agenturen am Chalong Pier um!

Highlight Die Nashornvögel auf Coral Island am späten Nachmittag.

Dein Phuket-Aufenthalt lässt sich durch jede Menge Spaß in der freien Natur ergänzen. Die Inseln vor der Südwestküste zu erkunden ist eine prima Möglichkeit, den Massen zu entfliehen, in die Natur einzutauchen, zu schnorcheln und unbekanntere Strände zu erkunden.

Bon Island liegt zwei Minuten mit dem Longtail-Boot vom Rawai Beach, dem südlichsten Punkt auf Phuket, entfernt. Die dschungelbewachsene Insel hat zwei malerische Strände zum Abhängen oder Rumplanschen im Wasser. In hölzernen *salas* mit Reetdach serviert das idyllische **Bon Restaurant** frisches Seafood und Thai-Klassiker wie Ananas-Bratreis mit Garnelen.

Coral Island ist berühmt für die verschiedenen Türkis-Schattierungen des Wassers und seichte Schnorchelspots. Die malerische Insel lockt mit sich im Wind wiegenden Palmen und üppiger Vegetation. Es gibt zwei lohnende Hauptstrände: Long Beach und Banana Beach. Am Long Beach gibt's Mietbungalows und hier wird gern Wasser-

H-AB PHOTOGRAPHY/SHUTTERSTOCK ©

sport getrieben. Mit Strandliegen, Restaurants, einem Strandclub und Aktivitäten ist der Banana Beach touristischer. Touren zum Banana Beach bieten alle Agenturen, oder frag im Hotel nach!

Die am besten per Schnellboot erreichbare **Racha Island** liegt 12 km vor der Südwestküste von Phuket. Dank ihres klaren Wassers und der guten Sicht ist die Insel bei Taucher:innen beliebt; sie beherbergt drei Luxusresorts und zwei ausgezeichnete Strände. Genieße einen Cocktail an der gen Osten weisenden Felsenbucht Ter Bay wie auch den weißen Sand und das kristallklare Wasser am Patok Beach.

Magisches Koh Kaew

Auf dem zauberhaften **Koh Kaew** führen buddhistische Mönche ein einfaches Leben und hüten einen Fußabdruck Buddhas und eine goldene Buddha-Statue. Im dschungelbewachsenen Inselinneren stehen ein Chedi und verschiedene religiöse Schreine. Das 4 km vom Rawai Beach entfernte, oft Buddha Island genannte Koh Kaew hat einen kleinen weißen Sandstrand und eine schöne Buddha-Statue, verziert mit *naga* (mythologischen Schlangen), die sich um den Sockel der Statue an der Nordspitze der Insel winden. Koh Kaew ist ein interessanter Halt auf einer Inselhopping-Tour.

Oben Patok Beach, Racha Island

40 Die Andamanen-KÜSTE

STRÄNDE | NATUR | OUTDOOR-AKTIVITÄTEN

Die Andamanenküste ist eine Postkartenidylle mit Palmen, weißen Sandstränden, türkisem Wasser, üppigem Dschungel und hoch aufragenden Kalksteinfelsen. Die spektakuläre Landschaft bildet eine schöne Kulisse für Outdoor-Abenteuer, Freizeitaktivitäten und einen relaxten Tropenurlaub. Um deine Zeit an der Andamanenküste voll auszukosten, lass dir die folgenden Orte nicht entgehen!

BANANA REPUBLIC IMAGES/SHUTTERSTOCK ©

Wie …

Anreise Die Andamanenküste ist leicht per Flugzeug, Boot, Bus und Minivan zu erreichen. In der Regenzeit (Mai–Nov.) verkehren dank hoher Wellen weniger Schiffe. Tagesausflüge zur Phang Nga Bay und den Phi Phi Islands können überall in Agenturen gebucht werden.

Unterwegs vor Ort
Krabi lässt sich gut zu Fuß erkunden, doch der Krabi International Airport und der Hauptbusbahnhof sind weit vom Stadtzentrum entfernt. Vom Busbahnhof fahren Taxis, Motorradtaxis und *sŏrng·tăa·ou* in die Stadt und können leicht herangewunken werden.

LUCY.BROWN/SHUTTERSTOCK ©

Phang Nga Bay

Die malerische Phang Nga Bay mit smaragdgrünem Wasser und Kalksteinformationen eignet sich prima für Boots- und Kajaktouren. Die durch den James-Bond-Streifen *Der Mann mit dem goldenen Colt* von 1974 berühmt gewordene **James Bond Island** (Koh Tapu) ist eine Felseninsel neben **Koh Ping Ghan** mit kleinem Strand und mehreren Buchten.

Eine bemerkenswerte Insel ist **Koh Panyee**. Das muslimische Fischerdorf hier steht auf Pfählen über dem Wasser inmitten großer Kalksteinfelsen. Es gibt mehrere Andenkenläden und Restaurants sowie eine Moschee, ein Gesundheitszentrum und einen schwimmenden Fußballplatz. Die meisten Insulaner:innen arbeiten im Tourismus oder als Fischer.

Dschungelblicke

Vom **Samet Nangshe Viewpoint** auf einem mit Regenwald bewachsenen Hügel eröffnen sich eindrucksvolle Rundumblicke auf die Phang Nga Bay mit ihren kleinen Inseln und hohen Kalksteinfelsen. Der Aussichtspunkt ist in 20 Minuten über einen steilen Pfad zu erreichen.

Krabi

Krabi, das Juwel der Andamanenküste, lockt mit einer hinreißenden Landschaft mit zerklüfteten Kalksteinfelsen, weißen Sandstränden, dichtem Dschungel, Wasserfällen, Höhlen, Tieren

Links James Bond Island (Koh Tapu)
Oben Longtail-Boote, Koh Panyee

und über 100 Inseln. Das entspannte Krabi, das weniger erschlossen und deutlich weniger überlaufen ist als die Phi Phi Islands oder Phuket, ist ein klasse Urlaubsziel mit verschiedenen Freizeitaktivitäten für die ganze Familie.

Im quirligen Ortszentrum von **Ao Nang** gibt's eine Reihe von Hotels und Restaurants und es ist nicht weit entfernt vom **Noppharat Thara Beach**. Die abgelegeneren Strände von **Railay** (oder Rai Leh) und **Tonsai** sind per Longtail-Boot zu erreichen und berühmt für ihre heitere Stille, das Dschungelambiente und die vielen Kletterrouten für Anfänger:innen und Familien. Eins der renommiertesten Kletterzentren am Railay Beach ist **Tex Rock Climbing**: Es bietet alles von halb- bis zu dreitägigen Kursen.

Der einsame **Tubkaek Beach** besticht mit weißem Sand, seichtem Wasser und atemberaubenden Ausblicken auf die Inseln in der Andamanensee. Vom Tubkaek Beach ist leicht der Weg auf den auch als Khao Ngon Nak oder Hang Nak bekannten **Dragon Crest**

Berühmte Filminseln

Die **Phi Phi Islands**, eine Gruppe von sechs Inseln u. a. mit **Phi Phi Don** und **Phi Phi Leh**, wurden durch den Hollywood-Hit *The Beach* bekannt. Die Phi Phi Islands haben alles – unberührte Strände, spektakuläre Felsformationen, türkises Wasser und buntes Meeresleben. Die Inseln eignen sich hervorragend zum Schnorcheln und Tauchen und sind ein paradiesisches Fleckchen Erde, nur 90 Minuten per Schiff von Phuket oder Krabi entfernt.

Links Maya Bay, Phi Phi Leh

Mountain zu erreichen. Der Wanderweg windet sich durch üppigen Wald und bietet fantastische Ausblicke auf Krabi. Erfahrene Wandernde erfreuen sich an einer 8-km-Wanderung, Anfänger:innen nehmen die 4-km-Route vom Start- zum Aussichtspunkt. Der Weg ist ohne Guide begehbar, doch mehrere Anbieter an der Strandstraße in Ao Nang haben Pauschalarrangements im Angebot.

Im entspannten **Krabi (Stadt)** hast du Einblick in das Alltagsleben. Als munterer Marktflecken mit einem Fluss voller Fischerboote verströmt Krabi einen ganz eigenen Charme. Der **Nachtmarkt** (Fr, Sa & So) lohnt dank köstlichem Streetfood und kleinen Andenken einen Besuch; vom **Wat Tham Sua** (Tiger Cave Temple) bieten sich weite Ausblicke über die Stadt und die Andamanensee.

Vor der Küste von Krabi bieten sich zahlreiche Ziele für Erkundungen an, z. B. Koh Poda, Chicken Island, Tup Island und Phranang Cave Beach. Die meisten Reisenden zieht es aber gen Süden nach Koh Lanta und Koh Jum.

Koh Lanta

Dank langer Küste und Dutzenden von Stränden ist **Koh Lanta** sehr beliebt. Hier gibt's etwas für jeden Geldbeutel, u. a. Longtail-Bootstouren, Tauchen, Schnorcheln und jede Menge hippiehafte Reggaebars. **Lanta Old Town**, auch als **Sri Raya** bekannt, war einst ein Handelshafen für arabische und chinesische Schiffe, die zwischen Phuket, Penang und Singapur unterwegs waren. Das heutige Lanta Old Town ist ein verschlafenes Dorf mit viel rustikalem Charme.

Koh Jum

Koh Jum ist eine kleine Insel mit neun Stränden. Die Strände im Süden der Insel sind leicht mit dem Motorroller zu erreichen, die im Norden sind abgeschiedener und dank vieler Schotterstraßen ist hier ein wenig Abenteuergeist nötig. Auf Koh Jum geht das Leben einen geruhsameren Gang und meist gibt's hier nicht viele Besucher:innen – perfekt für Leute, die einen eher ruhigen Urlaub verbringen möchten. Außerdem gibt's hier ein paar großartige Schnorchelspots. In **Ban Koh Jum**, dem größten Dorf der Insel, kannst du Andenken kaufen und in Reisebüros deine weitere Reise planen.

41 Phukets ALTSTADT

GESCHICHTE | ARCHITEKTUR | ATMOSPHÄRE

Das historische Herz und der wahre Schmelztiegel der Insel ist die Altstadt von Phuket (Phuket Old Town), berühmt für ihre bunten sino-portugiesischen Shophouses, ihr quirliges Flair und ihren altmodischen Charme. Das Viertel ist an jeder Ecke ein wahres Fest für die Sinne.

In Kürze

Unterwegs vor Ort Die Altstadt von Phuket ist am besten zu Fuß zu erkunden.

Reisezeit Phuket gilt als am schönsten von Dezember bis März.

Empfehlung Das kunstbeflissene Café **Bookhemian** in der Thalang Rd 61 bietet beim Rundgang durch die Altstadt erfrischende Getränke und Häppchen.

Highlight Jeden Sonntag findet an der Thalang Road ab 16 Uhr der **Sunday Walking Street Market** statt, auch Lard Yai genannt.

Europäisch-chinesische Schnittpunkte

Die chinesisch-koloniale Villa **Baan Chinpracha** an der Krabi Road wird noch immer von der Familie Tandavanitj bewohnt. Sie ist meist öffentlich zugänglich und gewährt mit Erbstücken, Möbeln aus China und Europa und italienischen Böden Einblick in den Lebensstil reicher Phuket-Familien.

0 200 m

03 Mehr über die Geschichte des alten Phuket erfährst du im **Thai Hua Museum** in der Krabi Road, einer sino-portugiesischen Kolonialvilla von 1917, genutzt als Schule.

04 Der **Nguan Choon Tong Herb Shop** in der Thalang Road ist der älteste chinesische Kräuterladen in Phuket. Hier gibt's Heilkräuter sowie Holzkästen mit Obst, Rinden und Wurzeln.

05 Die reizende Gasse **Soi Romanee** zwischen Thalang und Dibuk Road war einst der Rotlichtbezirk für chinesische Arbeiter. Heute ist sie von bunten sino-portugiesischen Shophouses gesäumt.

02 Den **Sang-Tham-Schrein**, den Shrine of Serene Light, ließ 1889 eine Hokkien-chinesische Familie erbauen; die Wände sind mit Malereien geschmückt, die alte Geschichten illustrieren.

01 Los geht's in der Phang Nga Road mit der hübschen sino-portugiesischen Architektur des **The Memory at On On Hotel**.

Th Dibuk
Th Yaowarat
Th Krabi
Th Thalang
Th Phang-Nga
Th Phuket
Th Takuapa
Fountain Circle
Ao Phuket
Th Bangkok

Empfehlungen

WEITERE LIEBLINGSORTE

Lieblingslokale

Kin-Kub-Ei $$

Kin-Kub-Ei heißt so viel wie „Essen bei Tantchen" und hier zu essen ist ein wirklich authentisches Erlebnis. Hier zaubert Auntie Tubtim, oft in einen Batik-Sarong gewandet, nach uralten Familienrezepten fabelhafte südthailändische Spezialitäten.

Tu Kab Khao $$

Das elegante Restaurant Tu Kab Khao residiert in einem restaurierten sino-portugiesischen Haus und serviert das Beste, was die Phuket- und die südthailändische Küche zu bieten hat. Auf der Karte stehen fast 100 Gerichte. Von außen wirkt das Restaurant zwar teuer, doch es ist recht erschwinglich und bietet ein tolles Speise-Erlebnis.

Krua Thara $$

Das beliebte Krua Thara am Nopparat Thara Beach in Krabi serviert authentische Thai-Küche, in verschiedenen Gewürzen perfekt zubereitete frische Meeresfrüchte und einfache Gerichte wie Bratreis und pfannengerührten Wasserspinat. Das alteingesessene Restaurant begeistert Einheimische wie Reisende gleichermaßen.

Sonnenuntergangsblicke

Promthep Cape

Das bekannte Kap Promthep zählt zu den wichtigsten Wahrzeichen und meistfotografierten Orten Phukets. Vom Kap im Süden der Insel bieten sich weite Ausblicke auf die Andamanensee, ideal zum Bestaunen des Sonnenuntergangs.

Rang Hill

Der Rang Hill oberhalb von Phuket (Stadt) ist dank Natur, ein paar Thai-Restaurants, kleinem Tempel und dem einen oder anderen wilden Affen beliebt bei Einheimischen. Zum Sonnenuntergang eröffnen sich schöne Panoramablicke.

Monkey Trail

Der Monkey Trail zwischen Ao Nang Beach und Pai Plong Beach in der Provinz Krabi windet sich durch Dschungel, der hin und wieder den Blick freigibt auf die Kalksteinfelsen des Ao Nang Tower. Unterwegs triffst du auf jede Menge Makaken; nicht füttern und auf deine Siebensachen aufpassen!

Markthighlights

Phuket Indy Market

Der Phuket Indy Market wendet sich an ein jüngeres Publikum und ist dank vielfältigem Essen, Livemusik und Künstlerständen mit handgefertigten Souvenirs beliebt. Mittwochs bis freitags von 16 bis 22.30 Uhr.

Naka Market

Der auch als Phuket Weekend Market bekannte Naka Market ist ein Anlaufpunkt für Andenken, unkonventionelle handgefertigte Sachen, Bekleidung, Haushaltswaren und

Monkey Trail

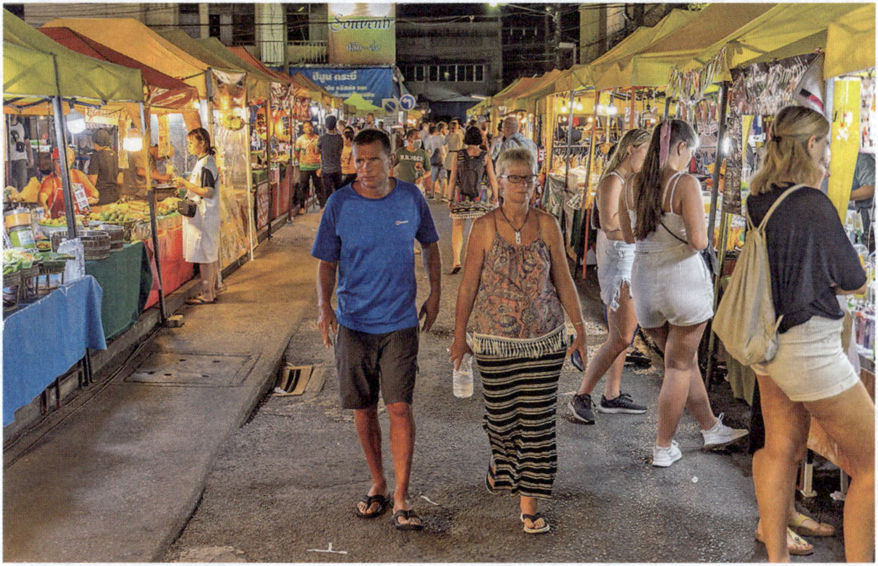

Krabi Night Market

köstliches Streetfood. Der große Nachtmarkt findet bei Phuket (Stadt) statt und ist täglich von 16 bis 22 Uhr geöffnet.

Krabi Night Market

Der Straßenmarkt im Herzen von Krabi (Stadt) findet jeden Freitag, Samstag und Sonntag statt, mit einer breiten Palette an Produkten wie Kunst und Kunstgewerbe von heimischen Künstler:innen, Bekleidung und natürlich Essen.

Nachtleben in Phuket

Zimplex

Das coole Zimplex in Phuket (Stadt) serviert Molekular-Cocktails und soll wie ein Wissenschaftslabor aussehen. Der thailändische Inhaber, der allen als Tom Funk bekannt ist, bietet neben kreativen Cocktails und Shots auch erstklassige Musik.

KUDO Beach Club

Der einzige Strandclub am Patong Beach mit Poolbar, Loungebereich und italienischem Restaurant. Internationale DJs sorgen für coole Beats; dazu gibt's irre Mottopartys, köstliches Essen und ausgezeichnete Cocktails.

Tew Lay Bar

Die reizende Tew Lay Bar am Railay East Beach in Krabi verströmt ein Vintage-Flair. Die vollständig aus Bambus und Reet errichtete kleine Bar ist super für einen Cocktail bei Reggae-Musik und Ausblick auf den Mangrovenwald.

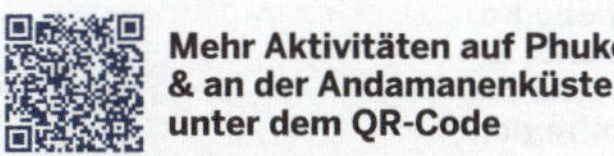

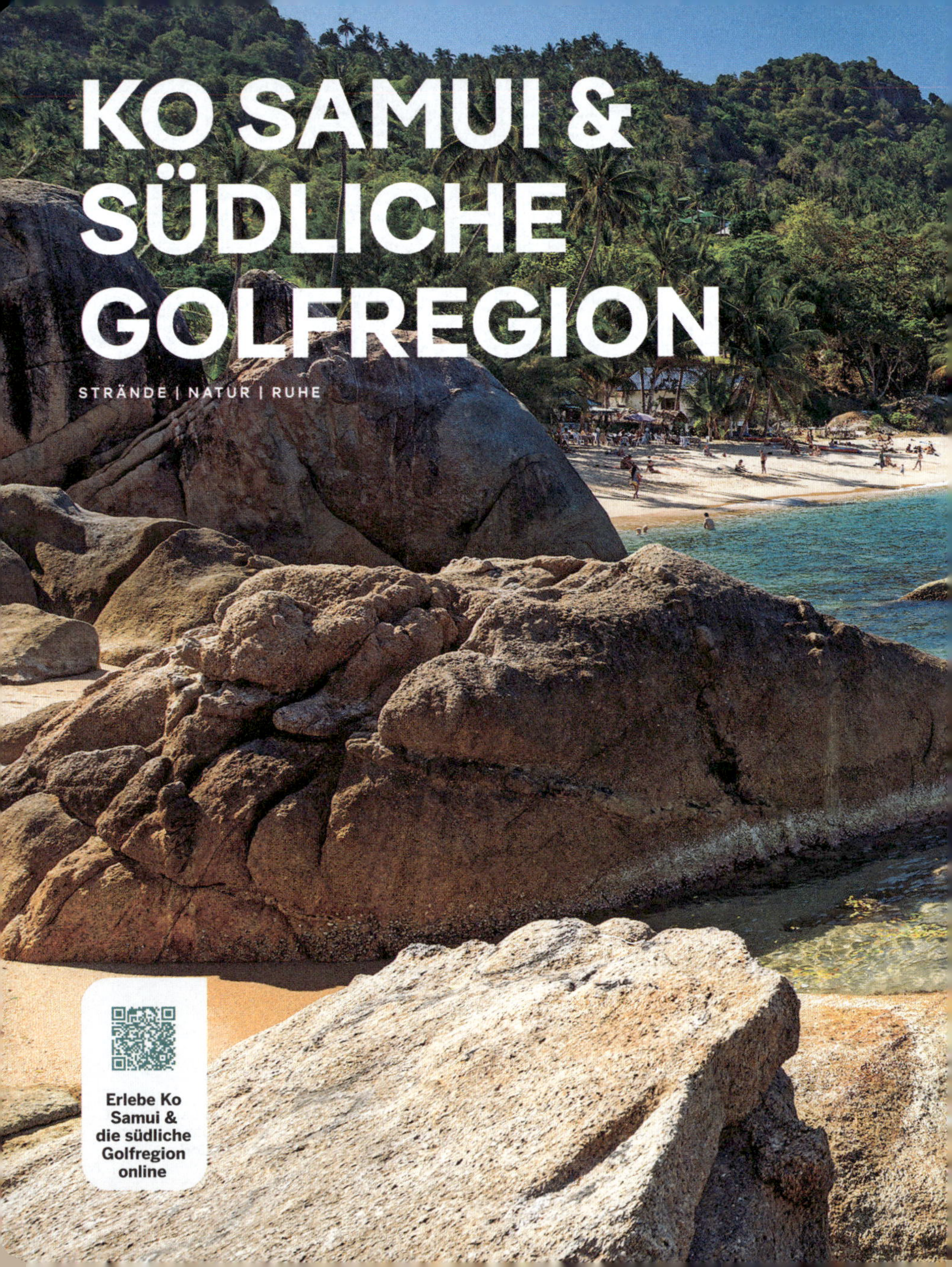
KO SAMUI &
SÜDLICHE
GOLFREGION
STRÄNDE | NATUR | RUHE
Erlebe Ko Samui & die südliche Golfregion online

MAXIM TUPIKOV/SHUTTERSTOCK ©

Durch den wunderbaren **Ang Thong National Marine Park** mit seinen 42 Inseln schippern (S. 224)
1 Std. vom Lomprayah Pier

KO SAMUI & SÜDLICHE GOLFREGION

Reiseplaner

Saphirblaues Wasser, weicher Sand und üppiger grüner Dschungel bilden die opulente Kulisse auf Ko Samui und in der südlichen Golfregion. Die zweitgrößte Insel Thailands nahe der Hippie-Insel Ko Tao und dem quirligen Ko Pha-Ngan lockt mit ihrem entspannten Flair, glasklaren Wasser und Boheme-Lebensstil Reisende und Feiernde an.

Mit der Familie rund ums sonnenverwöhnte **Ko Taen** Kajak fahren (S. 225)
+ 20 Min. vom Lamai Beach

Bei **Coco Tam's** auf Sitzsäcken faulenzen, einen Sundowner schlürfen und traumhafte Sonnenuntergänge genießen (S. 223)
12 Min. vom Big Buddha
Ban Bang Po
Ban Mae Nam
Bo Phut
Choeng Mon
Na Thon
Chaweng Lake
Ban Chaweng
Ko Matlang
Hat Chaweng
Ban Lipa Yai
Khao Pom
Im gehobenen **Long Dtai** im einzigen privaten Inselhotel dinieren (S. 230)
+ 20 Min. vom Fisherman's Village
Ban Saket
Ko Samui
Thong Takian
Ban Lamai
Ban Thurian
Ban Taling Ngam
Ban Hua Thanon
Den **Silver Beach** mit feinem weißem Sand und glasklarem Wasser ansteuern (S. 223)
+ 20 Min. vom Hat Chaweng
Ban Bang Kao
Ban Phang Ka
Ban Thong Krut
Ko Taen
Im luxuriös entlegenen **Kamalaya Koh Samui** die Seele baumeln lassen (S. 219)
40 Min. vom Samui Airport
Weitere Erlebnisse auf Ko Samui & in der südlichen Golfregion

0 10 km

Praktisches

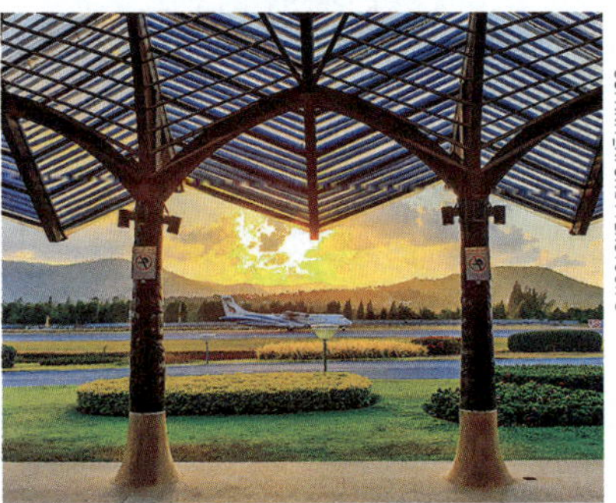

SUPAKIT_N/SHUTTERSTOCK ©

ANKUNFT

Samui International Airport Wird von Bangkok Airways betrieben. Die Freiluftanlage mit Läden in strohgedeckten Hütten macht diesen zu einem der schönsten Flughäfen Thailands. Zwar sind die meisten Verbindungen Inlandsflüge von Bangkok Airways, doch hier kommen auch Flieger aus Singapur an.

Surat Thani International Airport Die billigere Alternative, um nach Ko Samui zu kommen; hier landen mehr Billigflieger, doch nach Samui musst du ein Auto und dann eine Fähre nehmen.

WAS KOSTET

Fußmassage 350 B

Singha-Bier 30 B

Sonnencreme 500 B

Seilrutschen 2000 B

REISEZEIT

JAN.–MÄRZ
Hochsaison; trocken und sonnig mit tollen Wasserbedingungen. Beste Reisezeit, voll.

APRIL–JUNI
Heißeste Zeit des Jahres; rund um Songkran.

JULI–SEPT.
Angenehmes Wetter, aber launisch, mit leichtem Regen ab September.

OKT.–DEZ.
Höhepunkt des Monsuns. Regen, raues Meer und stark reduzierte Sicht unter Wasser.

UNTERWEGS VOR ORT

Taxi Es gibt nur ein Taxiunternehmen auf Samui, mit Fahrzeugen in Gelb und Weinrot. Die Preise reichen meist von 400 bis 800 B. Uber und Grab sind hier nicht zuverlässig, also besser meiden.

Mietwagen Ein Auto zu mieten ist unproblematisch und erschwinglich, entweder am Flughafen oder vorher übers Internet. Ab 700 B pro Tag.

Motorroller Motorroller und -räder sind fast überall erhältlich, allerdings gibt's häufig Motorradunfälle, also Vorsicht! Ab 160 B pro Tag.

Sŏrng·tăa·ou Sind auf der Straße rund um die Insel unterwegs, dazu billig und spaßig und können abends für Privattransporte gemietet werden.

ESSEN & TRINKEN

Die südthailändische Küche strotzt vor Meeresfrüchten und ist scharf. In den meisten Thai-Restaurants gibt's *gaeng som* (eine saure Suppe aus Tamarinde, Kurkuma und Fisch; Foto rechts oben). Im Süden sind muslimische Currys mit Roti angesagt, serviert in alten Shophouses oder an Straßenkarren. Die süße Version ist Roti mit Banane und Kondensmilch (Foto rechts unten), zu haben an der Marktstraße im Fisherman's Village.

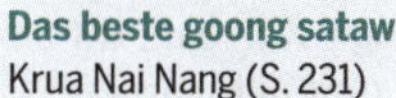

Das beste goong sataw
Krua Nai Nang (S. 231)

Köstliche Eiscreme
Rossini's Ice Cream (S. 237)

ÜBERNACHTEN

Die fast kreisrunde Insel kann in einer guten Stunde umrundet werden, doch Samui bietet einzigartige Unterkünfte in fast allen Preisklassen.

Ort	Pro & Contra
Bophut	Trendige Gegend mit dem munteren Fisherman's Village voller Restaurants, Bars und Läden aller Art am Strand.
Lipa Noi	Entlegener Strand rund 40 Minuten vom Zentrum mit Ferienvillen und nur ein paar wenigen Restaurants.
Bangrak	Zentral gelegen beim Großen Buddha; nicht weit vom Hat Chaweng. Erschwingliche Unterkünfte, internationale Supermärkte, tolle Bäckereien und nicht weit vom Anleger.
Lamai	Beliebt bei hiesigen Expats; mit gutem Mix von Restaurants, sauberen Stränden und erschwinglichen Unterkünften. Mit großer französischer Community.
Choeng Mon	Nicht weit vom Flughafen; mit Luxushotels und Ferienvillen, perfekt für Paare, die den ganzen Tag faulenzen wollen.
Mae Nam	Ruhiger, authentischer und klasse für Familien; ruhiges Meer und Aktivitäten wie Seilrutschen, Kitesurfen und dem Straßenmarkt in Mae Nam.

SONNENCREME

Sonnencreme kann in Thailand sehr teuer sein – bis zu 20 US$ pro Flasche. Von zu Hause aus genug mitbringen!

GELD

Geldautomaten gibt's an den Hauptstraßen, vor 7-Eleven-Märkten und in Malls. Für Taxifahrten und Streetfood am besten immer Bargeld dabeihaben!

INTERNET & ORIENTIERUNG

WLAN Gibt's in den meisten Restaurants, Cafés und sogar Massagesalons.

Landkarten Gibt's am Flughafen hinter der Gepäckausgabe.

42 Finde dich selbst AUF SAMUI

MEDITATION | YOGA | DETOX

Auf Samui dreht sich nicht alles um Sonnenuntergänge und Partys: Die Insel ist auch für ihr großes Angebot an Wellness-Resorts und Yoga-Retreats für jeden Geschmack bekannt. Von offenen Meditations-Workshops und achtsamen Yogakursen bis zu Hardcore-Schweigeaufenthalten bei Mönchen: Für alle, die ihrem inneren Selbst nachspüren möchten, wird hier etwas geboten.

PAULA BRONSTEIN/GETTY IMAGES ©

Wie ...

Unterwegs vor Ort Am besten bist du auf Samui per Taxi oder Minivan unterwegs, arrangiert über deine Unterkunft. Uber gibt's nicht, Grab selten.

Reisezeit Ko Samui ist das ganze Jahr über toll. Von April bis August ist jedoch weniger los und du genießt mehr Stille.

Preise Die Kosten für Retreat-Aufenthalte variieren. Einige sind gratis, wenn du täglich ein bisschen arbeitest; Luxusbleiben können 270 US$ die Nacht kosten.

Tipp Die meisten Resorts bieten Tagespässe für Leute, die Luxuseinrichtungen, Mittagessen und Entspannung genießen möchten.

ISLAMIC FOOTAGE/SHUTTERSTOCK ©

Links oben Kamalaya Koh Samui
Links unten Absolute Sanctuary

Stilles Samui

Über bergigem Dschungel liegt das **Dipabhavan Meditation Center**, ein einzigartiges Retreat, das sich auf die Praktiken des Dhamma konzentriert, der Lehren Buddhas. Bei deinem Aufenthalt lernst du vom Abt oder von Mönchen etwas über Achtsamkeitstechniken, Konzentration und Vipassana-Meditation. Die Gäste werden ermutigt, die Kraft der Stille zu nutzen. Der dreitägige Kurs ist kostenlos und findet in einer Atmosphäre statt, die bei der Suche nach dem „Ort des Lichts" helfen soll.

Spirituelles Samui

Wer auf seiner spirituellen Reise Luxusunterkünfte schätzt, für den ist das **Kamalaya Koh Samui** genau richtig. Das Wellness-Retreat und ganzheitliche Spa an der Südküste ist durch üppige Vegetation, versteckte Häuschen und stille Pfade geprägt, die eine Flucht vor dem Trubel draußen ermöglichen. Es werden maßgeschneiderte Programme für alles von Detox und Gewichts- bis zu Stressmanagement und das Sichöffnen für Veränderungen angeboten. Außerdem stehen den ganzen Tag über gesunde Speisen zur Verfügung.

Heiteres Samui

Yogafans können das **Vikasa** ansteuern, ein hinreißendes Retreat, das Yoga inmitten einer für die persönliche Wandlung perfekten Umgebung anbietet. Die ganzheitliche Herangehensweise des Hotels zeigt sich nicht nur in den Lehren, sondern auch etwa bei der Bioküche. Mit Tagespässen hast du Zugang zum Infinitypool, zum Café, zu den Gärten und zum Strand.

Spirituelle Heilung

Absolute Sanctuary Luxuriöser Neustart in preisgekröntem, marokkanisch angehauchtem Wellness-Resort in abgeschiedenem Gebiet in Choeng Mon. Alles von Detox bis Fitness, außerdem Restaurant mit nahrhaftem Essen.

Surya Muni Spiritual Healing Center Das Zentrum am Lipa Noi wird von einem liebevollen Siebzigjährigen geleitet und praktiziert spirituelle Heilung, die dich in Kontakt mit dir selbst bringen soll. Wer wenig Zeit hat, kann auch an einzelnen Sessions teilnehmen.

Samui International Mediation Center In drei harmonischen Tagen lernst du vom hiesigen Mönch die Kunst des Meditierens und die spirituellen Grundlagen des Buddhismus. Mahlzeiten und Unterkunft sind inbegriffen.

43 Der Rausch der TIEFE

ENTDECKUNGEN | TAUCHEN | ARTENVIELFALT

Die azurblauen Gewässer rund um die Golfinseln locken mit ihrem unberührten Wasser, ihrem prächtigen Meeresleben und ihren bunten Korallenriffen Unterwasserfans aus aller Welt an. Ko Tao und Umgebung, Fachleuten zufolge eins der schönsten und erschwinglichsten Tauchreviere der Welt, warten mit einigen traumhaften Tauchspots mit Granitpfeilern, Fischschwärmen und Schiffswracks aus dem Zweiten Weltkrieg auf und 70 Tauchschulen haben Angebote für alle Niveaus.

VLAD61/SHUTTERSTOCK ©

Wie ...

Anreise Mit dem Lomprayah-Expresskatamaran (lomprayah.com) ab Ko Samui oder per privatem Schnellboot, wenn du über eine Tauchschule buchst.

Reisezeit Das stille Wasser um Ko Tao ist das ganze Jahr über super, aber am besten ist es von Mai bis September, am klarsten im April/Mai.

Kosten Einfache Tauchgänge ab 100 US$, PADI-Zertifizierung bis 400 US$ und einmonatige Tauchlehrerkurse bis 900 US$.

Sundowner Im **Whitening** kannst du zum Sonnenuntergang einen schönen Drink genießen.

ISRA.HONG/SHUTTERSTOCK ©

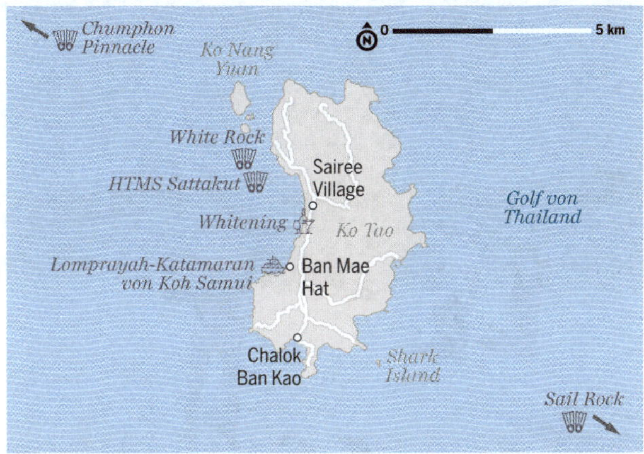

Links oben Anemonen und Clownfische, Ko Tao **Links unten** HTMS *Sattakut*

Tauchen rund um Ko Tao

Einer der beliebtesten Spots der Gegend ist der **White Rock** ein paar Minuten vom Anleger von Ko Tao. Er ist perfekt für alle Niveaus und strotzt vor Meeresleben, darunter manchmal auch Meeresschildkröten. Hier ist auch Nachttauchen möglich, vor allem zur Sichtung von Jello-Barrakudas.

Zwar gehört er eigentlich nicht zu Ko Tao, doch der **Sail Rock** zählt zu den beliebtesten Tauchspots im Golf und lohnt sich auf jeden Fall. Er liegt knapp zwei Bootsstunden von der Insel entfernt und ist leicht zu erkennen: eine Granit-Felsnadel, die aus dem Wasser ragt. Unter Wasser gibt's hier in etwa 18 m Tiefe einen Felskamin, den Chimney, mit spektakulärem Meeresleben mit etwa Fledermausfischen, Königinnen-Umbern, Schnappern und kleineren Lebewesen.

Westlich vom Sairee Beach auf Ko Tao liegt in 18 m Tiefe das Wrack der **HTMS Sattakut**. Der künstliche Tauchspot ist beliebt bei fortgeschrittenen Tauchenden, die ihre Spezialkenntnisse verbessern möchten. Am Wrack tummeln sich eine Reihe von Rifffischen wie Gelbschwanz-Barrakudas und Malabar-Zackenbarsche und mit viel Glück siehst auch einen Walhai.

Die besten Tauchspots

Sail Rock Super Spot für große Pferdemakrelen und Zackenbarsche.

Chumphon Pinnacle Rund 45 Minuten von Ko Tao entfernt; dies ist einer meiner Lieblingsspots, manchmal sieht man hier Walhaie.

Insgesamt hat Ko Tao den Vorteil, in der Nähe der meisten Tauchspots zu liegen, ideal für Neulinge, die einen Tauchschein machen, aber nicht den ganzen Tag auf dem Meer verbringen wollen.

Darren Gaspari *ist PADI-Kursleiter, Inhaber und CEO von Aussie Divers. aussiediversphuket.com*

44 INSELN mit Meerblick

STRÄNDE | TAGESTRIPS | SONNENUNTERGÄNGE

Der Samui-Archipel in der südlichen Golfregion ist vielleicht für das alternativ angehauchte Ko Tao und die berüchtigte Partyinsel Ko Pha-Ngan bekannt, hat aber weitaus mehr zu bieten. Mit über 60 Inseln und unzähligen wunderschönen Stränden auf Samui selbst gibt's hier überall mehr als genug weißen Sand und idyllische palmengesäumte Küsten.

PE3K/SHUTTERSTOCK ©

Wie ...

Anreise Am besten kommst du nach Ko Tao und Ko Pha-Ngan mit dem Lomprayah-Expressboot (600 B einfach, 1½ Std.) vom Bangrak Pier.

Reisezeit Januar bis März ist die beste Zeit zum Schnorcheln, Tauchen, Wandern und Sonnenbaden. Von Juli bis September ist weniger los und alles ist billiger.

Tipps Bootsfahrten können unruhig sein, also besser Tabletten gegen Seekrankheit mitnehmen!

Angucken Hin Ta und Hin Yai (Opa- und Omafelsen) auf Ko Samui ähneln auffallend den Genitalien von Mann und Frau – beliebt bei den Einheimischen.

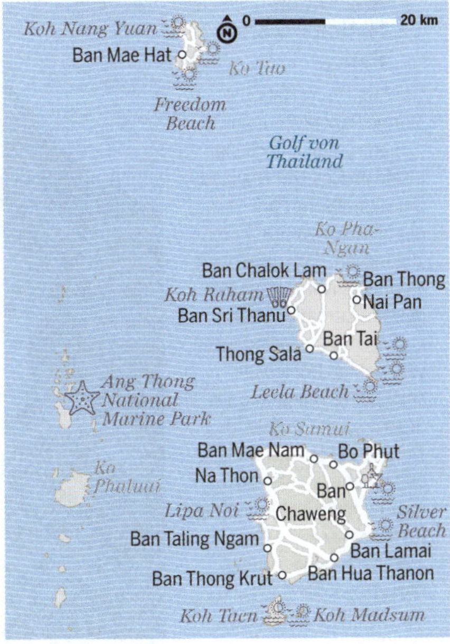

Ko Samui

Hier kannst du an traumhaften Orten wie dem **Silver Beach** sonnenbaden, einen Katzensprung von dem manchmal übervollen **Chaweng** – das kristallklare Wasser ist mit Felsbrocken jeder Größe gespickt und um deine Füße wuseln kleine Fische. Ein Stück weiter ist der 1 km lange **Choeng Mon**, beliebt dank pulvrigem Sand, ruhigem Wasser und Restaurants. Sonnenuntergangsfans sollten den stillen **Lipa Noi** mit atemberaubenden Ausblicken und seichtem Wasser oder den beliebten **Bo Phut** mit Sonne und Sundownern in der Strandbar **Coco Tam's** ansteuern.

ILPO MUSTO/ALAMY ©

Ko Pha-Ngan

Zwar genießt die Insel einen Ruf für Partys bis zum Morgengrauen, doch sie hat auch eine

Links oben Lipa Noi Beach
Links Coco Tam's, Bo Phut

stillere Seite mit versteckten Stränden und schöner Vegetation. Statt des berüchtigten **Haad Rin** kannst du den **Leela Beach** mit fotogenen Strandschaukeln und glasklarem Wasser anpeilen. Der rund 3 km entfernte **Haad Yuan** ist zwar schwerer zu erreichen, lohnt aber dank felsiger Umgebung, Wandermöglichkeiten und fantastischen Aussichtspunkten alle Strapazen. Der entlegene **Bottle Beach** an der Nordspitze der Insel ist ein großartiges Ziel für Wandernde, die Herausforderungen lieben. Schnorchelfans sollten sich nach **Ko Raham** aufmachen: Hier schwimmen rund um große Felsen am Fuß einer Strandbar Hunderte kleine Fische.

Ko Tao

Die freigeistige kleine Insel Ko Tao wartet mit idyllischer Szenerie auf, angefangen beim Hauptstrand, dem beliebten **Sairee**, der nie

Ang Thong National Marine Park

Der Ang Thong National Marine Park besteht aus 42 ganz unterschiedlichen Inseln im Golf von Thailand. Der himmlische Park ist nur im Rahmen von Touren zugänglich; das saphirblaue Meer ist mit steil aufragenden Felsformationen und großen Kalksteinklippen mit versteckten Höhlen gespickt. Ang Thong war das ursprüngliche Vorbild für *The Beach* von Alex Garland und tauchte im Roman auf, aber nicht in der Verfilmung. **Ko Mae Ko** birgt einen atemberaubenden smaragdgrünen Salzwassersee, der komplett von Kalksteinklippen umringt ist, zu erreichen nach einer 20-minütigen Wanderung. Das Nomadendorf auf **Ko Wua Ta Lap** gilt als Zentrum des Meeresparks; hier gibt's Bungalows zu mieten.

Vollmondparty

Die Full Moon Party, angeblich 1985 von ein paar Travellern ins Leben gerufen, findet noch immer an der alten Location am Strand Haad Rin auf Ko Pha-Ngan statt. Zum Vollmond strömen jeden Monat die Massen hierher, um Musik und Strand zu genießen und Leute kennenzulernen.

PTTRAVELPHOTO/SHUTTERSTOCK ©

aus der Mode gekommen wirkt und sich perfekt für Sonnenuntergänge und Spaziergänge eignet. Die **Chalok Baan Kao Bay** säumt der drittgrößte Strand, mit Blick auf die Hauptinseln in der Nähe und stillem Wasser, perfekt für kleine Kinder; er wirkt nie überlaufen. Der **Freedom Beach** wiederum ist dank Korallenriff, türkisem Wasser und schattigem Ufer beliebt. Zehn Bootsminuten von der Insel entfernt ist **Ko Nang Yuan**: Es besteht aus drei kleinen Inseln, die durch eine schöne Sandbank und fantastische Korallen, wo sich auch mal Mantarochen und Meeresschildkröten blicken lassen, verbunden sind. Am **Tanote Beach** ist es zwar voll, doch mit Möglichkeit zum Klippenspringen und Leutegucken sowie dank seiner traumhaften Sonnenaufgänge ist er auch wirklich schön.

Insel-Tagestour

Mit einem traditionellen Longtail-Boot geht's für einen Tag nach **Ko Madsum** mit seinen reizenden Schweinen, die auf der Insel abhängen. Nach einem morgendlichen Bad geht's weiter zum benachbarten **Ko Taen** zum Schnorcheln, Baden und Kajakfahren in ruhigem Gewässer.

LINKS: DON MAMMOSER/SHUTTERSTOCK ©, RECHTS: SUTTIRAT WIRIYANON/SHUTTERSTOCK ©

Links Ang Thong National Marine Park
Ganz oben Ko Tao **Oben** Schlafendes Schwein, Ko Samui

WUNDER
der Natur

01 Hin Lad (Wat Namtok)
Der zweitgrößte Wasserfall der Insel bietet ein stilles Ambiente mit 4–5 km langem Wanderweg am Fluss.

02 Na Muang 1
Am Na Muang 1, Teil eines Duos bei der Nathon Bay, strömt Wasser wunderschön in Naturbecken.

03 Na Muang 2
Der beliebte Wasserfall ist surreal, mit halbversteckten Felsgebilden und Blick aufs funkelnde Meer.

04 Khun Si
Bei Bophut locken anspruchsvolle Wege, die sich in Durianplantagen verstecken; auf natürlichen Felsterrassen kannst du in Wasserbecken baden.

05 Secret Falls (Tang Rua)
Durch dichten Dschungel führen Pfade zu fantastischen Ausblicken vom drittgrößten Wasserfall auf Ko Samui.

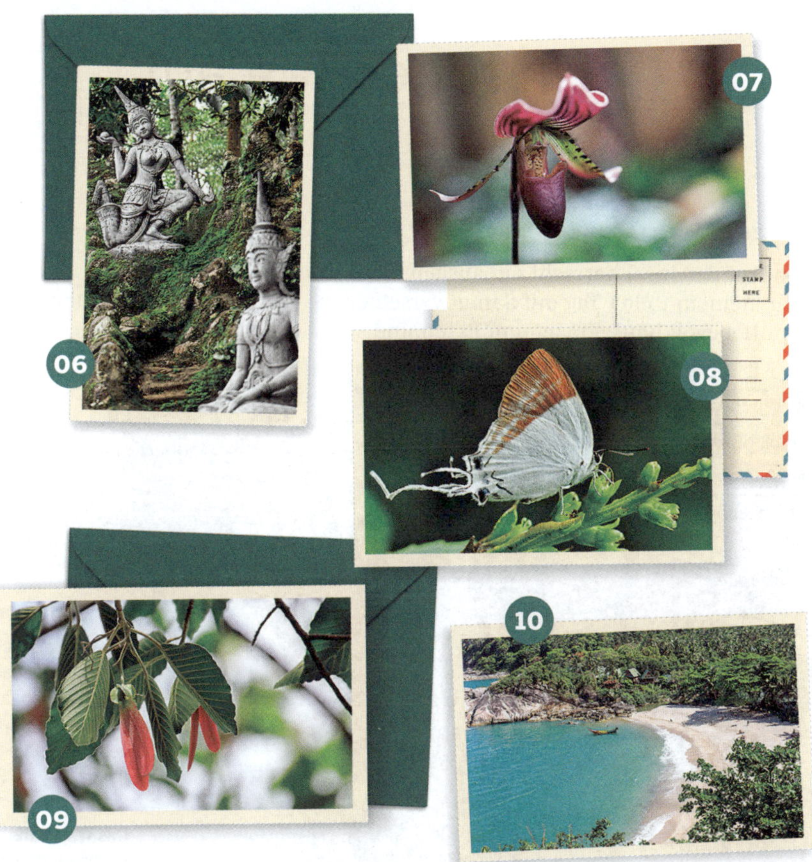

06 Khao Yai
Dieser Wasserfall ist der zugänglichste, mit tropischer Dschungelkulisse und Secret Buddha Garden.

07 Frauenschuh
Diese prachtvolle Orchidee wächst im Ang Thong National Marine Park.

08 Neocheritra amrita
Der schöne Schmetterling *Neocheritra amrita* mit gelb-braunen Flügeln ist auf Ko Pha-Ngan unterwegs.

09 Dipterocarpus alatus
Auf dem großen Waldbaum auf Ko Tao hocken gern die seltenen Weißbauch-Seeadler, die in Thailand unter Naturschutz stehen.

10 Aussichtspunkt Domsila
Vorbei am Phaeng-Wasserfall geht's zu Panorama-Meerblicken vom Domsila auf Ko Pha-Ngan.

45 Ein toller Tag auf SAMUI

WELLNESS | ABENTEUER | DRINKS

Auf der Insel herrscht ein ausgeprägter Gemeinschaftssinn, und so erkunde ich an meinem tollen Tag auf Samui verschiedene Wellness- und Verwöhnangebote, mit liebevoll hausgemachtem Essen und spannenden Aktivitäten.

DEV_MARYNA/SHUTTERSTOCK ©

In Kürze

Kosten Eine Yogaklasse im Vikasa kostet 690 B.

Etwas zurückgeben Als Freiwillige:r kannst du bei der **Pariah Dog Foundation** mit den Hunden spielen, was ihre sozialen Fähigkeiten stärkt, wodurch ihre Chance auf Adoption steigen.

Fotomotive Im Skulpturengarten des **Dusit Dheva Cultural Center** (Foto oben) mit Khmer-Gottheiten und nachgebauten Ruinen kannst du deine Fotografiekünste verfeinern.

Abhängen Das **Beryl**, eine der letzten verbliebenen authentischen Reggaebars, liegt an einem ausgetretenen Pfad in Baan Makham.

Beste Spots

Der **Silver Beach** ist prima für ein Bad an einem heißen Tag. Handtuch mitbringen; Einrichtungen hat der Crystal Bay Yacht Club.

Das **Wann Gram** in Bang Por ist ein winziges Bistro mit modernen Thai- und westlichen Klassikern. Auf der kreativen Karte steht etwa eine instataugliche *foie gras flambé*.

Shannon Pertis *ist Mitgründerin von Hot Mess und Anwältin. @hotmess_samui*

01 Im **Vikasa Yoga Retreat** in Nord-Lamai nimmst du nach dem Aufstehen Yoga-Unterricht und genießt einen frisch gepressten Saft, während du im Ausblick vom Vikasa Life Cafe schwelgst. Für 690 B umfasst das Healthy-Morning-Paket Meditation, Yoga und ein gesundes Frühstück.

02 Bei einem Besuch im **Samui Elephant Haven** in Bophut fütterst und badest du die prächtigen Dickhäuter in ihrem natürlichen Habitat.

03 Im Fisherman's Village bietet das **Marigold** in behaglichem Retro-Ambiente traditionelle südthailändische Küche. Es gibt auch Tische draußen.

04 Eine spannende Art, das Meer zu erleben, ist die **Sonnenuntergangs-Jetskisafari** von Extreme Samui Water Sports in Bangrak. Nach einer kurzen Sicherheitseinführung erkundest du einen Teil der Küste von Samui und umkreist sogar einige der kleineren Inseln wie Ko Som.

05 Die Cocktailbar **Shinelay** in Baan Makham ist ein beliebter Treff für Musiker:innen, Poeten und Kreative und beherbergt außerdem einen Musik- und Surfboardshop. Hier schlürfst du Cocktails aus erstklassigen Zutaten; oder du leihst dir eines der SUP-Bretter für eine Runde durch die Bucht.

46 Die Küche des SÜDENS

SCHÄRFE | SEAFOOD | ETHNOKÜCHE

Das Essen des Südens gilt vor allem als eins: als scharf. Und zwar so scharf, dass es dich umhaut. Jedoch merkst du bald, dass sich die Küche des Südens damit nicht erschöpft. Dank vielfältiger Einflüsse etwa aus Malaysia und China und dem reichen Füllhorn an Meeresfrüchten kannst du dich auf eine Entdeckungsreise begeben, die dich wegführt von der erwarteten Schärfe.

Wie ...

Schärfe War dir das Essen zu scharf, dann besorge dir im nächsten 7-Eleven eine Flasche Flying Rabbit – das hilft gegen Magenbeschwerden.

Aromabalance Die Thais teilen sich am Tisch mehrere Gerichte, meist Dip, Salat, Suppe, Curry und Pfannengerührtes sowie dazu Jasminreis.

Besteck In Thai-Restaurants findest du nur Löffel und Gabel. Essstäbchen kommen meist nur für Nudeln oder in chinesischen Restaurants zum Einsatz.

Kulinarische Reise

Surat Thani, das Tor zur südlichen Golfregion, hat viele Esslokale mit Regionalküche wie das **Keo Pla**, bekannt für seine in klarer Brühe servierten Fischbällchen und Wan Tans. Das **Yok Kheng** ist auf Nudeln mit Schweinefleisch nach Surat-Thani-Art sowie Thai-Desserts spezialisiert.

Das **Long Dtai** im schicken Hotel Cape Fahn auf Samui hat sich auf Zutaten und Rezepte des Südens spezialisiert, z. B. Kolae-Muscheln. Das Menü entwirft der renommierte Koch David Thompson. Oder du probierst das Kokossprossencurry im **Baan Luang Suan** inmitten einer Kokosplantage. Hier steht vor allem Seafood auf der Karte.

Das kulinarische Mekka Nakhon Si Thammarat ist bekannt für *khanom jeen* (klebrige fermentierte Reisnudeln). Im **Khanom Jeen Sen Sod Mae Aed** werden sie mit Currys wie *nám yah* serviert, mit frischem Gemüse und Kräutern

Wichtige Zutaten in der Küche Südthailands

Kokosmilch Mit Kokosmilch werden einzigartige Currys wie *nám yah kati* (ein gelbliches Curry mit fermentierten Nudeln) zubereitet.

Frische Kurkuma (*kha-min*) Die aromatische Gelbwurz ist das Gold der Thai-Küche. Sie kommt in Currypasten, sauren Suppen wie *gaeng som* und im muslimischen Biryani-Reis zum Einsatz.

Shrimpspaste *(kapi)* Wird hergestellt, indem winzige Shrimps oder auch Krill mit Salz gemischt zerdrückt und dann ein paar Wochen fermentiert werden. Die Paste wird für die Zubereitung von Currys, Pfannengerührtem und Dips wie das berühmte *nám prík kapi* verwendet.

Chilis und Pfeffer Frische und getrocknete Chilis, besonders *prík karieng*, und schwarzer Pfeffer verleihen der Regionalküche verschiedene Facetten von Schärfe.

gegen die Schärfe. Das **Kopi** ist perfekt für *bah kut teh* (Schweinsrippchenbrühe mit Kräutern) im Singapur- und malaiischen Stil; dazu passt ein schwarzer Kaffee. Das **Krua Nai Nang** ist bekannt für Klassiker des Südens wie *goong sataw* (sautierte Garnelen mit grünen Pfefferkörnern und Stinkbohnen) und frittierten Thai-Weißling mit viel Kurkuma; beide Gerichte werden mit gebratenem Knoblauch garniert.

Hat Yai weiter südlich bietet Shopping und Brathuhn. Am Essenswagen **Meenah** gibt's köstliches frittiertes Huhn auf duftendem Biryani-Reis mit knusprigen Schalotten oben drauf.

Oben Coffeeshop Kopi

47 Songkhla: ALT UND NEU

ARCHITEKTUR | SEEN | KUNST

Brauchst du einen Tapetenwechsel, dann mach dich auf Richtung Süden in die reizende Provinz Songkhla: Hier kannst du zwischen dem größten See des Landes und dem Golf alte sino-portugiesische Häuser bewundern. In kleinen, von Shophouses gesäumten Gassen tauchst du in die reiche chinesische Kultur ein, die seit dem 19. Jh. Teil dieses alten Fischerorts ist.

BEN BRYANT/SHUTTERSTOCK ©

Wie ...

Anreise Fliege nach Hat Yai; von dort sind es mit dem Taxi 45 Minuten zur Stadt.

Reisezeit Wettermäßig ist Dezember bis März am besten.

Sprache Da hier nur wenige Ausländer:innen unterwegs sind, kann das Kommunizieren im Süden schwierig sein; nutze eine Übersetzungs-App!

KANOK SULAIMAN/GETTY IMAGES ©

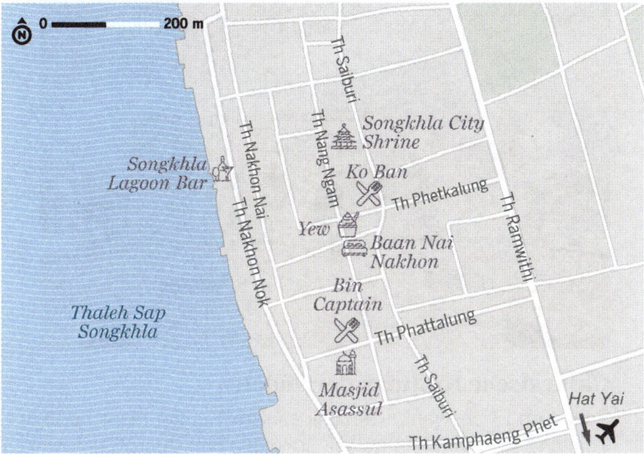

Die alte Stadt erkunden

2016 entschied der Provinzgouverneur, der Altstadt durch Wandbilder neues Leben einzuhauchen, die von Kunststudierenden der hiesigen Universitäten geschaffen wurden. In der Gegend um die Nang Ngam Road sind in Anzügen à la Beatles gekleidete Schattenspielfiguren des **Nang Talung** zu entdecken. Nach dem Besuch im **Songkhla City Shrine** von 1879 geht's zur Moschee **Masjid Asassul** von 1850 in der Phattalung Road.

In Songkhla triffst du an jeder Ecke auf Köstlichkeiten des Südens. Beginne den Tag mit Milchtee im 100 Jahre alten Shophouse **Hup Seng**; dann geht's in die Halal-Straße zu Hühnchencurry mit Gemüse und Dips im **Bin Captain**. Zur Abkühlung gibt's etwas in der Eisdiele **Yew**, z. B. cremige Eiscreme mit Eigelb und Milo-Schokolade oben drauf. Fürs Abendessen drängt sich das **Tae Hiang Aew** mit Thai-chinesischen Gerichten wie *rad na* (mit Tofu, Gemüse und Krebsfleisch in einer Sauce) oder zartem sautiertem Tintenfisch mit massenhaft Knoblauch auf.

Nächtigen kannst du etwa im **Baan Nai Nakhon** im Herzen der Altstadt, geführt von einem früheren Thai-Airways-Steward. Das Boutiquehotel mit sechs Zimmern strotz vor Antiquitäten und bietet zudem bunte Mosaiken, einen üppigen Garten und ausgezeichneten Service.

Links oben Songkhla City Shrine
Links unten Masjid Asassul

Lokale Küche

Im 100 Jahre alten **Ko Ban** und im **Ko Yao**, zwei Schwesterrestaurants, die für Nudeln nach chinesischer Teochew-Art mit klarer Brühe dazu bekannt sind, kannst du Nudeln im Songkhla-Stil probieren.

Meinen Lieblingsblick auf den See gibt's bei Sonnenuntergang von der Gasse Nakorn Nok, in der Nähe des Singha Beer Store, mit schönen Bougainvilleen entlang des Wegs. Das beste Licht ist von 17.30 bis 18.30 Uhr.

Toll ist auch die sonstige kulinarische Szene von Songkhla. Schlürfe mit den Einheimischen Milchtee im Teehaus **Hup Seng** und entdecke dann chinesische Einflüsse bei einem Schweinefleischeintopf oder den großen Dampfbrötchen im **Kiat Fung** in der Nang Ngam Road.

Aey Pakorn Rujiravilai *ist ein Songkhla-Botschafter und Inhaber der Galerie a.e.y.space (140 Nang Ngam Rd). @aey.pakorn, @aeyspace*

Kulturen des Südens

KULTURCLASH IM SÜDEN THAILANDS

Südthailand weist viele Einflüsse aus den Nachbarländern auf. Je weiter nach Süden du kommst, desto offensichtlicher wird das – und desto stärker zeigt sich die einzigartige Kultur der Region.

LOVESEEN/SHUTTERSTOCK ©

Links Krue-Sae-Moschee **Mitte** Muslimische Frauen beim Kochen an einem Essensstand **Rechts** Chao-Mae-Lim-Ko-Niao-Schrein

Chinesische Kultur & der Süden

Schon im 13. Jh. wanderten chinesische Kaufleute ins heutige Thailand ein. Hafenstädte wie Songkhla beherbergten Zuwanderer, die vor Instabilität geflohen waren, nach Arbeit suchten oder einfach heiraten wollten. Die blühende Handelsregion, die die Provinzen Yala, Narathiwat und Pattani sowie Teile des heutigen Malaysias umfasste, zog Kaufleute aus aller Welt an.

Hokkiensprachige Zuwanderer galten als gute Seeleute; die meisten zog es in die südliche Golfregion und an die Andamanenküste, wo sie auch heute noch als Reishändler arbeiten. Das ist die größte Dialektgruppe unter den Chinesen von Songkhla, Satun und Phuket. Zwar liegt Songkhla im vorwiegend muslimisch und malaiisch geprägten tiefen Süden Thailands, doch Architektur, Küche und Dialekte sind meist chinesisch, ebenso wie die Bewohner. Heute findet man im Süden verschiedene chinesische Volksgruppen: Hainanes:innen in Samui, Hokkien in Surat Thani und Hat Yai und Kantones:innen in Betong und Yala.

Chinesische Immigranten spielten bei der Erschließung ganz Thailands eine Schlüsselrolle. Von der Chinatown Bangkoks bis zu den Shophouses in den Provinzen des Südens und den Kochtechniken, Zutaten und Aromen, um die sie die thailändische Küche bereichert haben: Ihr Einfluss ist nach wie vor spürbar.

Islamische Einflüsse

Zwar haben chinesische Immigrant:innen im Süden eine große Rolle gespielt, aber ebenso einflussreich war der Islam. Die muslimisch-malaiische Community ist nach den Chinesen die zweitgrößte Minderheitengruppe. Das spirituelle Zentrum der Muslim:innen liegt im Süden an der Grenze zu Malaysia; die größte Konzentration an malaiisch-thailändischen Muslim:innen weisen die Provinzen Pattani, Yala und Narathiwat auf.

IMRANAHMEDSG/SHUTTERSTOCK ©

WIBLACKANGEL/SHUTTERSTOCK ©

Seit mindestens dem 16. Jh. ist diese Gruppe ein wichtiger Teil der thailändischen Identität. Im einst mächtigen Sultanat von Patani wurde der Islam in das hauptsächlich buddhistische Land eingeführt. Damals wie heute ringen die herrschenden buddhistischen Kreise mit den Einheimischen, die aufgrund ihrer kulturellen Identität und ihres Glaubens nach Autonomie streben.

Das Verhältnis zwischen Patani und Siam verschlechterte sich nach dem Bangkoker Abkommen von 1909, in dem dafür, dass sie die siamesische Herrschaft über Pattani, Yala und Narathiwat anerkannten, mehrere Provinzen im Süden an die Briten abgetreten wurden. Damit gelangte die Souveränität von Patani an ihr Ende.

Heute findet man das malaiische Erbe in einer sehr pikanten Küche, in Kokoscurry mit Roti, in schönen Moscheen und in Kleidungsstücken wie dem Hidschab.

Kampf um Autonomie

Bis heute bestehen Spannungen im Süden. Die Separatisten nennen den Verlust ihrer kulturellen Identität unter buddhistischer Herrschaft als Grund für den langen Kampf um Autonomie, der auch oft gewalttätig ausgetragen wurde. Seit den frühen Nullerjahren sind Tausende zu Tode gekommen und viele weitere verletzt worden. Der Süden gilt als gefährlich und nicht als Touristenregion, sodass die Städte hier weniger erschlossen sind als die meisten anderen im Land. Doch das reiche malaiische Erbe ist nie verblasst. Heute findet man es in einer sehr pikanten Küche, in Kokoscurry mit Roti, in schönen Moscheen und in Kleidungsstücken wie dem Hidschab. Und vielleicht erzählt nichts mehr über die Identität Südthailands als ein Ort in Pattani, an dem zwei Gotteshäuser nebeneinanderstehen: die Krue-Sae-Moschee und der Chao-Mae-Lim-Ko-Niao-Schrein.

Gebetshäuser

Die 500 Jahre alte **Krue-Sae-Moschee** (Masjid Kerisik) zählt zu den ältesten und wichtigsten Moscheen Thailands. Sie soll unter der Herrschaft von König Naresuan dem Großen (1578–1593) entstanden sein. Der Backsteinbau mit seinen Rundpfeilern und gotischen Bögen wurde 1935 zum Nationaldenkmal erklärt.

Verbunden mit der Geschichte der Moschee ist der der Göttin Lim Ko Niao geweihte **Chao-Mae-Lim-Ko-Niao-Schrein**. Der Überlieferung zufolge reiste Lim auf der Suche nach ihrem Bruder von China nach Pattani. Als sie ihn fand, erfuhr sie, dass er die Tochter des Sultans geheiratet hatte, zum Islam konvertiert war und mit dem Bau der Krue Sae begonnen hatte – und auch nicht nach Hause zurückkehren wollte. Aus Trauer erhängte sie sich an einem Cashewbaum – dort steht heute der Schrein.

Empfehlungen

WEITERE LIEBLINGSORTE

Thai- & internationales Essen

2 Fishes $$$

Auf Ko Samui bereitet Koch Leo aus heimische Meeresfrüchten klassische und moderne italienische Gerichte zu wie knusprigen Heilbutt mit Kräutern, Knoblauch und grüner Chilisauce oder *linguini vongole*.

Federicos $$

Unscheinbares Restaurant auf Ko Samui mit italienischen Klassikern wie Nudelgerichten und leckeren Pizzas mit Steinpilzen, Parmaschinken und Mozzarella; alles wird aus erstklassigen Zutaten gezaubert.

Suppatra $$

Thailändische Gerichte in heimeligem, *sala*-inspiriertem Restaurant in Bangrak auf Ko Samui, mit herzlichem Service und hausgemachten Speisen.

Haad Bang Po $

Die Chefköchin mit über 20 Jahren Erfahrung in Hotelküchen serviert in wunderschöner Lage am Strand südthailändische Klassiker.

P.Oys Place, $

Familiengeführtes Restaurant mit hausgemachten Thai-Gerichten zwischen Mae Haad und Chalok Baan Kao auf Ko Tao. Außerdem gibt's Specials, die nicht auf der Karte stehen, z. B. aus Nordthailand.

Kaffee & Happen tagsüber

Fisherman's House x Sasatorn Coffee $$

Das trendige Café und Hotel im Herzen des Fisherman's Village auf Ko Samui wirkt dank der vielen Topfpflanzen und des tropischen Flairs abgeschieden.

Sirtaki Taverna $$

Die beliebte Taverne auf Ko Pha-Ngan präsentiert die Aromen der griechischen Inseln, etwa zarten gegrillten Tintenfisch, saftiges Lamm-, Hühner- und Schweinefleisch-Souvlaki und deftige Moussaka.

Bubba's $

Bangkoker Kaffeekultur mit markantem Ko-Pha-Ngan-Flair: Digitalen Nomad:innen bietet das Bubba's mit Filialen in Haad Yao und Baan Tai Eggs Benedict und Fairtrade-Kaffee.

K.O.B by the Sea $$

Bekannt für selbst gebackenes Sauerteigbrot, Frühstücksklassiker und tollen Kaffee, mit drei Filialen: Im K.O.B by the Sea im Herzen von Bangrak auf Ko Samui sitzt du auf der Terrasse mit hinreißendem Meerblick.

Karma Sutra $$

Das quirlige Ganztagsrestaurant auf Ko Samui am Eingang zum Fisherman's Village ist perfekt, um den Tag einzuläuten oder ausklingen zu lassen. Das mediterran-indonesische Flair bildet die perfekte Kulisse für einen leichten Lunch oder eine frühe Happy Hour.

Sairee Cottage Restaurant $

Das Restaurant direkt am Strand auf Ko Tao bietet inmitten von Holz viel Raum. Auf der Karte stehen neben Thai- auch westliche Speisen.

Avocado auf Toast

Snacks

Nang Sabai $

Dieser Bohemeladen in Bangrak auf Ko Samui nimmt Rücksicht auf alle möglichen Ernährungsbeschränkungen. Es gibt veganes und nichtveganes Essen, u. a. alles von Nachos bis zu veganen Burgern.

Le Fabrique $

Das knallgelbe Haus mit dieser beliebten französischen Bäckerei ist drinnen zwar vielleicht zurückhaltend, aber das Essen weist in eine andere Richtung. Gönne dir etwas von der großen französisch inspirierten Karte.

Rossini's Ice Cream $$

Für Abkühlung sorgt diese bekannte handwerkliche Eisdiene in Lamai auf Ko Samui, die es seit 1992 gibt. Zu den angebotenen Sorten zählen Karamell-Fleur-de-Sel, Waldbeere, Guave und cremige Erdnussbutter.

Nui Bakery $$

Die urbane Bäckerei auf Ko Tao bietet ein erfrischendes Flair. Das warme Ambiente passt gut zum gesunden Angebot mit Lacto-Sauerteigbrot, veganen Sandwiches, Kombucha und Kaffee vom Royal King Project.

Sonne, Cannabis & Sundowner

Chi

Coole Beachbar und Restaurant in Bangrak auf Ko Samui mit kreativer moderner Küche und einer längeren Cocktail- sowie einer Cannabiskarte. Außerdem offene Bar und DJ-Sets.

Dragonfly

Das Dachrestaurant samt Cocktaillounge bietet mittags und abends exzellentes libanesisches Essen. Während du die letzten Sonnenstrahlen vor Ko Samui einfängst, genießt du auf der Terrasse einen Sundowner.

Tham Khao Wang Thong (S. 239)

Magic Alambic Rum Distillery

Die Brennerei auf Samui ist in französischem Besitz und ideal für einen Besuch am späten Nachmittag; du kannst im Pool schwimmen, auf der überdachten Terrasse speisen und Rum probieren.

Beryl Bar, Laem Yai

Authentische Reggaebar an einem Pfad in Ban Macam auf Ko Samui mit eigenem Baumhaus, Privatbucht und kleinem, aber großzügigem Café: Das versteckte Juwel ist perfekt zum Abschalten und Vertrödeln des Nachmittags.

Jungle Club

Restaurant und Bar auf Ko Samui hoch oben auf dem Berg inmitten einer Kokosplantage mit Panoramablick. Es gibt westliche und Thai-Gerichte; Kamera für die fantastischen Meerblicke nicht vergessen!

Spät am Abend & DJs

Eden Garden

Am abgelegenen Eden Beach auf Ko Pha-Ngan kannst du von der Abend- bis zur Morgendämmerung feiern; nur erreichbar per Allradfahrzeug, sehr anstrengender Wanderung oder Boot. Das Restaurant ist täglich geöffnet, Partys gibt's aber nur samstags.

Sand and Tan

Die DJ-Sessions und die schicke Einrichtung dieser Bar/Restaurant-Kombi zeugen davon, wie Ko Pha-Ngan seine Partywurzeln weiterentwickelt.

Maya Beach Club

Der loungige Strandclub auf Ko Tao lockt Musikfans mit elektronischen und Drum-and-Bass-Sounds von in- und ausländischen DJs an. Die Grillgerichte am Wochenende und die Drinks werden mit Meerblick an Liegen im Schatten von Palmen serviert.

Shoppen bis zum Umfallen

Saona

Die Boutique auf Ko Samui verkauft bunte Strandkleidung wie fließende Kleider, Badeanzüge und Accessoires, alles hergestellt in Thailand.

Central Festival

Ein Shoppingparadies auf Ko Samui mit Apotheken, Thai-Krimskrams und Gourmet-Supermarkt unter freiem Himmel. Dazu kommen zwecks Stärkung eine große Terrasse mit Restaurants sowie ein Kinderspielbereich.

Bangrak Fish Market

Der Markt gleich hinter dem Seatran Pier in Bangrak auf Ko Samui bietet superfrisches Seafood aus dem Golf von Thailand sowie Obst und Gemüse; es gibt auch ein paar Restaurants.

Einzigartige Erlebnisse

Koh Sanuk Tours

Chartere für einen Tag einen luxuriösen Katamaran mit zwei Trampolinen, Grill, Schlafkabinen unten und freundlicher Crew, die dich zum Schnorcheln rund um die Golfinseln bringt.

Island Organics Thai Cooking School

Einzigartiges thailändisches Kocherlebnis: Erst erkundest du den Kleinbauernhof der Betreiber:innen, wo du etwas über das Aquaponik-System lernst; dann erntest du frische Kräuter und frisches Gemüse für deinen Unterricht mit Köchin Lat.

Luxsa Spa

Gönne dir ein Massagepaket bei diesem preisgekrönten Spa auf Ko Samui im opulenten Resort Hansar. Traditionelle Thai-Massage, Gesichtsbehandlungen und Bodywraps.

Aktiv werden

Ban's Diving Resort

Die seit 1993 bestehende Tauchschule auf Ko Tao ist weltweit bekannt. Das PADI 5 Star Career & Instructor Development Centre ist auf Gerätetauchen, Freitauchen und Schnorcheln spezialisiert.

John Suwan Viewpoint

Beginne deinen Tag mit einer abenteuerlichen Wanderung hoch zu diesem spektakulären Aussichtspunkt auf Ko Tao mit erstklassigen Panoramablicken auf den Golf. Er kostet Eintritt, der sich aber auf jeden Fall lohnt.

Tauchen, Ko Tao

Yodyut MuayThai

Nimm Unterricht im Thaiboxen auf Ko Samui – ein thailändisches Erlebnis mit vollem Einsatz! Es gibt Einzel- und Gruppenunterricht.

Srithanu

Ein Dorf auf Ko Pha-Ngan, das für seine spirituelle Community bekannt ist. Du kannst Yoga-, Tantra- und Klangheilworkshops besuchen oder für einen Neustart eines der Detox-Zentren aufsuchen.

Beitrag zum Naturschutz

Plastao

Die Leute von Plastao verwandeln Müll von den Stränden von Ko Tao in bunte Untersetzer, Tassen und Pflanzentöpfe. Du kannst helfen, Strände zu säubern, Plastik zu sammeln und es zur Wiederverwertung zu bringen.

Coral Tribe

Coral Tribe auf Ko Tao hat sich dem Meeresschutz verschrieben; Taucher:innen und andere werden darin ausgebildet, z. B. bei der Restaurierung von Korallenriffen zu helfen.

Zurück zur Natur

Pink Dolphin Tour von Ocean Samui Tours

Per Boot geht's auf einen Tagesausflug zu seltenen rosa Delfinen, einer einzigartigen Unterart des Indopazifischen Buckeldelfins. Der Anbieter ist in Nakhon Si Thammarat.

Tham Khao Wang Thong

Die Kalksteinhöhle lohnt einen Besuch dank ihrer Stalagmiten und Stalaktiten; durch Öffnungen musst du vielleicht klettern, kriechen oder rutschen.

Khao Sok National Park

Landeinwärts erstreckt sich zwischen Phuket und Ko Samui in Surat Thani dieser dichte Regenwald mit majestätischen Wasserfällen, Kalksteinbergen und malerischen Seen sowie mit reicher Flora und Fauna.

Singora Tram

Souvenirs & Touren

Sin Adulayaphan

Den einzigartigen Laden in Songkhla gibt's seit 1923; verkauft werden essbare Andenken wie luftige Shrimpscracker, Sojasauce, Shrimpspaste und Chilipaste.

Singora Tram

Mit der Singora Tram Tour lassen sich prima Songkhla, Museen und der etwas weiter entfernte Hügel Tang Kuan erkunden. Die Tour ist kostenlos und meist auf Thai.

May and Co

Der schöne Laden auf Ko Tao verkauft einzigartige umweltfreundliche Kunsthandwerksprodukte wie Kerzen und Schmuck. Mit kleiner Bar für einen Drink.

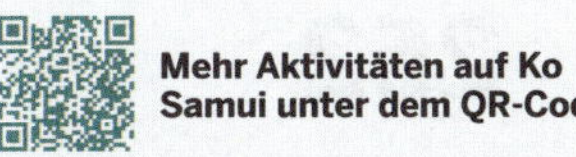

Praktisches

Rechts Campen in Thailand (S. 246)

SCHNELL UND EINFACH VOM FLUGHAFEN IN DIE STADT

Die meisten Thailand-Reisenden betreten das Land auf dem Bangkoker Suvarnabhumi Airport, dem größten Flughafen Südostasiens. Er liegt rund 30 km östlich der Stadt. In der Ankunftshalle gibt's Restaurants und Coffeeshops sowie auf Ebene 1 einen rund um die Uhr geöffneten Foodcourt mit recht guten Thai-Gerichten zu vernünftigen Preisen.

AM FLUGHAFEN

SIM-KARTEN
SIM-Karten von Providern wie AIS, True und dtac sind in der Ankunftshalle erhältlich. An den Ständen bilden sich oft lange Schlangen; du kannst in der Stadt auch eine Mall ansteuern – 7-Eleven und andere Läden verkaufen ebenfalls 30-Tage-Karten für Reisende.

BARGELD
An den Bargeldschaltern in der Airport Exchange Zone (5.30–20.30 Uhr in der UG-Ebene) des Suvarnabhumi sind die Wechselkurse etwas besser als an den Bankschaltern hinter der Gepäckausgabe; die sind aber gut für Abhebungen an Geldautomaten (Höchstbetrag etwa 20 000 B).

GELDAUTOMATEN An den Bankschaltern hinter der Gepäckausgabe (z. B. der Kasikorn oder Bangkok Bank) gibt's Geldautomaten für ausländische Karten.

WLAN Gibt's am Suvarnabhumi Airport im Netz „AOT Free WiFi" kostenlos für zwei Stunden (danach musst du dich neu verbinden).

LADESTATIONEN Kostenlose Ladestationen sind im gesamten Flughafen vorhanden.

TIPPS FÜR DIE EINREISE

Bei der Einreise musst du eventuell über eine halbe Stunde warten. Wer es eilig hat, kann online eine VIP-Vorzugsbehandlung erwerben.

Wenn dein Visum bei der Ausreise ein paar Tage überzogen ist, ist das okay – die Strafe (500 B pro Tag) zahlst du am Ausreiseschalter. Erreichst du jedoch den Höchstbetrag von 20 000 B, wird's ernst.

VOM FLUGHAFEN IN DIE STADT

METRO Der Suvarnabhumi Airport Rail Link im Untergeschoss ist täglich von 6 bis 24 Uhr in Betrieb (Abfahrt ca. alle 10 Min.) und kreuzt bei der Station Phaya Thai das Netz des BTS Skytrain (45 B, 60–90 Min.). Am Wochenende und in der Rushhour morgens und abends wird die Bahn allerdings voll.

TAXI-APP GRAB
Ein Grab-Wagen ist nicht unbedingt billiger als ein Taxi am Stand. Die Abholung (auf Ankunftsebene 2) zu koordinieren kann schwierig sein.

MIETWAGEN
Ebenfalls auf Ebene 2. Alle bekannten Verleihfirmen (Budget, Sixt, Avis, Hertz etc.) haben hier Schalter.

TAXI Ein Taxi vom Stand auf Ebene 1 (Ankunftshalle) ist schneller, aber teurer (ca. 350 B plus Maut, 30–60 Min.). Meist fragen die Fahrer „Tollway?"; dadurch wird's etwas teurer, aber erheblich schneller – lohnt sich also meist.

BUS Es verkehren Busse zur Khao San Road sowie ein kostenloser Shuttle zum Don Mueang Airport. Dank Bussen und Minivans ist der Suvarnabhumi Airport ein gutes Tor zur Küste, mit Verbindungen nach Hua Hin, Pattaya und Rayong.

ANDERE EINREISEMÖGLICHKEITEN

Don Mueang Airport Bangkoks kleinerer, alternder Schwesterflughafen des Suvarnabhumi wird von Inlands- und Billiglinien wie AirAsia, Nok Air und Thai Smile genutzt. Aufgrund des starken Verkehrs ist er weit von der Stadt entfernt und mit dem ÖPNV kommt man schlecht weg.

Phuket Airport Der drittgrößte internationale Flughafen Thailands nach dem Suvarnabhumi und Don Mueang dient als Tor besonders zu den Inseln im Süden.

Samui Airport Ein nur von Bangkok Airways genutzter Privatflughafen mit Verbindungen von Singapur und Phnom Penh.

Busse und Minivans Über Land erreichst du Thailand aus den Nachbarländern Kambodscha, Laos, Myanmar und Malaysia. Es gibt auch „visa runs", Tagestrips über die Grenze für ein frisches 30 Tage gültiges Visum.

Zug Auch mit dem Zug kommst du aus den Nachbarländern nach Thailand. Von Kuala Lumpur und Singapur fährt der luxuriöse Belmond Eastern & Oriental Express mit seinen restaurierten alten Waggons nach Bangkok.

Kreuzfahrt Beliebt zur Anreise nach Thailand aus anderen Ländern Südostasiens.

SO KOMMST DU AM BESTEN VON A NACH B

Außer in Bangkok bist du in Thailand am flexibelsten mit einem eigenen Auto unterwegs. Zwar gibt's in der Hauptstadt dank U-Bahn, Motorradtaxis und Taxis jede Menge Möglichkeiten, doch anderswo sind diese beschränkt – vor allem auf Inseln und in ländlichen Gegenden. Das beliebteste Verkehrsmittel Thailands sind Motorroller, doch auf jeden Fall vorsichtig fahren!

GRENZÜBERTRITT

Mit dem Mietwagen über die Grenze zu fahren ist meist nicht erlaubt. Leichter ist es per Bus, Zug oder Flugzeug; dann mietest du am Ziel ein neues Auto.

EINREISE NACH KAMBODSCHA ODER LAOS

Für ein Touristenvisum (30–42 US$, am besten in recht neuen Scheinen) brauchst du ein Passfoto. Weitere Dokumente wie Gesundheitszeugnisse benötigst du nicht; werden sie dir angeboten, einfach ignorieren.

ZUG Ein bei den meisten Reisenden beliebtes Verkehrsmittel. Züge sind billig und man kann schön Landschaft und Leute anschauen. Es gibt Tickets erster bis dritter Klasse. In Nachtzügen auf langen Strecken wie von Bangkok nach Chiang Mai gibt's Pritschen und Mahlzeiten.

MINIVANS Einzigartige Art des Reisens zwischen kleinen Orten. In jedem gibt's einen Treffpunkt (oft eine unscheinbare Bude), an dem entsprechend gekleidetes Personal Geld einsammelt und die Fahrten koordiniert. Die Fahrer wissen, wo sie dich absetzen müssen.

UNBEDINGT BEACHTEN

Links fahren; das Lenkrad ist rechts.

Offiziell brauchst du einen internationalen Führerschein – es wird aber kaum kontrolliert.

Höchstgeschwindigkeit: 50 km/h in der Stadt, 80–100 km/h auf Fernstraßen.

Für Fahren ohne internationalen Führerschein oder Helm kann ein Bußgeld fällig werden.

Achte auf Parkverbotsschilder „No Parking on Even/Odd Days".

REISEBÜROS In Thailand sind klassische Reisebüros nach wie vor die Norm und in vielen Fällen eine praktische Adresse für Buchungen von Transportmitteln. Der Buchungsprozess kann verwirrend wirken, besonders bei Kombifahrkarten für Fähre plus Bus oder Zug. Die Provision ist unterschiedlich hoch, also möglichst Preise vergleichen! Du zahlst erst (meist bar), wenn du die Tickets bekommst.

SCHIFF/FÄHRE

Praktisch für Fahrten von größeren zu kleineren Insel wie von Ko Samui nach Ko Pha-Ngan oder auch für schnellere Verbindungen von einer Seite einer Insel zur anderen. Auf Kanälen und Flüssen verkehren *reu·a hăhng yow*, traditionelle Longtail-Boote. Auf kleinen Inseln sind Holzboote Standard, auf größeren gibt's auch Schnellboote.

RADFAHREN

Toll für Gegenden Thailand mit weniger dichtem Verkehr wie Pai und Hua Hin und besonders beliebt im Ayutthaya und Sukothai Historical Park – hier sind die Straßen flach und man kommt gut von Stätte zu Stätte.

TAXIS

Fahren in Bangkok nach Taxameter, auf den Inseln seltener. Grab- und Motorradtaxis sind nur in Bangkok zahlreich und erschwinglich – anderswo in Thailand gibt es sie oft nicht, wenn du sie brauchst.

DEIN CO_2-ABDRUCK

Der CO_2-Ausstoß beträgt bei einem Inlandsflug von Bangkok nach Chiang Mai rund 210 kg pro Fahrgast, bei einer Busfahrt 77 kg und bei einer Zugfahrt etwa 42 kg. CO_2-Rechner gibt's im Internet. Wir nutzen den von Resurgence (resurgence.org/carbon-calculator).

ENTFERNUNGEN (KM)

	Bangkok	Chiang Mai	Hua Hin	Ko Samui	Phuket	Ayutthaya	Pattaya	Khon Kaen	Ko Chang	Krabi	Chanthaburi
Chiang Mai	685										
Hua Hin	183	869									
Ko Samui	769	1545	572								
Phuket	862	1536	667	343							
Ayutthaya	79	607	262	834	929						
Pattaya	149	919	343	903	970	205					
Khon Kaen	440	604	633	1206	1300	397	569				
Ko Chang	346	1119	529	1089	1170	405	268	611			
Krabi	782	1569	585	258	163	859	908	1230	1108		
Chanthaburi	249	1021	432	992	1072	307	171	527	96	1010	
Chiang Rai	775	191	1039	1545	1706	777	919	774	1119	1569	1021

EINZIGARTIGE UNTERKÜNFTE

Die Unterkünfte reichen in Thailand von schnörkellosen Hütten bis zu Luxusresorts und beides kann malerische Abgeschiedenheit in schöner Kulisse bieten. Ein gutes Preis-Leistungs-Verhältnis bieten Mittelklassebleiben, oft mit Pool und Zimmerservice, aber nicht unbedingt mit Ausblick – es sei denn, du fragst danach. All-inclusive-Anlagen sind nicht sehr verbreitet.

WAS KOSTET

Pension 700 B

Resortzimmer 1000 B

Strandhaus 5000 B

NAPAT INTAROON/SHUTTERSTOCK ©

HOSTELS

Düstere, schäbige Backpacker-Bleiben werden in ganz Thailand immer seltener: Sie werden durch Budget-Unterkünfte mit modernem Flair ersetzt. In Stranddestinationen wie Hua Hin und Phuket richten sich immer mehr Angebote an Reisende, die Geld haben, es aber einfacher mögen. Diese modernen Hostels umfassen ein hippes Café mit gutem WLAN und einen Gemeinschaftsbereich sowie kleine und minimalistische, aber stylishe Zimmer. Und Gemeinschaftstoiletten gibt's auch nicht mehr so viele!

HOMESTAYS

Privatunterkünfte bei Thai-Familien sind eine einzigartige Weise, in den Alltag einzutauchen, und auf jeden Fall persönlicher als ein Hotel. Sie werden immer beliebter in Thailand, doch am häufigsten gibt's sie in entlegenen Dörfern im Norden mit kaum anderen Unterkünften. Meist werden die Übernachtungen von Dorfbewohnenden gemeinsam arrangiert.

SIRIPATWONGPIN/SHUTTERSTOCK ©

LUXUSCAMPING

Einige der schönsten Unterkünfte Thailands sind Luxus-Zeltcamps, besonders im dschungelbedeckten Goldenen Dreieck zwischen Thailand, Laos und Myanmar. Öko-Resorts bieten Luxus-Services und eine herrlich entschleunigte Gastfreundschaft. Den Tag verbringst du etwa auf Reisfeldern und am Lagerfeuer, manchmal wird auch Elefanten-Trekking angeboten.

KEEPSMILING4U/SHUTTERSTOCK ©

NÄCHTIGEN IM BAUDENKMAL

Die architektonisch schönsten Unterkünfte Thailands sind restaurierte traditionelle Häuser, *reu·an thai* (Thai-Häuser). Meist handelt es um Teakholz- oder Bambushäuser auf Pfählen mit geschwungenem Giebeldach, doch die Stile variieren teils stark – manche Thais lehnen den Ausdruck *reu·an thai* sogar ab, da Thailand viele alte Kulturen umfasste. Das Design der Bauten unterscheidet sich je nach sozialen, religiösen und kulturellen Traditionen von Region zu Region.

Traditionell wurden Häuser auf Pfählen errichtet, um die Bewohner:innen vor Stürmen, Überschwemmungen und wilden Tieren zu schützen. Der Raum unterm Haus bot Extra-Stauraum und ein „Wohnzimmer". Die steilen Giebeldächer und die großen Fenster ermöglichten eine bessere Luftzirkulation und mehr Sonnenlicht.

Heute eignen sich die alten Häuser perfekt als Hotels. Viele wurden für Großfamilien im Verbund errichtet. Ihre Restaurierung ist jedoch teuer und erfolgt nicht nur aus touristischen Gründen. Diese Bauten zu erhalten bedeutet auch, alte Traditionen zu bewahren und die Geister zu besänftigen, die dort wohnen.

Die alten Häuser standen oft nah am Wasser und auch heute findet man sie oft an Kanälen und Flüssen. Sie sind Teil schöner Stadt- und Sonnenuntergangslandschaften. Aber Achtung: Zum Charme der Häuser tragen auch knarrende Böden und die eine oder andere Wollmaus bei!

BUCHEN

Über die üblichen Hotelportale gelangst du zu Hotels und Resorts, zu anderen Unterkünften eher über spezialisiertere Internetplattformen.

Für Feiertage wie Songkran ist eine Vorausbuchung sehr zu empfehlen. Um dir vor Ort Unterkünfte anzuschauen, brauchst du ein eigenes Fahrzeug und etwas Zeit, doch dafür gibt's vielleicht einen Rabatt aufs Zimmer oder ein Upgrade.

Lonely Planet (lonelyplanet.com/thailand) Unterkunftsbuchung und Reiseplanung.

Airbnb (airbnb.com) Besonders gut für Privat- und Boutique-Unterkünfte, besonders für längere Aufenthalte. Unter den vielen Privatunterkünften sind auch Strandapartments.

Nationalparks-Buchungssystem (dnp.go.th) Übernachtungen in Bungalows und auf Zeltplätzen in Nationalparks.

Couchsurfing (couchsurfing.com) Meist kostenlose Übernachtungen in Privathäusern, oft tatsächlich auf einer Couch.

Hostelworld (hostelworld.com) Für Budget-Unterkünfte wie etwa Hostels.

Agoda (agoda.com) Gut für die besten Preise bei Last-Minute-Buchungen.

NETFALLS REMY MUSSER/SHUTTERSTOCK ©

AM STRAND

Steh auf und spring ins Meer! Strandunterkünfte reichen von Häuschen mit Matratzen und Moskitonetzen bis zu schicken Häusern mit Pools, mit Preisen von ein paar Hundert bis zu Tausenden von Baht.

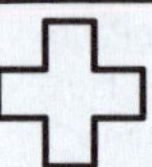

SICHER REISEN

Der WHO zufolge hat Thailand die zweithöchste Rate an Verkehrstoten weltweit – meist sind bei den Unfällen Motorräder involviert. Außer gegen Unfälle solltest du dich auch gegen ansteckende Krankheiten und Insekten schützen.

EINEN HELM TRAGEN

Ist eigentlich klar, aber erstaunlich viele Leute machen es nicht. Die besten Helme sitzen gut, haben ein Visier und bedecken beide Seiten des Kopfes. In den Kosten für ein Leihmotorrad sollte ein Helm immer inbegriffen sein.

VERSICHERUNG

Eine Reisekrankenversicherung ist ein Muss. Die meisten Krankenhäuser fordern vor der Behandlung eine Zahlungsgarantie (von dir selbst oder der Versicherung). Mietfahrzeuge sind nur minimal haftpflichtversichert; alle Reparaturen (außer an den Reifen) musst du selbst zahlen.

ABENDS BESONDERS VORSICHTIG FAHREN

Die meisten Verkehrsunfälle passieren abends, besonders wenn Alkohol im Spiel ist. Abends also besonders vorsichtig fahren, möglichst nur durch gut beleuchtete Gegenden. Taschen verstaust du in beliebten Touristengebieten am besten unterm Sitz oder trägst sie am Körper, da sie gerne mal gestohlen werden.

MOSKITOS

Krankheiten wie Dengue-Fieber und Malaria sind in Thailand ein Problem. In Hochrisikogebieten Insektenschutz nutzen, unter Moskitonetzen schlafen und Malaria-Medikamente nehmen!

TECHA BORIBALBURIPUN/SHUTTERSTOCK ©

TOSHIO CHAN/SHUTTERSTOCK ©

APOTHEKEN

Gibt's überall – sie verkaufen verschiedene Medikamente und Antibiotika, erheblich billiger als in den meisten anderen Ländern. Bei der Ankunft kaufen, bevor man in entlegene Gebiete aufbricht!

DURCHFALL

Ist für Reisende ein weit verbreitetes Problem. Immer genügend trinken! Auch Antibiotika wie Norfloxacin und Ciprofloxacin können helfen.

MOTORRAD-NARBEN

Die Einheimischen nennen sie „Ausländertattoos": Narben von Motorradunfällen. Am besten fährst du mit vernünftiger Geschwindigkeit, blinkst, meidest nasse und Schotterstraßen und nutzt die Bremsen richtig.

WISSENSWERTES ZUM THEMA GELD

WÄHRUNG

Scheine gibt's im Wert von 20 (grün), 50 (blau), 100 (rot), 500 (lila) und 1000 B (beige). Halte verschiedene Scheine bereit für Trinkgelder und Straßenstände.

In Thailand ist Bargeld König. Viele Bars, Restaurants und Massage-Salons akzeptieren keine Karten, doch für Transport und Essen kann zunehmend auch über Apps bezahlt werden.

MWST

Auf Waren und Dienstleistungen wird 7 % Mehrwertsteuer fällig. Für Waren kann man sie sich am Flughafen erstatten lassen – in Läden das Personal nach Formularen usw. fragen!

KREDIT- & DEBITKARTEN

Visa und Mastercard sind verbreitet, American Express weniger. Vor der Reise die Bank informieren, damit Auslandszahlungen nicht blockiert werden.

WÄHRUNG

Baht

WAS KOSTET

Thai-Massage 300 B

Cocktail 200 B

Tüte frisches Obst 10 B

BARGELD ABHEBEN

Banken und private Geldwechsler bieten bessere Kurse als Hotels oder Geldautomaten. Am liebsten werden US-Dollar gewechselt, gefolgt von Pfund und Euro. Die Provisionen sind unterschiedlich, also schau dich um.

TRINKGELD

Wird in Thailand nicht erwartet, doch in einfacheren Berufen durchaus geschätzt. Meist lässt man das Münzwechselgeld auf dem Tisch liegen. Bei einer Massage reichen 20 oder 30 B. Viele bessere Restaurants schlagen automatisch 10 % Bediengeld auf die Rechnung auf.

FEILSCHEN

Feilschen ist eine feine Kunst und nicht immer angemessen. Nur an Ständen für z. B. Kleidung oder Andenken sind die Preise verhandelbar, nicht aber in Tante-Emma-Läden und an Essensständen.

Startpunkt ist der Preis, den der/die Verkaufende nennt. Du bietest die Hälfte, dann trifft man sich irgendwo in der Mitte. Auch z. B. so zu tun, als wollte man weggehen, kann funktionieren.

Nach einem Rabatt kann auch fragen, wer mehr als einen Artikel kauft.

UM DIE RECHNUNG BITTEN

Die Bedienung mit „*Check bin kâ/kâp*" um die Rechnung zu bitten, gilt als höflich. Ist die Bedienung weiter entfernt, reicht auch, in der Luft einen Scheck zu unterschreiben.

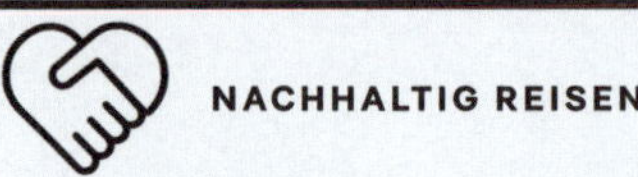

NACHHALTIG REISEN

Tipps für verantwortungsbewusstes Reisen, von dem auch die Menschen vor Ort profitieren

UNTERWEGS

Deine CO_2-Bilanz berechnen Nutze einen Rechner wie Resurgence (resurgence.org/carboncalculator).

Nachfragen In Hotels und bei Touranbietern nachzufragen hilft insgesamt bei der Stärkung ethischer und nachhaltiger Prinzipien und mildert zudem dein schlechtes Gewissen.

Bum guns nutzen Nutze wie die Einheimischen statt Toilettenpapier eine „Popo-Pistole".

Nur Fußstapfen hinterlassen Berühre keine Korallen oder Fische und füttere keine wilden Tiere! So hilfst du mit beim Schutz der Ökosysteme.

Lokal und nachhaltig essen Wagyu- und australische Steaks sind vielleicht lecker, aber sie haben einen massiven CO_2-Abdruck. Informiere dich über Gerichte mit Haifischflossen und Vogelnestern.

Nicht fliegen, wenn es auch anders geht Zug, Minivan, Bus: Der öffentliche Verkehr Thailands ist vielfältig und häufig auch recht komfortabel.

Oben Strandsäuberung, Hua Hin.
Ganz rechts Wiederverwendbare Taschen
VICTORIA DENISOVA/SHUTTERSTOCK ©

GIB ETWAS ZURÜCK

Tier- und Naturschutzarbeit Informiere dich über Gruppen, die in Schutzgebieten und Nationalparks engagiert sind.

Freiwilligenarbeit Unterstütze Initiativen, die Einheimischen keine Arbeit wegnehmen und fachkundig etwas zum Wohlergehen der Communitys beitragen. Open Mind Projects (openmindprojects.org) vermittelt Freiwillige ins Gesundheits- und Bildungswesen.

Strandsäuberungen Dadurch wird das Meeresleben geschützt und es ist eine gute Möglichkeit, Leute kennenzulernen.

Straßenhunde Die armen Straßenhunde werden oft vergessen. Bei Initiativen in Städten und auf Inseln kannst du Nahrung spenden oder gehst mit den Hunden Gassi.

Migrant:innen Cultural Canvas (culturalcanvas.com) setzt sich für Randgruppen ein und vermittelt Freiwillige in Bildungszentren für Migrant:innen.

UNTERSTÜTZE LOKALE ANBIETER

Direkt buchen Kleine, unabhängige Unterkünfte profitieren mehr, wenn du nicht über Buchungsportale buchst.

Dorfbesuche Hilft Einheimischen bei der Bewahrung ihrer Traditionen.

Farm-to-table-Restaurants Die Idee floriert in Thailand.

Gute Kleidung kaufen Auf der Straße gekaufte billige und nachgemachte Kleidung ist meist von schlechter Qualität – und landet schnell wieder im Müll.

ETIKETTE

Gesetze Befolge Gesetze zur Majestätsbeleidigung. Erklingt die Königshymne, immer stillstehen!

Buddhistische Traditionen In sakralen Stätten immer zurückhaltend auftreten. Buddha-Bildnisse auszuführen kann illegal sein.

Körper Köpfe sind heilig, also nie jemandes Haar berühren und auch nicht die Füße hochlegen – sie gelten als unrein.

SUTTHA BURAWONK/SHUTTERSTOCK ©

MINIMIERE DEINEN FUSSABDRUCK

Taschen und Wasserflaschen Zwar hat Thailand Wegwerfplastik verboten, doch es ist noch immer überall anzutreffen und schwer zu recyceln.

Einfache Aktivitäten In Nationalparks zelten, Kajakexpeditionen und mehrtägige Wanderungen: All das reduziert den CO_2-Abdruck.

Natürlicher Insektenschutz Citronella-Produkte sind in Minimärkten erhältlich, riechen gut und sind umweltfreundlicher als DEET.

Natürliche Sonnencreme Sonnencreme schädigt Korallenriffe. In Apotheken in Thailand sind Produkte ohne Nano-Zink erhältlich.

REISEN & KLIMAWANDEL

Die negativen Folgen des Reisens lassen sich nicht leugnen – daher sollte man, wo es möglich ist, sein Verhalten anpassen. Lonely Planet bittet alle Reisenden, sich ihren ökologischen Fußabdruck bewusst zu machen. Im Internet gibt's zahlreiche CO_2-Rechner wie z. B. auf resurgence.org/resources/carbon-calculator.html. Viele Fluglinien und Buchungsportale bieten die Möglichkeit, Klimagasemissionen auszugleichen, indem man einen Beitrag zu klimafreundlichen Initiativen weltweit leistet. Den CO_2-Fußabdruck aller Mitarbeiter:innenreisen gleicht Lonely Planet weiterhin aus, auch wenn uns bewusst ist, dass das nur eine Linderung und keine Lösung ist.

WEITERE INFOS

tourismthailand.org/Search-result/tagword/Ecotourism

thailandinsider.com/experience/responsible-tourism

trashhero.org

warthai.org

thairt.org

DIE WICHTIGSTEN TIPPS & TRICKS

TUK-TUKS
Vorsicht vor Tuk-Tuk-Fahrern, die vor Sehenswürdigkeiten „Gratistouren" anbieten. Diese enden meist in ungemütlichen Verkaufsgesprächen.

PEINLICH!
Für eine:n Thai gibt's nichts Schlimmeres, als das Gesicht zu verlieren.

SCHUHE
In z. B. Spas, Tempeln und Privatwohnungen immer die Schuhe ausziehen. Am besten leicht abzustreifendes Schuhwerk und Hausschuhe mitnehmen.

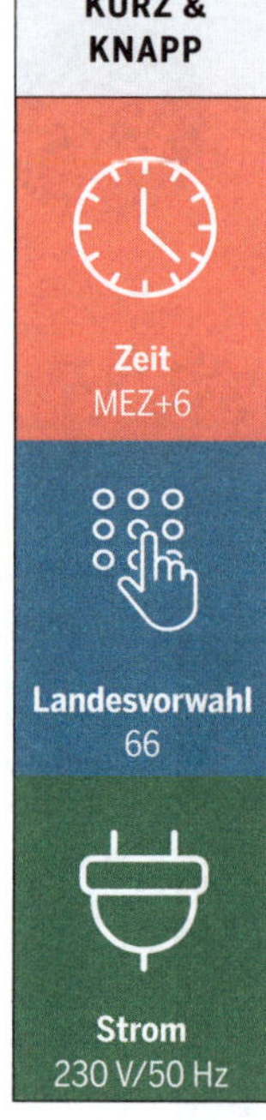

GUT ZU WISSEN

Bürger:innen von 19 Ländern erhalten bei der Einreise automatisch ein 30-Tage-Touristenvisum.

Das Visum lässt sich gegen Gebühr verlängern, aber manchmal kann es billiger sein, die Strafe fürs Überziehen (500 B pro Tag) zu zahlen.

Die Telefonnummer für Notfalldienste lautet 191.

Die rund um die Uhr erreichbare Touristenpolizei (1155) hilft bei Betrug und Diebstahl.

Betrug an Geldautomaten kommt vor. Automaten checken und Kreditkarten nutzen, die nicht direkt mit Bankkonten verknüpft sind.

BARRIEREFREI REISEN

Erheblich verbessert werden müssen in Thailand insgesamt die Bedingungen für barrierefreies Reisen.
Städte bieten Herausforderungen wie unebene und volle Bürgersteige, hohe Bordsteine und Verkehrschaos.

Größere Hotels sind besser gestaltet und haben vielleicht Extra-Personal zur Unterstützung.

Top-Strandresorts haben rollstuhltaugliche Zimmer (reservieren!) und für größeres Gelände vielleicht Buggys.

Der Bangkoker ÖPNV (BTS Skytrain und U-Bahn MRT) ist nicht rollstuhlgeeignet. Bei Taxifahrten Verkehrsstaus einplanen.

Accessible Travel Guide von Lonely Planet (shop.lonelyplanet.com, suche nach „accessible travel") gratis herunterladen.

ETHISCHER TOURISMUS
Vor der Buchung einer Aktivität mit Elefanten oder einer Bergvolkwanderung die sozioökonomischen Folgen bedenken.

BEGRÜSSUNG
Ein sehr hohes *wâi* (leichte Verbeugung mit zusammengelegten Händen) ist nur für Mönche und Royals nötig. Nicht bei Kindern!

KEINE ZÄRTLICHKEITEN
Öffentliche Zärtlichkeitsbekundungen zwischen Paaren gelten als sehr unhöflich.

BABYFANS
Babys wird in Thailand viel Aufmerksamkeit zuteil. Selbst hartgesottene Taxifahrer und Polizisten werden weich. Nicht erschrecken, wenn ein:e Thai darum bittet, dein Baby halten oder ein Foto mit ihm machen zu dürfen!

REISEN MIT KINDERN

Kinderwagen Nichts für volle Straßen und den Bangkoker Skytrain. Gut sind Tragetücher und klappbare Sportwagen mit Schirm.

ÖPNV An Stationen in Bangkok fehlen Aufzüge und sie haben hohe Treppen – schwierig mit Kinderwagen und Kleinkindern.

Kindertag Am zweiten Samstag im Januar wird den Kleinen besonders viel Aufmerksamkeit zuteil.

Einrichtungen Außer in großen Hotels und Kettenrestaurants sind Hochstühle und Einrichtungen zum Windelwechseln selten.

KINDERFREUNDLICHES ESSEN
Hotels und Resorts haben Kinderkarten mit Gerichten wie panierte Hähnchenstreifen und Spaghetti. Mild gewürzte Streetfoodspeisen für Kinder sind etwa *kài jee·o* (einfaches Omelett), *kôw man gài* (Hühnerbrust mit Reis) und *kôw něe·o* (süßer Klebreis).

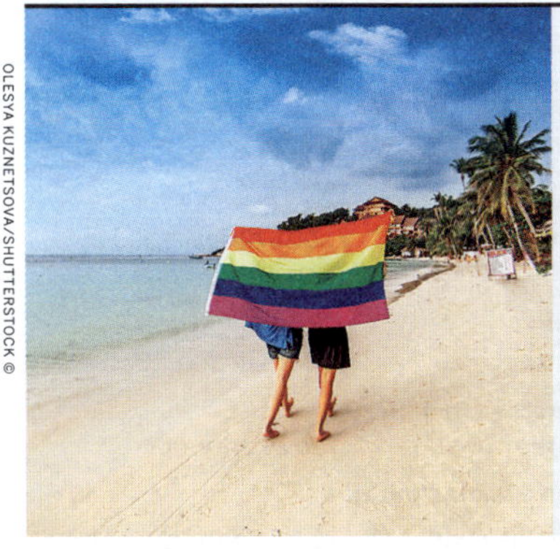

LGBTQIA+

Toleranz Thailand ist sehr tolerant gegenüber LGBTQI+-Reisenden, besonders Bangkok, Pattaya und Phuket.

Ladyboy Diesen herabwürdigenden, nicht mehr zeitgemäßen Ausdruck besser vermeiden.

Gender-Identität Unterricht in Thai-Kultur und -Geschichte hilft beim Verständnis der komplexen Gender-Identität.

Tourism Authority of Thailand Hat eine Website zum LGBTQI+-Reisen (gothaibefree.com) mit Tipps für Hotels, Restaurants usw.

Utopia Bietet LGBTQI+-Reiseinfos zu Thailand (utopia-asia.com).

SPRACHE

Für die Umschrift des Thailändischen in lateinische Schrift gibt's verschiedene Möglichkeiten – eine davon siehe unten. Die Bindestriche trennen Silben in einem Wort, die Punkte helfen bei der Aussprache. Das Thailändische ist eine Tonsprache – die Akzente auf den Vokalen stehen für die Tonhöhen tief, mittel, fallend, hoch und steigend.

Nach jedem Satz fügen Männer das Höflichkeitspartikel *káp* an, Frauen ein *ká*.

Sprachführer gibt's auf **lonelyplanet.com**.

GRUNDBEGRIFFE

Hallo.
สวัสดี — *sà-wàt-dee*

Wie geht's?
สบายดีไหม — *sà-bai dee măi*

Mir geht's gut.
สบายดีครับ/ค่า — *sà·bai dee kráp/kâ (m/w)*

Entschuldigung.
ขออภัย — *kŏr à-pai*

Ja./Nein.
ใช่/ไม่ — *châi/mâi*

Danke.
ขอบคุณ — *kòrp kun*

Bitte.
ยินดี — *yin dee*

Sprechen Sie Englisch?
คุณพูดภาษาอังกฤษได้ไหม — *kun pôot pah-săh ang-grìt dâi măi*

Ich verstehe nicht.
ผม/ดิฉันไม่เข้าใจ — *pŏm/dì-chăn mâi kôw jai (m/w)*

ZEIT & ZAHLEN

Wie spät ist es?
กี่โมงแล้ว — *gèe mohng láa·ou*

Morgen	เช้า	*chów*
Nachmittag	บ่าย	*bài*
Abend	เย็น	*yen*
gestern	เมื่อวาน	*mêu·a wahn*
heute	วันนี้	*wan née*
morgen	พรุ่งนี้	*prûng née*

1	หนึ่ง	*nèung*	**6**	หก	*hòk*
2	สอง	*sŏrng*	**7**	เจ็ด	*jèt*
3	สาม	*săhm*	**8**	แปด	*ɓàat*
4	สี่	*sèe*	**9**	เก้า	*gôw*
5	ห้า	*hâh*	**10**	สิบ	*sìp*

NOTFÄLLE

Ich bin krank.
ผม/ดิฉันป่วย — *pŏm/dì-chăn ɓòo·ay (m/w)*

Hilfe!
ช่วยด้วย — *chôo·ay dôo·ay*

Rufen Sie einen Arzt!
เรียกหมอหน่อย — *rêe·ak mŏr nòy*

Rufen Sie die Polizei!
เรียกตำรวจหน่อย — *rêe·ak đam·ròo·at nòy*

REGISTER

ÜBER DIESES BUCH

Lonely Planet Global Limited
Digital Depot, Roe Lane
(off Thomas Street)
Digital Hub • Dublin 8
D08 TCV4 • Ireland

Verlag der deutschen Ausgabe:
MAIRDUMONT
Marco-Polo-Str. 1
73760 Ostfildern
www.lonelyplanet.de,
www.mairdumont.com,
lonelyplanet-online@
mairdumont.com

Entdecke Thailand
1. deutsche Auflage ,
978-3-575-01199-2, Januar 2025
übersetzt von *Experience Thailand*, Juli 2024, Lonely Planet Global Limited
Deutsche Ausgabe © Lonely Planet Global Limited, Januar 2025

Fotos © wie angegeben 2024
Printed in China

Redaktion und technischer Support: Bintang Buchservice GmbH (Katharina Grimm, Jan Haas)

Übersetzung: Gunter Mühl

MITWIRKENDE AN DER ORIGINALAUSGABE

Redaktion
Darren O'Connell

Produktion
Lauren O'Connell

Buchdesign
Clara Monitto

Kartografie
Mark Griffiths

Titelbildrecherche
Kat Marsh

Dank an
Ronan Abayawickrema, Alex Conroy, Barbara Delissen, Sasha Drew, Carly Hall, Karen Henderson, Alison Killilea

MIX
Papier | Fördert gute Waldnutzung
FSC® C018236

Dieses Buch wurde auf FSC® zertifiziertem Papier gedruckt. FSC® ist ein internationales Zertifizierungssystem für nachhaltigere Waldwirtschaft. Das Holz für diese Papier kommt aus Wäldern, die verantwortungsvoller bewirtschaftet werden.